本书得到了"中国粮食安全政策研究"四川省社会科学重点研究基地的资助

# 中国粮食发展40年

汪希成　谢冬梅　著

人民出版社

# 前　言

　　中国是世界上人口最多的发展中国家，在历史发展的长河中曾多次遭受过饥饿的折磨。中华人民共和国成立后，中国政府和人民也曾为摆脱饥饿进行过长期的奋斗。改革开放 40 年来，在人口不断增长的情况下，中国以极其有限的耕地和水资源成功解决了近 14 亿人的吃饭问题，而且食物种类日益丰富，极大地改善了居民的膳食结构和营养状况，同时也为世界粮食安全做出了巨大贡献。

　　当把历史的镜头拉回到 1978 年，由于"政社合一，一大二公"的人民公社体制导致的农村经济长期停滞，国内农产品供给相当紧张，农民生活水平十分低下，全国还有约 2.50 亿人吃不饱饭。为了解决吃饭问题，在当时国家还不允许分田单干的形势下，安徽省凤阳县小岗村的 18 户村民冒着坐牢的危险秘密签订了"生死契约"，搞起了"包干到户"。他们的这一举动拉开了农村改革的序幕，引发了中国农村翻天覆地的大变革。由于"包干到户"受到农民的热烈拥护，并最终得到了中央的认可。从 1983 年开始，以"包干到户"为主要形式的家庭联产承包责任制在全国范围推广实施。农村家庭联产承包责任制的实施，充分调动了农民的生产积极性，极大地激发了农村生产力。粮食产量的大幅度增长，不仅从根本上解决了十几亿人的吃饭问题，彻底破灭了美国学者莱斯特·布朗关于"21 世纪谁来养活中国"的论断,还有力地支持了城市的经济体制改革,中国经济发展也驶入了前所未有的快车道,并创造了举世瞩目的中国速度。

40 年,中国的粮食总产量增长了 1.03 倍。

40 年,中国的人均粮食占有量增加了 40.40%。

40 年,中国的粮食消费量增长了 1.39 倍。

40 年,中国的人均粮食消费量增加了 65.70%。

40 年,中国的粮食单产增长了 1.18 倍。

40 年,中国粮食实现了从供给不足向供需平衡、丰年有余、阶段性过剩的转变。

40 年,中国粮食实现了从消费结构单一向多元化的转变。

40 年,中国粮食实现了从政府垄断经营向全面市场开放的转变。

…………

上述一系列数字和事实,反映了中国粮食发展取得的巨大成就。

40 年来,党中央、国务院高度重视粮食生产,出台了一系列扶持粮食生产的重要政策,粮食综合生产能力大幅度提升。截至 2018 年底,中国粮食产量已连续 6 年达到了 6 亿吨以上。粮食生产形势的好转和粮食市场的全面放开,极大地满足了居民的多样化、个性化、特色化的消费需求,促进了居民膳食结构的全面升级,实现了居民从"吃得饱"向"吃得好"再向"吃得营养健康"的根本性转变。以市场化为取向的粮食流通体制改革深入推进,粮食市场开放程度明显提高,国有粮食企业改革不断深化,现代化流通产业快速发展,粮食库存充裕,粮食宏观调控能力不断增强,成功应对了多次自然灾害和突发事件。

然而,成绩来之不易,危机也从未远离。历史经验告诉我们,粮食安全问题一时一刻都不能放松,尤其是在粮食生产形势一片大好的情况下,更不能放松警惕。随着中国人口数量的绝对增加,城镇化和工业化的快速推进,粮食需求刚性增长的趋势短期内还难以改变,粮食供需"紧平衡"将成为常态。虽然从总量上看,中国的粮食还能满足居民的消费需要，但品种结构的矛盾却日益凸显。稻谷、小麦、玉米、大豆四大主粮已全面转为净进口、专用性品种短缺、生产成本居高不下、去库存的压力仍然巨大、水土资源约束日渐增强、极端气候和市场波动与日俱增，种种迹象表明，中国粮食生产的基础条件仍然十分脆弱。要想把饭碗牢牢端在我们自己手中，必须继续坚持"以我为主、立足国内、确保产能、适度进口、科技支撑"的国家粮食安全新战略，推进"藏粮于地，藏粮于技"战略落实落地，真正实现"口粮绝对安全、谷物基本自给"的战略目标。

粮食事关国运民生，"民以食为天"，粮食安全是事关全局的"定盘星"，是维系社会稳定的"压舱石"，是国家安全的重要基础。党的十八大以来，党中央始终把粮食安全作为治国理政的头等大事，高屋建瓴地提出了新时期国家粮食安全的新战略，着眼于保供调优，深入推进粮食供给侧结构性改革，建立和完善粮食价格形成机制，逐步增强了粮食政策的灵活性和弹性，走出了一条中国特色的粮食安全之路，为国家长治久安奠定了重要的物质基础。

悠悠万事，吃饭为大。粮食安全这根弦始终不能放松，任何时候都要牢牢掌握粮食安全的主动权。2020 年，中国将全面建成小康社会，党的十九大报告中也明确了"两个一百年"奋斗目标的具体实施步骤。蓝图已经绘就，战略正在实施。但无论如何，确保国家粮食安全都是各项工作的前提和基础。

由于能力所限，本书不足之处在所难免，希望读者不吝赐教，这也将成为我们不懈努力的强大动力。

汪希成　谢冬梅

2019 年 5 月

# 目　　录

# 第一章　中国粮食安全战略的转变

粮食是关系国计民生的重要战略物资和特殊商品，粮食安全不仅关系到国家的政治安全、经济安全和社会安全，还关系到国家的生态安全。为了解决好近 14 亿人的吃饭问题，长期以来，中国粮食安全一直追求"粮食自给"的目标，具体来说，就是把粮食自给率维持在 95% 以上。但是，由于粮食的内涵广泛，品种多样，保障粮食安全的范围不明确、品种不具体；而且，随着国际、国内粮食市场供需关系的巨大变化，国内粮食生产成本快速上升，粮食进口量激增。无论如何，95% 的粮食自给率的目标无形中已经被突破。在此形势下，2013 年中央农村工作会议和 2014 年中央 1 号文件明确提出了必须实施"以我为主、立足国内、确保产能、适度进口、科技支撑"的国家粮食安全新战略，要依靠自己保口粮，集中国内资源保重点，做到"谷物基本自给、口粮绝对安全"。这一新的粮食安全战略意味着"粮食自给"的含义变为"谷物基本自给"，即谷物在确保"基本自给"的基础上，可以适当进口；粮食安全的内涵是"口粮绝对安全"，即稻谷和小麦两大基本口粮要确保 100% 的自给率，这就是说"口粮自给"是中国粮食安全的底线。然而，随着粮食产量的不断增长，国内粮食相对过剩，库存增加较多，仓储补贴负担较重。新形势下，不仅要满足国家对粮食的日常需求，还应在战略储备、调控市场等方面不断加强粮食安全保障能力。为此，国家适时提出了

"藏粮于地、藏粮于技"战略，这是建立中国粮食安全和农业健康发展长效机制的重要组成部分。

## 第一节　粮食安全概念的演变及其内涵

自"粮食安全"的概念被提出以来，随着粮食供需形势的变化几经演变，内涵也发生了很大变化。而且，粮食安全与食品安全也存在本质区别。

### 一、粮食安全概念的演变

1974 年 11 月，联合国粮食与农业组织（Food and Agriculture Organization of the United Nations，国际上简称 FAO，以下简称联合国粮农组织）在第一届世界粮食会议上首次提出了"Food Security"（中国学者将其翻译为"粮食安全"）的概念，即"保证任何人在任何时候都能得到为了生存和健康所需要的足够食物"。这一概念是在 20 世纪 70 年代初世界处于严重粮食危机的背景下提出的，前提条件是要有充足的食物供给。当然，这一概念的含义过于狭窄，既没有涉及食物的营养问题，也没有涉及获取食物的手段问题。20 世纪 80 年代，国际组织对人类面临的食物问题有了新的认识。一方面，当时世界上一些农产品出口大国粮食严重过剩，在国际上到处寻找市场，同时在国内限制粮食生产能力；另一方面，一些缺粮国家食物严重不足，这些国家既缺乏生产能力增加国内供给，又缺乏外汇从国际市场上进口必要的粮食以满足国内居民的食物消费需求。针对世界上粮食"供给过剩"和严重缺粮并存的事实，联合国粮农组织对"Food Security"进行了重新定义。1983 年，联合国粮农组织总干事爱德华·萨乌马将"Food Security"的概念表述为"确保所有人在任何时候都能买得到又能买得起他们所需要的基本食物"。这一概念在相当长时间内被人们普遍使用，但它主要是从消费者的立场来解释"Food Security"这一概念的。这一概念有两个基本要求：一是食物的供给充足，使任何人在任何时候都能买得到。当然，食物的供给既可以通过自己生产，也可以通过进口来获得。二是消费者要有支付能力，能够"买得起"他们所需要的基本食物。其暗含的条件是消费者要通过"经济手段"在市场上购买他们所需要的基本食物。但是，在市场经济条件下，这两个要求很难实现。原因是：若某种物品的供给充足，又价格低廉，就意味着过剩，生产者是不会生产这种物品的。而且，对于没有支付能力的消费者，即使市场上有充足的食物供给，因为他们"买不起"，仍然无法实现"所有人"的粮食安全目标，而且，这一概念也没有涉及食物的营养问题。2009 年，在联合国粮农组织出版的《世界粮食不安全状况》报告中将"Food Security"定义为："所有人在任何时候都能通过物质（physical）、社会（social）和经济（economic）手段获得充足、安全和富有营养的食物，满足其保持积极和健康生活所需的膳食和食物喜好。"[1] 此后一直沿用了这一概念。在这个新的解释中，获取食物的手段除了经济手段（即市场购买）外，还增加了"物质"和"社会"手段。这一解释内容的增加，说明联合国粮农组织也意识到仅仅依靠市场机制无法实现全社会的粮食安全目标。而且，这一概念更加注重了食物的安全、营养和消费者偏好，而不仅仅是"吃饱"的问题。但是，本书认为，这里将"physical"翻译为"物质"手段并不准确。现实中，获取食物的手段可以是自给自足、社会救助和市场购买，而"physical"本身也有"自然"之意，所以，将其翻译为"自然手段"可能更准确，即消费者通过自己生产、采集或狩猎来获取他所需要的基本食物。而且，在这个新的解释中，获取食物的"物质"手段的具体评价指标是铺面道路[2]在道路总量中所占的比例、道路密度和铁路密度等，这些指标均与粮食流通有关，而非"物质"手段。所谓从"社会"获取食物，意思是政府

————————

[1] Food security "exists when all people, at all times, have physical, social and economic access to sufficient, safe and nutritious food to meet their dietary needs and food preferences for an active and healthy life".

[2] 铺面道路指为了保护路面，避免路面风沙飞扬、杂草丛生，用混凝土、沥青等铺面材料覆盖的道路。

或社会团体向那些没有足够经济能力的人提供食物。

从字面意义来看，将"Food Security"译为"食品安全"或"粮食安全"都不十分准确。"food"是"食物"而不是"粮食"（与其对应的英文单词是 grain，但国际上并没有"Grain Security"的说法）。"粮食"的内涵较为狭窄，主要指谷物和薯类。我们讲到的粮食安全，主要是指与城乡居民生活消费有关的粮食供给。在统计时，一般是用居民直接消费的粮食数量这一指标。而"食物"的内容十分广泛，它既包含了粮食以及由粮食转化而来的各种食品，如肉、禽、蛋、奶等，甚至是酒类；也包含了不需要用粮食转化的食物，如江河湖海中的各种水产品，以及人类食用的各种植物，如瓜、果、蔬菜等。"security"是"安全而有保障"之意。联合国粮农组织提出"Food Security"这个概念的目的是消除饥饿、保障人人有饭吃，即保障充足的食物供给。因此，"Food Security"更准确的意思应该是"食物供给保障"。而将"食品安全"译为"Food Safety"较为恰当。"safety"原意是指个人或家庭的生命和财产安全，"Food Safety"就是指为个人或家庭提供安全、营养的食物。

## 二、粮食安全与食品安全的区别

从严格意义上来说，"食品安全"与"粮食安全"是两个不同的概念，分属于不同的研究范畴，但学者们经常将两者混淆。"粮食安全"主要侧重于粮食供给的数量和质量能否满足消费者的需求，而"食品安全"主要侧重于食品在生产、加工、消费环节的质量监管。在现实中，"粮食安全"和"食品安全"的职能也分属于不同的政府部门。

当人们的生活处于较低水平时，"粮食"在其食物中所占的比重较大。随着人们生活水平的提高，膳食结构得到改善，肉、禽、蛋、奶，以及瓜、果、蔬菜等在"食物"中的比重逐渐上升，"粮食"的比重下降，而且人们更加注重安全、营养和健康，"粮食安全"逐渐向"食品安全"转变。但是，由于"粮食安全"这一概念在中国已沿用多年，而且解决了"粮食"问题，也就基本解决了"食物"问题。为了避免与

"食品安全"的概念相混淆，本书仍然使用"粮食安全"的概念，其中的"粮食"既包括居民的生活用粮，也包含饲料和工业加工等转化用粮。

严格来说，"粮食安全"中的"粮食"本不应该包含饲料和工业加工用粮，原因在于：企业的饲料和工业加工用粮具有经营性质，企业经营粮食产品是为了获得利润。而居民的生活用粮供应是关系到社会稳定的重大问题，具有公共品性质。正是在这个意义上，中央一直把粮食安全作为一项重要的战略目标。当然，不可否认的是，饲料和工业用粮与居民口粮存在着互相转化的情况。有些粮食既是饲料和工业用粮，又是居民日常消费的主要品种，饲料和工业用粮过大，会冲击到口粮的消费，特别是容易引起粮食价格的波动，这正是统筹粮食安全时必须考虑的一个重要内容，也就是必须认真对待饲料和工业用粮增长过快时对粮食需求总量以及粮食安全产生的影响。

## 第二节　中国粮食安全新战略

随着中国粮食供需形势的变化，传统的保持95%自给率的粮食安全战略已不能适应现实的需要，必须进行及时调整，才能满足人们膳食结构升级的需要。

### 一、"立足国内、全球供应"的粮食安全战略

长期以来，受"短缺经济"的影响，中国形成了从宏观层面追求粮食产量增长的粮食安全观，并一直强调95%的粮食自给率，但由于"粮食"的概念模糊，指向不明，导致粮食安全保障缺乏重点和针对性。在包括稻谷、小麦、玉米、大豆在内的主粮中，由于大豆的进口量太大，实际上中国的粮食自给率已不足90%。面对中国粮食供求形势的变化，以2020年和2030年为节点，理论界和实际部门根据粮食消费需求结构的变化对中国的粮食需求规模进行了预测，但由于研究方法不同，结果

5

也有较大差异。总体结果是：距离今天的时间越近，预测的粮食需求量越大，之前的预测均被证实太过保守。主要原因在于人口的绝对增加、膳食结构的改善导致对饲料用粮和工业用粮等转化用粮消费需求的快速增长。2004—2018 年，中国粮食产量不断增长，这是党和国家重视粮食安全的现实结果。但我们也必须清醒地看到，中国粮食增长速度放缓，工业化和城镇化过程加速耗用了宝贵的耕地资源，粮田良地非农化现象仍然比较严重，粮食持续增产面临严峻挑战，保障粮食安全的难度进一步加大。因此，在新形势下，有学者提出树立新的粮食安全观，重塑国家粮食安全保障战略边界，突出重点，有保有放，推进实施"立足国内、全球供应"的粮食安全新战略。①

（一）"立足国内、全球供应"战略的内涵

"立足国内"就是要立足国内保主粮、强储备、重保障；"全球供应"就是要适度从国外进口大豆、植物油等非主粮农产品，实现全球供应战略。中国耕地资源的自给率只有 80%，只能满足国内 90% 的谷物、油料等农产品消费需求。这意味着，我们不得不从国际市场进口国内 10% 的农产品需求，以弥补 20% 的耕地资源缺口。因此，从中国现实出发，若要立足国内确保粮食安全，就必须适度进口国外非主粮农产品，利用国外农业资源，腾出宝贵的国内农业资源来确保稻谷、小麦等主粮生产，牢牢守住粮食安全底线。

（二）粮食安全战略的新变化

2013 年的中央经济工作会议和中央农村工作会议首次提出了要实施"以我为主，立足国内，确保产能，适度进口，科技支撑"的国家粮食安全新战略，会议明确了中国粮食安全的战略思想就是要充分保障国家的粮食安全，就是要依靠自己保口粮，就是要集中国内资源保重点，提出了"谷物基本自给，口粮绝对安全"的粮食安全战略目标。

粮食安全新战略主要表现在四个方面的变化，即：

第一，"保的范围"有收缩，即从笼统的保"粮食"转向重点保

① 参见程国强著：《重塑边界：中国粮食安全新战略》，经济科学出版社 2013 年版，第 13 页。

"口粮"。长期以来，中国所讲的粮食安全中的"粮食"，是包括谷物、豆类、薯类在内的较为宽泛的概念。按这个口径，中国粮食自给率（国内产量占国内产量与净进口量之和的比率）已不足90%。这主要是由大豆①进口快速增长造成的。2017年中国大豆进口量为9 554.00万吨，占中国粮食总产量的15.46%。即使按20%的出油率计算，剩余80%（7 643.20万吨）的豆粕主要作为饲料粮，占粮食总产量的12.37%。在95%以上的粮食自给率目标已经失守且难以恢复的情况下继续宣称这一目标，有损政府的公信力。因此，中央明确提出，要进一步明确粮食安全的工作重点，合理配置资源，集中力量保"口粮"，做到谷物基本自给、口粮绝对安全。重点口粮品种主要是稻谷和小麦，要强化稻谷和小麦在国家粮食安全战略中的核心地位，必须依靠国内市场满足供给，做到100%的自给率。对非口粮农产品，如玉米、食糖等，可以通过适当进口补充国内需求。

　　第二，"保的要求"有提高，即从保粮食数量转向保粮食数量和质量并重。要达到谷物基本自给、口粮绝对安全的新目标，中央明确提出了两个新要求：一是坚持数量和质量并重。这意味着，我们不仅要做到"量"上足够，还要做到"质"上让人放心。为了避免食品安全事件频繁发生，以需求为导向，保证粮食品种结构、品质安全将成为今后一段时期中国粮食安全战略的重点。2013年的中央农村工作会议提出，"从主要满足'量'的需求，向追求绿色生态可持续、更加注重满足'质'的需求转变"。农业供给侧结构性改革的重点是"要在确保国家粮食安全基础上，着力优化产业产品结构"。这就是说，其表现是当前中国粮食安全问题不仅在"量"上，而且在"质"上，特别是在农产品产出结构上，在谷物和其他农产品生产过程中，要更加注重质量和安全，注重生产源头治理和产销全程监管。二是坚持当前和长远兼顾。这意味着，我们不仅要努力提高当前的农业生产能力，还要提高农业可持续发展能力。

---

① 大豆一直被当作油料作物看待，但大豆榨油的副产品豆粕是重要的饲料品种，因此，大豆已被当作是主要粮食品种。

过去那种为了增加农业生产而不惜陡坡开荒、超采地下水、侵占湿地、大量施用化肥和农药等做法再也不能继续下去了。必须注重永续发展，转变农业发展方式，发展节水农业、循环农业。

第三，"保的途径"有变化，即在立足国内的基础上，将"适度进口"作为粮食安全战略的重要组成部分。在使市场在资源配置中起决定性作用、构建开放型经济新体制的时代背景下，保障国家粮食安全要更新理念、拓展视野。在新的国家粮食安全战略中，不仅首次将"粮食基本自给"调整为"谷物基本自给、口粮绝对安全"，而且还首次将"适度进口"视作粮食安全战略的重要组成部分。在提高国内粮食综合生产能力的同时，积极参与国际贸易，广辟粮食进口渠道，会使中国的粮食供给更加可靠、市场更加稳定。

第四，"保的责任"有调整，即从"米袋子"省、自治区、直辖市政府领导负责制（以下简称"米袋子"省长负责制[①]）转向中央和地方要共同负责，中央承担首要责任。为实现"谷物基本自给、口粮绝对安全"，需要更好地发挥政府作用。自《国务院关于深化粮食购销体制改革的通知》（国发〔1994〕32号）首次提出实行"米袋子"省长负责制以来，要求省一级政府把当地粮食平衡的责任担当起来，实现区域粮食平衡，就成为中国粮食政策的重要组成部分。根据这一政策，省级政府对当地的粮食生产、收购、销售、省际流通、市场管理、储备和吞吐调节等各个方面全面负责，保证粮食的正常供应和价格稳定；为实现地区粮食平衡，调控地区粮食市场，粮食产区要建立3个月以上粮食销售量的地方储备，销区要建立6个月的粮食销售量的地方储备，以丰补歉，确保供应。在特定历史条件下形成的这套制度安排曾发挥过积极作用，但随着全国粮食市场一体化程度的提高，中央对粮食市场调控能力的增

---

① 1994年5月9日，国务院印发了国发〔1994〕32号文件《国务院关于深化粮食购销体制改革的通知》，要求粮食工作实行省、自治区、直辖市政府领导负责制，简称"米袋子"省长负责制。2015年1月22日，国务院印发了国发〔2014〕69号文件《国务院关于建立健全粮食安全省长责任制的若干意见》，提出了粮食安全省长责任制。本书按照时间段划分，2015年之前称为"'米袋子'省长负责制"，2015年之后称为"粮食安全省长责任制"。

强，这套制度安排也逐步暴露出深层次的矛盾和问题。在新的时代背景下，政府与市场、中央与地方各自的作用边界需要重新划分。中央明确提出，中央和地方要共同负责，中央承担首要责任，各级地方政府要树立大局意识，增加粮食生产投入，自觉承担维护国家粮食安全责任。明确"中央承担首要责任"，是对"米袋子"省长负责制的重大完善，有利于形成全国统一的粮食市场。

## 二、"藏粮于地、藏粮于技"的粮食安全战略

2015 年《中共中央关于制定国民经济和社会发展第十三个五年规划的建议》和 2016 年中央 1 号文件《关于落实发展新理念加快农业现代化实现全面小康目标的若干意见》明确提出要实施"藏粮于地、藏粮于技"战略，2018 年中央经济工作会议和 2019 年中央 1 号文件《中共中央国务院关于坚持农业农村优先发展做好"三农"工作的若干意见》进一步提出要推动"藏粮于地、藏粮于技"战略落实落地。这是在新时代中国实施的又一项粮食安全新战略。

（一）"藏粮于地、藏粮于技"战略的内涵

学术界对"藏粮于地"并没有一个确切的定义，也有学者将其称之为"藏粮于土"或"藏粮于田"。习近平在 2016 年 3 月 8 日参加全国两会湖南代表团审议时所指"藏粮于地"，强调的是"研究和完善粮食安全政策，把产能建设作为根本"。习近平在《关于〈中共中央关于制定国民经济和社会发展第十三个五年规划的建议〉的说明》（以下简称《说明》）中提出："经过长期发展，我国耕地开发利用强度过大，一些地方地力严重透支，水土流失、地下水严重超采、土壤退化、面源污染加重已成为制约农业可持续发展的突出矛盾。当前，国内粮食库存增加较多，仓储补贴负担较重。同时，国际市场粮食价格走低，国内外市场粮价倒挂明显。利用现阶段国内外市场粮食供给宽裕的时机，在部分地区实行耕地轮作休耕，既有利于耕地休养生息和农业可持续发展，又有利于平衡粮食供求矛盾、稳定农民收入、减轻财政压力。……休耕不能

减少耕地、搞非农化、削弱农业综合生产能力，确保急用之时粮食能够产得出、供得上。"[1] 从《说明》中体现了"藏粮于地"的轮作休耕内涵。中国科学院地理科学与资源研究所的封志明、李香莲认为"藏粮于土"是指加强对现有耕地的保护与能力建设，开发后备耕地资源补充耕地之不足；立足全部国土，挖掘非耕地食物资源生产潜力，弥补耕地粮食生产能力的不足，其目的是通过耕地保护建设与土地开发，提升粮食与整个食物的生产能力。[2] 南京土壤研究所的周健民认为"藏粮于土"是指在农业结构调整和土地开发过程中，尽可能地避免破坏耕地或永久性占用耕地，要保护土壤、保护耕地，即保护中国的粮食生产能力。[3] 中国农业科学院农业资源与农业区划研究所的杨正礼等认为"藏粮于田"是指强化农田基本生态因子的系统保护与改善，提高农田以粮食为主体的农产品可持续发展的综合生产能力，在复杂的国际形势变化中，建立保障中国粮食安全的基础。[4] 厦门大学的许经勇认为"藏粮于地"是指保护和提高基本农田粮食产出能力、农业基础设施抗灾减灾能力、粮食发展科技支撑能力，切实提高中国粮食综合生产能力，降低粮食生产波动，稳定地为社会提供所需粮食。[5] 北京师范大学的王华春等认为"藏粮于地"是指实施世界上最严格的土地管理制度，通过保护耕地资源，保护粮食产能。[6] 中国农业科学院的唐华俊认为"藏粮于地"是指藏粮于综合生产能力，即通过提高耕地质量和土地生产力，实现粮食生产稳产高产，一旦出现粮食紧缺，就可很快恢复生产能力；而在粮食相

---

[1] 参见习近平：《关于〈中共中央关于制定国民经济和社会发展第十三个五年规划的建议〉的说明》，2015 年 11 月 3 日，见 http://www.xinhuanet.com//politics/2015 - 11/03/c_1117029621_3. htm。

[2] 参见封志明、李香莲：《耕地与粮食安全战略：藏粮于土，提高中国土地资源的综合生产能力》，《地理学与国土研究》2000 年第 3 期。

[3] 参见周健民：《加强我国粮食安全保障能力建设的思考》，《中国科学院院刊》2004 年第 1 期。

[4] 参见杨正礼、卫鸿：《我国粮食安全的基础在于"藏粮于田"》，《科技导报》2004 年第 9 期。

[5] 参见许经勇：《新体制下的我国粮食安全路径》，《南通师范学院学报》（哲学社会科学版）2004 年第 4 期。

[6] 参见王华春、唐任伍、赵春学：《实施最严格土地管理制度的一种解释——基于中国粮食供求新趋势的分析》，《社会科学辑刊》2004 年第 3 期。

对充足的情况下，则可以利用部分土地种植经济作物或从事其他经营，迅速增加农民收入。[1] 北京师范大学的周小萍、陈百明等认为"藏粮于地"是指闲置于土地的那一部分粮食生产能力，即通过摞荒地恢复、复种指数提高和可调整地类转换而增加的粮食产量。[2]

根据上述学者的观点，可将"藏粮于地"概括为：通过提高耕地综合生产能力，实现粮食生产稳产高产，在粮食相对充足的情况下，可以通过加大粮—经（含瓜菜）轮作比例，将部分粮食生产用地用于种植经济作物，增加农民收入；或通过粮—豆、粮—草轮作与休耕的方式，给予过度利用的耕地休养生息的机会，以提升耕地地力。在出现粮食紧缺的情况下，迅速调整耕地种植结构，快速恢复粮食生产，满足国内粮食需求。

"藏粮于技"就是走依靠科技进步、提高单产的内涵式发展道路。科技是农业现代化的重要支撑，粮食生产的根本出路在科技进步。我们不但要向土地要粮，还要向科技要粮。在耕地稳定的情况下，要满足中国人民日益增长的粮食需要，保证粮食产量持续稳定增长，必须依靠不断创新的粮食增产技术来保障。通过研究开发粮食科技，用科技手段维持粮食供求平衡。坚持应用一代、储备一代、开发一代，始终保障科学技术的持续能力。实现土壤健康、种植科学，是粮食增收的必行之路。要通过涵养土壤，推广优良品种，采取标准化高产高效绿色技术模式，提高粮食生产效率和水平。

（二）实施"藏粮于地、藏粮于技"的战略目的

实施"藏粮于地、藏粮于技"战略的短期目标是调减粮食种植面积，降低国内粮食库存，减轻仓储补贴负担；中长期目标是提升土地的粮食综合生产能力和农业可持续发展能力，确保粮食稳定供给。其主要目的可概括为：

---

[1]　参见唐华俊：《积极实施"藏粮于地"战略》，《农村工作通讯》2005 年第 3 期。

[2]　参见周小萍、陈百明、张添丁：《中国"藏粮于地"粮食生产能力评估》，《经济地理》2008 年第 3 期。

第一，提升耕地粮食产能，保障国家粮食安全供给。实施"藏粮于地、藏粮于技"战略的根本在耕地，通过强化耕地资源保护、耕地质量提升和农田基本建设，解决粮食生产能力不稳定的问题，在必要时能够根据国家需求，生产出数量充足、优质安全的粮食。

第二，提升耕地产出效益，促进农民增收。实施"藏粮于地、藏粮于技"战略，就是在粮食数量充足和粮食价格下降的情况下，让农民将部分粮田调整用于种植高效经济作物，这样既可以提升耕地产出效益，又可以增加农民收入，提升农民扩大再生产的能力。

第三，缓解粮食库存压力，减轻仓储财政负担。长期实施的藏粮于仓、以丰补歉策略为保障国内粮食安全供给做出了重大贡献，但与此同时也造成了巨大的库存压力和仓储财政负担，并产生了大量的陈化粮，造成粮食浪费。实施"藏粮于地、藏粮于技"战略，可有效缓解粮食库存压力，减轻仓储财政负担，减少仓储粮食浪费。

第四，缓解生态压力，促进农业可持续发展。实施"藏粮于地、藏粮于技"战略，就是在国际市场粮食数量充足和价格低廉的情况下，可以利用国际市场，适度进口中国短缺的粮食品种，对那些地力严重透支、水土流失、地下水严重超采、土壤退化、面源污染加重区域的耕地通过粮草轮作与生态休耕等方式，给予休养生息的机会，以缓解生态压力，实现农业可持续发展。

（三）实施"藏粮于地、藏粮于技"的战略意义

在中国粮食总产量暂时性过剩和结构性矛盾日益突出的情况下，实施"藏粮于地、藏粮于技"战略对保障国家粮食安全具有十分重要的意义。

1. "藏粮于地"是确保国家粮食安全的战略选择

耕地是粮食生产的命根子，是粮食生产的主要载体。没有耕地，就没有口粮。粮食安全最大的保障，并不在于国家的粮仓里装着多少粮食，而在于土地生产能力。中国耕地数量有限，耕地总体质量不高，传统"藏粮于库"的做法成本过高。各种制约粮食增产的因素增多，粮食生

产稳定发展的基础尚不稳固，长期保持粮食供需基本平衡的任务还很艰巨。保护耕地就是保住老百姓的饭碗，坚守耕地红线就是守住 14 亿人的口粮底线。据国土资源部门测算，耕地提供了人类 88% 的食物以及其他生活必需品，95% 以上的肉、蛋、奶是由耕地提供的产品转化而来的。耕地直接或间接为农民提供了 40%—60% 的经济收入和 60%—80% 的生活必需品。因此，耕地在中国粮食生产要素中占有绝对主体地位。中国耕地面临着人均耕地占有面积少和耕地资源约束加剧的不利情况。

第一，中国人均耕地面积少，2017 年仅有 0.097 3 公顷，不到世界平均水平的40%。研究表明，如果不从国外市场进口农产品，全部依靠国内生产来保证农产品供给，应需要 2.00 亿公顷以上的耕种面积，但国内现在能提供的农作物播种面积只有 1.60 亿公顷，存在 20% 左右的缺口。

第二，中国耕地资源约束加剧，在工业化尚未完成、城镇化水平不高的情况下，耕地非农化和非粮化的趋势短期内无法扭转，人增地减的矛盾将更加突出。由于工业发展、城市建设、基础设施建设、农业结构调整以及退耕还林等原因，耕地资源锐减，直接影响到今后粮食播种面积的扩大。如何在耕地资源约束加剧的情况下，保障十几亿人口的吃饭问题，大力推进农业现代化，提高农业综合生产能力将成为中国经济社会持续发展面临的突出问题。

第三，中国耕地总体质量下降，粮食增产难度加大。在耕地数量不足的前提下，质量显得尤为重要，中国耕地总体质量下降已成为提高粮食综合生产能力的主要障碍。① 耕地质量总体偏低。根据国土资源部发布的《2016 年全国耕地质量等别更新评价主要数据成果的公告》显示，截至 2015 年末，全国耕地质量等别调查与评定面积为 13 462.40 万公顷，耕地质量由高到低划分为 15 个等别[1]，其中优等地面

---

① 全国耕地 15 个等别中：1—4 等为优等地，5—8 等为高等地，9—12 等为中等地，13—15 等为低等地。

积为 389.91 万公顷，占全国耕地评定总面积的 2.90%；高等地面积为 3 579.57 万公顷，占全国耕地评定总面积的 26.59%；中等地面积为 70 979.49 万公顷，占全国耕地评定总面积的 52.72%；低等地面积为 2 395.43 万公顷，占全国耕地评定总面积的 17.79%。[①] 总体来讲，70.00% 以上的耕地等别低于全国平均数值，中低产田数量过多是造成中国粮食平均单产水平较低、高产良种增产潜力难以发挥的主要原因。因此，耕地红线已经退无可退，除了严防死守，别无选择。2015 年 5 月，习近平对耕地保护工作做出重要指示："耕地是我国最为宝贵的资源。我国人多地少的基本国情，决定了我们必须把关系十几亿人吃饭大事的耕地保护好，绝不能有闪失。要实行最严格的耕地保护制度，依法依规做好耕地占补平衡，规范有序推进农村土地流转，像保护大熊猫一样保护耕地。"[②] ② 耕地占补质量严重失衡。中国长期以来习惯于藏粮于仓、藏粮于民、以丰补歉的策略。耕地占补质量严重不平衡，造成耕地总体质量严重下滑，导致粮食综合生产能力下降，只能通过扩大粮食播种面积和提高单产来弥补占补失衡所造成的不足。③ 部分地区土壤环境恶化严重，粮食生产区粮田基础地力下降，耕层变薄，土壤板结、酸化、有机质下降和养分失衡等障碍因素突出。根据 2014 年《全国土壤污染调查公报》，全国土壤环境状况总体较差，甚至某些地区土壤污染较重，耕地土壤环境质量堪忧，工矿业、农业等人为活动是造成土壤污染的主要原因。全国土壤总的超标率为 16.10%，其中耕地点位超标率达 19.40%，轻微、轻度、中度和重度污染点位比例分别为 11.20%、2.30%、1.50% 和 1.10%。[③] 随着人口增多、城市化进程加快以及部分农田土壤环境的恶化，耕地质量下降已成为影响耕地资源可持续利用的制约因素。

---

① 参见《2016 年全国耕地质量等别更新评价主要成果发布》，2017 年 12 月 28 日，见 http：//www. gov. cn/xinwen/2017 – 12/28/content_ 5251076. htm。

② 转引自《耕地保护绝不能有闪失》，2015 年 5 月 28 日，见 http：//politics. people. com. cn/n/2015/0528/c70731 –27066581. html。

③ 参见中华人民共和国自然资源部：《环境保护部和国土资源部发布全国土壤污染状况调查公报》，2014 年 4 月 17 日，见 http：//g. mlr. gov. cn/201701/t20170123_ 1428712. html。

第四，藏粮于库成本过高，粮食安全机制亟须改革与创新。截至 2017 年底，中国粮食产量达到 6.18 亿吨，与此同时，粮食库存数量也达到历史高位，粮食库存消费比超过 40%，远高于联合国粮农组织提出的 17%—18% 的粮食储备安全警戒线。中国传统藏粮于库的做法造成三方面成本过高：① 粮食库存和收储费用正在不断增加，导致储存成本增加。② 仓储补贴负担较重，国家为了这些库存每年都要支付大量的补贴费用。这不仅带来了高额的仓储费用，形成了巨大的财政负担，同时也影响了其他作物的发展和农民收入的增加，特别是不能保证中国的粮食安全，如果连续几年歉收，就给粮食的供应带来很大压力。而"藏粮于地"战略则适时调节了这种问题，在粮食供过于求时，采取轮作休耕使一部分土地减少粮食生产数量，粮食紧缺时又将这些土地迅速用于生产粮食，通过粮食种植面积的增加或减少来维持粮食供求的大体平衡。实行土地休耕，虽然不生产粮食，但粮食生产能力还在，并且土地休耕后还可提高地力，实际上就等于把粮食生产能力储存在土地中。③ 粮食存储时间长会导致粮食质变霉变，是一部分库存损失。此外，由于质量下降要降价销售，又是一部分损失。因此，传统藏粮于库的做法成本过高，要转变思路推行"藏粮于地"的新做法。

为了实现粮食和重要农产品的有效供给，实现"谷物基本自给，口粮绝对安全"的战略目标，2015 年的中央 1 号文件《中共中央国务院关于加大改革创新力度加快农业现代化建设的若干意见》中就提出要"探索建立粮食生产功能区，将口粮生产能力落实到田块地头、保障措施落实到具体项目"；党的十八届五中全会通过的《中共中央关于制定国民经济和社会发展第十三个五年规划的建议》再次明确"探索建立粮食生产功能区和重要农产品生产保护区"（以下简称"两区"），这一阶段的主要工作是探索和研究。此后，2016 年的中央 1 号文件《中共中央国务院关于落实发展新理念加快农业现代化实现全面小康目标的若干意见》中要求"制定划定粮食生产功能区和大豆、棉花、油料、糖料蔗等重要农产品生产保护区的指导意见"，2016 年第十二届全国人民代表大会第四次会议审议通过的《中华人民共和国国民经济和社会发展第十三个五年规划纲要》进一步明确"建立粮食生产功能区和重要农产品生产保护区，确保稻谷、小麦等口粮种植面积基本稳定"，这一阶段主要是研究制定国家层面的政策制度来规范建立"两区"。在此基础上，2017 年中央 1 号文件《中共中央国务院关于深入推进农业供给侧结构性改革加快培育农业农村发展新动能的若干意见》中提出，科学合理划定稻谷、小麦、玉米粮食生产功能区和大豆、棉花、油菜籽、糖料蔗、天然橡胶等重要农产品生产保护区，要求落实政策来划定建立"两区"。

2017 年 4 月 10 日，国务院以国发〔2017〕24 号文件发布《国务院关于建立粮食生产功能区和重要农产品生产保护区的指导意见》，全面部署"两区"划定和建设工作。"两区"划定的主要目标是力争用 3 年时间完成 0.705 亿公顷①，"两区"地块的划定任务，做到全部建档立卡、上图入库，实现信息化和精准化管理；力争用 5 年时间基本完成"两区"建设任务，形成布局合理、数量充足、设施完善、产能提升、管护到位、生产现代化的"两区"，国家粮食安全的基础更加稳固，重要农产品自给水平保持稳定，农业产业安全显著增强。具体目标：① 划定粮食生产功能区 0.600 亿公顷，其中 0.400 亿公顷用于稻麦生产。以东北平原、长江流域、东南沿海优势区为重点，划定水稻生产功能区 0.227 亿公顷；以黄淮海地区、长江中下游、西北及西南优势区为重点，划定小麦生产功能区 0.213 亿公顷（含水稻和小麦复种区 400.000 万公顷）；以松嫩平原、三江平原、辽河平原、黄淮海地区以及汾河和渭河流域等优势区为重点，划定玉米生产功能区 0.300 亿公顷（含小麦和玉米复种区 0.100 亿公顷）。② 划定重要农产品生产保护区 0.159 亿公顷（与粮食生产功能区重叠 533.333 万公顷）。以东北地区为重点，黄淮海地区为补充，划定大豆生产保护区 0.067 亿公顷（含小麦和大豆复种区 133.333 万公顷）；以新疆为重点，黄河流域、长江流域主产区为补充，划定棉花生产

---

① 参见《国务院关于建立粮食生产功能区和重要农产品生产保护区的指导意见》（国发〔2017〕24 号），原文以亩为单位，本书按 1 亩＝0.066 7 公顷将亩换算为公顷。以下均按此方法处理。

保护区 233.333 万公顷；以长江流域为重点，划定油菜籽生产保护区 466.667 万公顷（含水稻和油菜籽复种区 400.000 万公顷）；以广西、云南为重点，划定糖料蔗生产保护区 100.000 万公顷；以海南、云南、广东为重点，划定天然橡胶生产保护区 120.000 万公顷。扣除复种、重叠面积，"两区"耕地面积 0.692 亿公顷，占现有耕地面积 1.353 亿公顷的 51.20%，占永久基本农田面积 1.031 亿公顷的 67.30%。

2. "藏粮于技"是保障国家粮食安全的战略需求

科技是农业现代化的重要支撑，粮食生产的根本出路在于科技进步。在农业资源日益紧张的刚性约束下，要实现农业持续稳定健康发展以及确保农产品长期有效供给，科技创新是根本出路。中国农业科技支撑能力不强，农业科研的基本特征决定了我们要加强粮食科技创新能力。全面实施科技丰产战略，形成保障国家粮食安全的现代科技支撑体系，将"藏粮于技"作为中国建立粮食安全和农业健康发展长效机制的重要组成部分。

第一，中国农业科技具有很大的开发潜力。中国农业科技支撑能力较弱，和农业发达国家相比还有很大差距。2015 年，和农业相关的科技对中国农业增长的贡献率达到 56%，[1] 相比 10 年前提高 10 多个百分点，意味着科技已成为支撑中国农业发展的主要力量，但和发达国家 70% 的贡献率相比还有很大差距。控制全球粮食供销的国际"四大粮商"[2] 掌握着全世界 80% 的粮食交易量，它们均来自农业强国，通过种子革命、化肥的使用、农药技术和农作物栽培技术的改进等，极大地提高了农作物的产量。在农业科技上与发达国家有差距，这就意味着中国农业还有巨大的潜力没有开发出来，如果中国加大科技创新，改善农业推广体系，把农业的科技贡献率从 56% 提高到 70% 的水平，对我们解决农产品的供给问题，尤其是保障粮食安全将发挥重大作用。中国农业科技发展水平

---

[1] 参见韩长赋：《2020 年农业科技进步贡献率将达到 60%》，2016 年 12 月 23 日，见 http://npc.people.com.cn/n1/2016/1223/c14576 - 28972329.html。

[2] 国际"四大粮商"是指美国阿丹米公司（ADM）、美国邦吉公司（Bunge Limited）、美国嘉吉公司（Cargill）、法国路易达孚公司（Louis Dreyfus），根据英文名字首字母，业内称之为"四大粮商"或 ABCD。"四大粮商"掌握了世界 80% 的粮食交易量。

总体还不高，主要表现在农业科技成果转化率低，具有知识产权的农业科技创新成果少，农业科技人才缺乏，农技推广服务滞后等方面。在耕地面积基本维持不变、难以扩充的条件下，如果农业科技不能为进一步提高粮食单产水平做贡献，技术因素将成为制约中国粮食增产的根本性因素。

第二，农业科研的特征对粮食增产提出了新要求。耕地虽然有限，但技术进步的空间与潜力是无限的，这决定了我们要向科技要粮。农业科研具有以下三个特征：① 农业科研周期长、技术进步慢。农业科研成果往往需要多个生命周期的反复试验，这是一个长期、连续、复杂的过程。② 农业科研具有公益性。农业科研要素产出经济效率偏低，赢利性弱，农业科研的比较利益呈持续下降的趋势，这从根本上决定了农业科研公益性的特征。美、日、法等农业发达国家都将农业科研机构作为政府公共服务部门，主要由国家财政予以支持。中国作为传统的农业弱势国家，更要注重农业科研的公益性质，加大农业科研的财政支持力度。③ 农业主体对农业科技的需求由点到面。由于土地流转进程的加快，农业经营由一家一户的小农经营变为规模化的集约经营，这种经营方式使农业主体对科技创新有更高的需求，促使农业科技的需求由点到面，由分散到整体转变。从理论上讲，科技兴粮的潜力是无穷的；从实践上讲，以发展适用农业科技助推粮食产量持续稳定增长的潜力是巨大的。我们要满足粮食的刚性需求，解决整个农产品供求平衡，必须依靠不断创新的粮食增产技术，必须依靠提高单产的内涵式发展道路，因此"藏粮于技"是必然的选择。

（四）实施"藏粮于地、藏粮于技"战略需要明确的几个辩证关系

第一，明确"藏粮于地"与"藏粮于库"的辩证关系。"藏粮于地"着眼于潜在的粮食产能。而粮食生产具有一定的周期性，一旦出现粮食短缺，潜在的粮食产能若不能及时转化为现实的粮食产量，仍然需要"库"中存粮进行应急调节。因此，应高度重视"库"中存粮的数量、质量和品种结构，以实现"藏粮于库"和"藏粮于地"的有机对接。

第二，明确"藏粮于地"与粮食流通的辩证关系。"藏粮于地"和"藏粮于库"一般分布于粮食主产区，若粮食主销区缺粮，潜在粮食产

能又不能及时转化，这时就需要高度发达的粮食流通体系和合理的粮食仓储布局来保障缺粮地区的粮食安全。

第三，明确粮食储备和粮食消费需求的辩证关系。当前，中国粮食产量越来越多，食用油和饲料及能源化工用粮进口量越来越多，库存量也越来越多，但粮食自给率却越来越低。这种"三多一低"现象，体现了中国粮食产业的结构性矛盾。具体来看，中国粮食储备率大大超过联合国粮农组织规定的17%—18%的安全储备率水平，但中国粮食进口量逐年增加，已经成为全球第一粮食进口大国。2017年，中国粮食进口量为1.30亿吨，大豆和稻米进口量为世界第一。因此，必须高度重视粮食生产和储备的数量、质量及其与市场需求间的结构性矛盾问题，通过推进农业供给侧结构性改革，实现粮食产业高质量发展。

# 第三节　粮食安全保障指标体系

一个国家在一定时期的粮食安全状况如何，可以通过一定的指标来衡量。联合国粮农组织、世界银行及各国学者均提出过粮食安全状况的评价指标。

## 一、衡量粮食安全的多元维度

1996年世界粮食峰会确立了粮食安全的四个维度：即粮食供给、粮食获取、粮食利用和粮食稳定，每个维度都有具体的评价指标。

（一）粮食供给

粮食供给在粮食安全中起着决定性作用。充足的粮食供给是确保粮食安全的一个必要条件，而非充分条件，粮食供给在根本上取决于粮食生产。虽然在一定时间内的粮食供给可能来源于当时的生产，也可能来源于往年的库存，还有可能来源于进口，但无论来源于哪种途径，归结底还是来源于粮食生产。就某一国家或地区而言，粮食总产量特别是人均粮食产量能够衡量其粮食生产情况及其决定的粮食安全水平。一般而言，人均粮食产量越高，粮食安全就越有保障。在中国，粮食除了包括稻米、小麦、玉米、高粱、谷子及其他杂粮（统称为谷物）外，还包括薯类和豆类。由于品种繁多，而且各类粮食的营养价值、提供的热量各不相同，因此从粮食产量判断粮食安全时不但要看平均粮食产量，还要看粮食产量的结构，即各类粮食所占的比例。一个以薯类为主的粮食产量结构和一个以稻米为主的粮食产量结构明显会有不同的粮食安全效应。由于粮食构成的复杂性和各类粮食作物提供的热量不同，单纯用粮食供给的数量来衡量粮食安全程度还不够准确，还应考虑到不同粮食作物热量提供能力的差异。为此，联合国粮农组织提出了一个膳食热能供应量（Dietary Energy Supply，简称 DES）指标来衡量粮食安全程度。一般认为，每人每天的膳食热能供应量超过 2 200 大卡，则处于粮食安全水平之上；1 800—2 200 大卡处于轻度粮食不安全中；1 600—1 800 大卡处于中度粮食不安全中；不足 1 600 大卡处于极端粮食不安全中。与此类似，还可以计算人蛋白质的供应量。粮食进口也是粮食供给的一个重要来源，在经济全球化的大潮中，国家间的经济联系日益紧密，但毕竟国家间的利益并不完全一致，有时还会起冲突。因此确保一定程度的粮食自给是保证一国粮食安全的重要前提。粮食自给率或粮食外贸依存度是衡量国家层面粮食安全的一个重要指标，一般而言，粮食自给率越高，一国的粮食安全程度越高；反之则越低。由此可见，基于粮食安全的粮食供给维度，主要的衡量指标有人均粮食产量、粮食产量结构、人均粮食供给量、人均膳食热能供应量、人均蛋白质供应量、粮食自给率等。

粮食可供量的增加不仅要归功于农业，还要归功于渔业、水产养殖业和林产品。据估计，人们消费的所有动物性蛋白质中，约有15%—20%来自水生动物，其营养丰富，可以作为膳食中对必需维生素及矿物质的补充。森林也能提供多种多样的高营养食品，包括叶类、种子、坚果、蜂蜜、水果、蘑菇、昆虫和野生动物。

（二）粮食获取

粮食供给是粮食安全的必要条件，而粮食获取则是粮食安全的充分条件之一。在粮食供给充足的情况下，是否能够获取足够的粮食主要取决于三个方面：一是获取粮食的经济手段；二是获取粮食的物质手段；三是获取粮食的社会手段。经济手段主要取决于可支配收入和粮食价格，两者决定的是人们的购买力。收入越高、粮价越低，人们的购买力就越高，粮食获取能力就越强，粮食安全就越有保障。就一个国家整体来看，在获取粮食的经济手段方面是否取得进展可以通过贫困率的下降来反映。而且联合国粮农组织的研究发现，从农业、渔业和水产养殖业中获得的收入在确保粮食安全方面起着首要作用。粮食获取的另一决定因素是物质手段，它决定了粮食能否顺利从生产地流通到粮食购买者手中。粮食获取的物质手段包括各类基础设施，比如港口、道路、铁路、通信和粮食储存设施等，此外还包括能够促进粮食市场运作的其他设施，比如交易所、粮贸市场等。粮食获取的社会手段主要体现在社会支持措施的提供和获取上，这是因为有部分贫困人口无法通过自己的收入获取足够的粮食，这就需要政府和社会的援助，包括有针对性的粮食分配计划、现金转移计划、膳食供应计划、就业计划和以工代赈等。这些社会支持措施的提供情况和能否被人们获取将直接决定部分贫困人口的粮食安全。综上所述，基于粮食安全的粮食获取维度，衡量指标主要有人均可支配收入、粮食价格，以及交通、通信、存储、交易等基础设施情况。

（三）粮食利用

粮食利用包括两个不同方面：第一个方面反映在受营养不足影响的人体测量学指标上。人们普遍认为，依据 5 岁以下儿童的测量数据就能有效估算出整个人口的营养状况。针对 5 岁以下儿童的此类指标包括消瘦（身高别体重过低）、发育迟缓（年龄别身高过低）和低体重（年龄别体重过低）。第二个方面反映在一系列决定因素或投入指标上。这些指标反映的是食物质量和食物加工制作情况和健康卫生条件，决定着现有食物的有效利用程度。粮食利用成果指标能反映食物摄入不足和健康状况不佳所产生的影响。例如，消瘦是短期食物摄入不足、疾病或感染造成的结果，而发育迟缓则往往是长时间食物摄入不足、重复出现感染和/或重复出现营养不足造成的结果。

粮食获取和粮食供给方面的进展不一定伴随着粮食利用方面的进展。这在一定程度上体现了营养不良以及相关人体测量指标的本质，它们不仅能反映出粮食不安全产生的后果，还能反映出健康状况不佳所产生的后果。特别是发育迟缓，这是一种基本无法逆转的营养不足症状，因此这方面的改善只能在较长时间之后才能反映出来。低体重是反映粮食利用情况的一项更敏感、更直接的指标，与发育迟缓相比，这方面的改善能更及时地反映出来。粮食利用还受食物处理、烹制和储存方式的影响。良好的健康状况是人体有效吸收养分的前提条件，而卫生洁净的食物有助于人体健康。洁净水的获取对于烹制洁净、健康的食物和保持人体健康都至关重要。

（四）粮食稳定

粮食安全的稳定性或脆弱性是指不确定性因素的冲击会加重粮食不安全的风险。这些不确定性因素包括自然灾害、战争与冲突、疾病、经济危机、粮食价格波动等。这个维度是与前三个维度相联系才能起作用，即不确定因素冲击了粮食供给、粮食获取和粮食利用进而导致了粮食不安全风险。可以用风险暴露和风险程度两类指标来衡量粮食安全的脆弱性。衡量风险暴露的指标包括灌溉面积所占比例、粮食进口额占总出口额的比例以及世界银行提供的政局不稳指标等。灌溉面积所占比例和政局不稳指标可用于衡量干旱等自然灾害冲击以及其他人为因素冲击可能带来的粮食供给风险，粮食进口额占总出口额的比例可用于衡量外汇储备是否足以支付粮食进口费用。第二类指标能反映直接影响粮食安全的风险或冲击，如粮食价格、产量和供应量的波动等。实际上粮食安全的稳定性归结起来体现在两个方面，即粮食供应稳定性和粮食价格稳定性。国际粮食市场的波动已使与粮食安全相关的脆弱性问题成为粮食政策制定者关注的突出话题。但联合国粮农组织的研究发现，国际粮食价格变动对国内粮食消费价格产生的影响可能比预

成的结果，而发育迟缓则往往是长时间食物摄入不足、重复出现感染和/或重复出现营养不足造成的结果。

粮食获取和粮食供给方面的进展不一定伴随着粮食利用方面的进展。这在一定程度上体现了营养不良以及相关人体测量指标的本质，它们不仅能反映出粮食不安全产生的后果，还能反映出健康状况不佳所产生的后果。特别是发育迟缓，这是一种基本无法逆转的营养不足症状，因此这方面的改善只能在较长时间之后才能反映出来。低体重是反映粮食利用情况的一项更敏感、更直接的指标，与发育迟缓相比，这方面的改善能更及时地反映出来。粮食利用还受食物处理、烹制和储存方式的影响。良好的健康状况是人体有效吸收养分的前提条件，而卫生洁净的食物有助于人体健康。洁净水的获取对于烹制洁净、健康的食物和保持人体健康都至关重要。

（四）粮食稳定

粮食安全的稳定性或脆弱性是指不确定性因素的冲击会加重粮食不安全的风险。这些不确定性因素包括自然灾害、战争与冲突、疾病、经济危机、粮食价格波动等。这个维度是与前三个维度相联系才能起作用，即不确定因素冲击了粮食供给、粮食获取和粮食利用进而导致了粮食不安全风险。可以用风险暴露和风险程度两类指标来衡量粮食安全的脆弱性。衡量风险暴露的指标包括灌溉面积所占比例、粮食进口额占总出口额的比例以及世界银行提供的政局不稳指标等。灌溉面积所占比例和政局不稳指标可用于衡量干旱等自然灾害冲击以及其他人为因素冲击可能带来的粮食供给风险，粮食进口额占总出口额的比例可用于衡量外汇储备是否足以支付粮食进口费用。第二类指标能反映直接影响粮食安全的风险或冲击，如粮食价格、产量和供应量的波动等。实际上粮食安全的稳定性归结起来体现在两个方面，即粮食供应稳定性和粮食价格稳定性。国际粮食市场的波动已使与粮食安全相关的脆弱性问题成为粮食政策制定者关注的突出话题。但联合国粮农组织的研究发现，国际粮食价格变动对国内粮食消费价格产生的影响可能比预

22

想的要小，但也有证据表明，产量波动幅度小于价格波动幅度，消费量波动幅度比产量波动幅度和价格波动幅度更小。粮食安全的脆弱性与气候变化的关系也正日益变得密切。变幻莫测的天气是造成粮食价格上涨和价格波动幅度加大的一个原因。干旱、洪涝、冰雹等极端天气的频发，导致脆弱地区的粮食产量和收入大幅下降，小规模农民和贫困消费者受这些突发变化的影响尤为严重。气候变化可能在今后几十年里发挥更为显著的作用，缓解气候变化的影响、保护自然资源将成为我们的主要目标，特别是在土地、水、土壤养分和遗传资源管理方面。加强自然资源管理应侧重降低农业产量的波动性，提高面对冲击和长期气候变化时的应对能力。此外，粮食进口依赖度指标也能反映粮食安全的稳定性问题。

联合国粮农组织对于四个维度的粮食安全评价标准进行了分类，见表 1-1。

表 1-1 粮食安全的评价标准

| 粮食安全指标 | 类别 | 维度 |
|---|---|---|
| 平衡膳食能量供给充足度<br>粮食产量的平均值<br>谷物及块根类在膳食能量供给量中所占比例<br>蛋白质平均供给量<br>动物性蛋白质平均供给量 | 可供量 | 粮食供给 |
| 铺面道路在道路总量中所占比例<br>铁路密度<br>道路密度 | 获取的物质手段 | 粮食获取 |
| 国内食品价格指数 | 获取的经济手段 | |
| 良好水源的获取<br>良好卫生设施的获取 | 利用 | |
| 食物不足发生率<br>粮食不足发生率<br>粮食短缺程度<br>贫困人口食品支出所占比例 | 获取 | |

表 1-1（续）

| 粮食安全指标 | 类别 | 维 度 |
|---|---|---|
| 谷物进口依赖度比例<br>带有灌溉设施的耕地所占比例<br>粮食进口值与商品总出口值之间的比值 | 脆弱性 | 粮食稳定 |
| 政局稳定、不存在暴力/恐怖主义<br>国内食品价格波动性<br>人均粮食产量波动性<br>人均粮食供应量波动性 | 各类冲击 | |
| 5 岁以下儿童消瘦比例<br>5 岁以下儿童发育迟缓比例<br>5 岁以下儿童低体重比例<br>成人低体重比例<br>孕妇贫血比例<br>5 岁以下儿童贫血比例<br>维生素 A 缺乏症发生率<br>碘缺乏症发生率 | 利用 | 粮食利用 |

资料来源：联合国粮农组织：《世界粮食不安全状况——粮食案例的多元维度》，2013 年，第 16 页。

由表 1-1 可以清楚的看出，联合国粮农组织在每个粮食安全维度中都给出了评价指标，不仅包括粮食的数量安全，也包含粮食的质量安全。

## 二、中国粮食安全保障指标

粮食安全水平是一个相对的、动态的概念，粮食安全（或不安全）状况可以通过一定的数量指标反映。

（一）粮食安全保障的一般指标

衡量粮食安全的指标很多，联合国粮农组织、世界银行及各国学者提出的关于国家粮食安全状况的衡量指标比较一致，主要有：

1. 粮食自给率或粮食贸易依存度

粮食自给率表示一国粮食生产量占其总消费量的比重，其计算公式为：

$$SS = \frac{TP}{TC} \times 100\%$$

式中，SS 为粮食自给率，TP 为粮食总产量，TC 为粮食总消费量。

与粮食自给率类似的另一个指标是粮食贸易依存度，计算公式为：

$$D = \frac{NI}{TC} \times 100\%$$

式中，D 为粮食贸易依存度，NI 为粮食净进口量，TC 为粮食总消费量。

一般来说，粮食自给率与粮食安全水平的高低成正比，即自给率越高（或粮食贸易依存度低），风险程度就越低，粮食安全水平也就越高；反之亦然。联合国粮农组织规定，一国粮食自给率在达到100%属于完全自给，95%—100%（外贸依存度≤5%）之间属于基本自给，90%—95%（5%≤外贸依存度≤10%）之间是粮食安全水平尚可，但如果粮食自给率低于90%（外贸依存度≥10%），则表明粮食状况不安全。粮食外贸依存度指标能够反映一国的粮食安全对于国际粮食市场的依赖程度。

2. 粮食产量波动系数

粮食生产受气候、投入、价格、政策等不确定因素的影响，年际产量往往有波动（或称变异），波动幅度大小在一定程度上反映了一个国家的粮食安全水平。粮食产量在年际间的变化可以用波动系数或不稳定系数来表示。波动系数越大，表示粮食安全水平越低。

粮食产量波动系数的计算公式为：

$$X = \frac{Y_t - Y_t{'}}{Y_t{'}} \times 100\%$$

式中，X 为粮食产量波动系数，$Y_t$ 为第 t 年的实际粮食产量，$Y_t{'}$ 为粮食产量的长期趋势，$Y_t - Y_t{'}$ 为消除了长期趋势之后的粮食产量的绝对波动额。X 越大，说明粮食产量离长期趋势越远，稳定性越差；反之，说明粮食产量离长期趋势越近，稳定性越好。

3. 粮食储备水平

粮食储备从数量上而言是一个"最低粮食库存"的含义。按照联合国粮农组织的定义，即在新的作物年度开始时，可以从上一年度收获的作物中得到（包括进口）的粮食储备量，也称作"结转储备量"。结转储备又包括周转储备和后备储备两部分。

　　联合国粮农组织在 20 世纪 70 年代曾提出一个确保全球粮食安全的最低储备水平，即把世界全部谷物储备至少要占世界谷物需求的 17%—18% 定为粮食安全储备，其中 5%—6% 为缓冲库存（后备库存），11%—12% 为周转库存（供应库存）。凡一个国家粮食库存系数低于 17% 为粮食不安全，15% 为警戒线，低于 15% 为紧急状态，可能出现粮食危机。联合国粮农组织一直号召各国政府采纳这一最低安全储备标准，足以看出粮食储备状况对于粮食安全的重要性。

　　4. 人均粮食占有量

　　人均粮食占有量是一个时期内，一国粮食供给量与人口数量之比，是反映一个国家粮食安全程度的综合指标。在一国粮食产量一定的情况下，平均每个国民的粮食占有量在一定程度上反映了该国粮食安全水平。显然，一个国家人均粮食占有量越大，粮食安全水平越高；反之，一个国家人均粮食占有量越小，粮食安全水平越低。人均粮食占有量警戒线为社会能够允许的最低人均粮食占有量，当一个国家人均粮食占有量小于人均粮食占有量警戒线时，该国会陷入严重的粮食不安全状况，可能会出现严重的通货膨胀、饿死人、发生社会骚乱、贫民涌入城镇等。国际公认的人均粮食安全警戒线为 370 千克/年。

　　5. 低收入居民的粮食保障水平

　　饥饿和贫困在世界各国都不同程度地存在，即使在最富裕的国家也不例外。在粮食供给量一定的情况下，一国粮食安全水平的高低主要取决于低收入阶层粮食需求的满足程度。一个国家总体上粮食供给有余而一部分低收入者可能吃不饱饭或者营养不足。增加低收入阶层的粮食供给，可以显著地提高一国的粮食安全水平。

　　除上述指标外，间接粮食消费在粮食总消费量中的比例、人均耕地资源占有水平、粮食价格稳定指数等都可以用来衡量一国的粮食安全状况。

　　（二）中国粮食安全的各项指标要求

　　中国人多地少，保障粮食安全的难度大。在遵循粮食安全保障一般指标的基础上，还需要根据中国国情将保障粮食安全的指标具体化。

1. 耕地面积不低于 1.200 亿公顷

根据国家统计局提出的中国粮食消费标准和农业部等有关部门的研究，2030 年人均粮食需求量应为 440.000 千克，全国粮食需求总量为 7.040 亿吨。粮食生产总量取决于耕地数量、粮食作物播种面积、粮食单产、复种指数和粮经比等因素。到 2030 年，如果中国要实现 95% 的粮食自给率目标，则需要耕地 1.230 亿公顷。为此，2006 年 3 月第十届全国人民代表大会第四次会议上通过的《中华人民共和国国民经济和社会发展第十一个五年规划纲要》明确提出 1.200 亿公顷[1]耕地是未来 5 年一个具有法律效力的约束性指标，是不可逾越的一道红线。2006 年 9 月 6 日，在国务院召开的第 149 次常务会上，国土资源部上报的《全国土地利用总体规划纲要》没有获得通过。会议做出了暂缓批准《全国土地利用总体规划纲要》的决定，国务院要求从长计议、加强研究、继续推进，编制历史性、危机性、战略性的土地利用总体规划。并且强调，1.200 亿公顷耕地的"红线"坚决不能突破，不仅要管到 2010 年，而且要管到 2020 年甚至更长时间。2008 年 8 月 13 日，国务院审议并原则通过了《全国土地利用总体规划纲要（2006—2020 年）》，并重申要坚守 1.200 亿公顷耕地的"红线"，提出到 2020 年，全国耕地应保持在 1.203 亿公顷，基本农田面积 1.040 亿公顷。据统计，中国耕地面积 2015 年为 1.351 亿公顷[2]，2016 年为 1.350 亿公顷[3]。

2. 人均耕地面积达到 0.053 公顷以上

根据联合国发表的研究数据，人均耕地面积低于 0.053 公顷的时候会发生生存危机。但在中国 2 000 个左右的县里，有 660 多个县人均耕地面积低于 0.053 公顷。据统计数据显示，2017 年中国人均耕地面积仅有 0.097 公顷，比世界人均耕地面积 0.193 公顷少了 0.096 公顷。作为一个

---

[1] 原文件以亩为单位，即 18.000 亿亩。
[2] 数据来源于中华人民共和国国土资源部：《2015 中国国土资源公报》，2016 年，第 1 页。
[3] 数据来源于中华人民共和国国土资源部：《2016 中国国土资源公报》，2017 年，第 1 页。

农业大国，人均耕地面积的减少使中国的粮食供需关系趋于紧张，使粮食安全和社会稳定受到了严重的威胁。中国虽然采取了最严格的耕地保护措施，但人均耕地面积明显低于国际平均水平的现实不容忽视。随着工业化和城市化进程的加快，耕地面积减少的趋势不可避免，只有持续加强耕地保护，粮食生产才能继续下去。

3. 粮食播种面积不低于 1.100 亿公顷/年

2011—2017 年，中国粮食播种面积一直保持在 1.100 亿公顷/年以上[1]，这是保障中国粮食安全的底线。2019 年中央 1 号文件《中共中央国务院关于坚持农业农村优先发展做好"三农"工作的若干意见》再次强调，要"毫不放松抓好粮食生产，推动藏粮于地、藏粮于技落实落地，确保粮食播种面积稳定在 1.100 亿公顷"。从各地区来看，各地粮食播种面积的警戒线可以有所不同。粮食主产区应适当调高其播种线，以保证销区或产销平衡区的粮食缺口，销区可适当调低其播种线，但最低应保证其当地居民的口粮消费，工业消费、饲料用粮可以通过市场解决。

4. 人均粮食占有量不低于 395.00 千克/年

2017 年中国人均粮食占有量已经超过 445.00 千克。传统观点认为，人均粮食占有量达到 400.00 千克/年即达到了世界平均水平，但实际上自改革开放以来，除 1984 年、1996 年、1997 年、1998 年、1999 年、2008 年等少数年份外，中国很多年份人均粮食占有量并未达到 400.00 千克；同时中国人均粮食消费也并未呈现较大上升趋势，直接消费粮食数量和人均消费粮食量均在减少。1986—2001 年城镇居民人均粮食消费量呈下降趋势，由 1986 年的 94.70 千克下降至 2001 年的 79.70 千克；农村居民由 256.19 千克下降至 237.98 千克。但是，中国间接粮食消费在增加，即肉、禽、蛋、奶消费在增加。20 世纪 80 年代，有关部门预测 2000 年中国人均粮食消费需求为 400.00 千克；1996 年预测到 2000 年中国人均粮食消费需求为 385.00 千克，到 2010 年为 390.00 千克；2008 年

---

[1] 1978 年以来的 40 年中，有 27 年中国的粮食播种面积保持在 1.100 亿公顷以上，2000—2010 年连续 11 年低于这一水平。

预测提出，2010 年中国人均粮食消费需求为 389.00 千克，2020 年为 395.00 千克。根据实际需要，可以将中国粮食安全的界线设定为人均占有粮食达到 395.00 千克/年，这不仅可以解决最基本的温饱问题，还能实现吃得比较好。

5. 粮食产量达到 5.70 亿—5.90 亿吨/年

过去我们确定的粮食生产"安全警戒线"是 4.90 亿吨/年，即不能低于按照 2000 年人口计算的人均拥有粮食 385.00 千克/年的水平。事实上，中国很多年份人均粮食占有量低于这一水平，如 2000 年中国人均粮食占有量只有 366.10 千克，相当于最低警戒线的 94.57%，但仍供求平衡，并出现地区性、结构性过剩现象。这说明原有的粮食安全最低保障线已不能真实反映实际情况，需做适当调整。《全国新增 1000 亿斤粮食生产能力规划（2009—2020 年)》提出中国粮食生产能力达到 5.50 亿吨[1]，到 2020 年中国粮食产量将达到 5.70 亿—5.90 亿吨，但从 2013—2018 年，中国已连续 6 年突破了这一水平。

6. 粮食产量的波动率：不超过 ±6%

中华人民共和国成立以来，中国粮食产量出现了 11 个波动段，具有 6 个特点：① 周期长度比较规则，最长的周期是 7 年，最短的周期是 4 年，平均为 5.36 年。② 粮食产量通常在较短的时间内突然大幅度减产，则增产转入减产，从而显示出粮食产量下降具有一定的隐蔽性和突发性。③ 粮食产量在由恢复向大幅度增产的过程中通常表现为一个较长时间。由此证明，粮食产量一旦减产，那么从低谷上升到一个新的增长点往往需要较长时间的努力，而粮食一旦出现恢复性增长，又有一个较长时间的增长趋势。④ 粮食生产波动的周期幅度较大，但从时间上来看，则有波幅逐渐减小的趋势。⑤ 粮食波动在前期属于供给主导性的波动，后期表现为市场导向性波动。⑥ 2004—2018 年是中国最长的粮食增长周期，一般中国粮食波动是"三丰两歉"或"两丰一歉"，而当粮食波动

---

① 原文件以斤为单位，即 11 000 亿斤，参见国务院办公厅《全国新增 1000 亿斤粮食生产能力规划（2009—2020 年)》，2009 年。1 斤 = 0.50 千克。

出现连续十多年的增长波时，应引起高度重视，很可能出现供大于求的矛盾。

7. 粮食库存消费比不低于30%

联合国粮农组织提出保障粮食安全的最低库存消费比是17%—18%，其中5%—6%为后备储备，11%—12%为商业周转储备。后备储备是所有国家政府必须拥有的粮食储备最低界限，而商业周转储备则是企业行为。最低周转储备作为市场准入条件应有所要求，至于居民的消费储备是消费者自己的事情。因此，在进入买方市场和开放经济条件下，除了国家后备储备粮应保持5%—6%以外，其他周转储备则是企业和消费者自身的事情。从理论上讲，在现代市场经济条件下，国家储备并非越多越安全，给入市企业规定最低周转储备作为资信条件即可。[①] 对于中国而言，粮食库存消费比必须保持在30%以上（即库存相当于居民6个月的消费量），才能有效保证粮食安全供给和国内市场稳定。主要原因在于：① 中国大多数居民对粮食价格仍将十分敏感，人们的承受能力特别是中低收入者的承受能力比较脆弱，粮价大幅上涨，会对中低收入人群的日常生活形成很大冲击，对保证人民生活和社会稳定造成不利影响。这就要求中国必须掌握更充裕的粮食储备。② 粮价是百价之基，事关全局，如果调控不当，必然会带动整个物价上涨，甚至引发通货膨胀。中国在20世纪80年代和90年代初两次较大的粮食市场波动，引发通货膨胀，对国民经济产生重大影响，教训十分深刻。究其原因，是因为当时粮食库存下降严重，库存消费比不足25%。中国多年的经验表明：粮食库存消费比低于25%，就会出现严重问题；达到30%，国内物价就可以保持稳定，粮食安全就不会出现大的问题。

（三）《国家粮食安全中长期规划纲要》中有关粮食安全指标的规定

2008年11月国家发展和改革委员会发布的《国家粮食安全中长期规划纲要（2008—2020年)》（以下简称《纲要》）中，对中国的粮食安全问题做了详细论述和具体的指标规定。从国内外历史经验和教训看，

———————

① 参见洪涛、傅宏著：《中国粮食发展报告2013—2014》，经济管理出版社2014年版，第8页。

中国这样一个人口众多的发展中国家，必须将保障国家粮食安全的主动权牢牢掌握在自己手中，实现粮食基本自给，用自己的力量解决人民吃饭问题，这是保障国家粮食安全的基本方针，也是贯穿《纲要》的一条主线。

《纲要》指出，2020 年中国人均粮食消费量应不低于 395.00 千克。为了实现这一粮食消费目标，《纲要》又从生产水平、供需水平和物流水平方面做了具体规定，见表 1-2。

表 1-2　2020 年保障国家粮食安全的主要指标

| 类别 | 指标 | 2020 年 | 属性 |
|---|---|---|---|
| 生产水平 | 耕地面积（亿公顷）<br>其中：用于种粮的耕地面积 | ≥1.200<br>≥0.733 | 约束性<br>预期性 |
| | 粮食播种面积（亿公顷）<br>其中：谷物 | 1.053<br>0.840 | 约束性<br>预期性 |
| | 粮食单产水平（千克/公顷） | 5 250 | 预期性 |
| | 粮食综合生产能力（亿千克）<br>其中：谷物 | ≥5 400<br>≥4 750 | 约束性<br>约束性 |
| | 油料播种面积（亿公顷） | 0.120 | 预期性 |
| | 牧草地保有量（亿公顷） | 2.613 | 预期性 |
| | 肉类总产量（万吨） | 7 800 | 预期性 |
| | 禽蛋产量（万吨） | 2 800 | 预期性 |
| | 牛奶总产量（万吨） | 6 700 | 预期性 |
| 供需水平 | 国内粮食生产与消费比例（%）<br>其中：谷物 | ≥95<br>100 | 预期性<br>预期性 |
| 物流水平 | 粮食物流"四散化"比重（%） | 55 | 预期性 |
| | 粮食流通环节损耗率（%） | 3 | 预期性 |

注：原文件的面积均以亩为单位，此表数据已经过换算。

# 第二章　改革开放 40 年中国粮食消费结构变化及趋势

　　民以食为天，作为世界第一人口大国，中国既是粮食生产大国，也是粮食消费大国。粮食是人类生活的必需品，无论经济状况如何，粮食仍是人们生活中必不可少的生活资料。

　　消费是一个总体的概念，是指对满足人们需要的经济行为和过程的总称。消费包括个人的消费和再生产过程的消费，是社会再生产和人类自身再生产的根本前提。粮食消费是指一个国家或地区的居民为维持生存和发展需求而对粮食的各种消耗。中国粮食消费可以分为两大类、四大用途和四大品种。两大类是指食物用粮和非食物用粮，其中，食物用粮是指直接和间接满足人们食物消费需求的粮食，又可分为口粮和饲料用粮两大用途；非食物用粮主要分为种子用粮和工业用粮两大用途。中国的粮食消费结构主要由口粮、饲料用粮、工业用粮及种子用粮这 4 种用途构成。此外，粮食品种结构中，稻谷、小麦、玉米、大豆四大主粮大约占据了中国粮食消费总量的 9 成。

　　改革开放 40 年来，中国居民的生活条件极大改善。1978—2017 年，人均国内生产总值从 385.00 元上升到 59 501.00 元，按照可比价格计算增长了 23.81 倍[①]，年均增长率为 8.47%。同时，粮食表观消费量从

---

[①]　2017 年真实人均国内生产总值 (9 166.08 元) = 1978 年人均国内生产总值 (385.00 元) × 以 1978 年为基期的人均国内生产总值指数 (2 380.80)/100。

1978 年的 31 172.20 万吨上升到 2017 年的 74 573.00 万吨，增长了
1.40 倍，年均增幅为 2.26%，如图 2－1 所示。人口增长是影响粮食
消费的重要因素之一。1978—2017 年，人均粮食表观消费量从 323.84
千克增加到 536.47 千克，增幅为 65.66%。说明随着经济发展和人们
生活水平的提高，以及人口的增长，中国居民消费粮食的数量也在不
断增长。

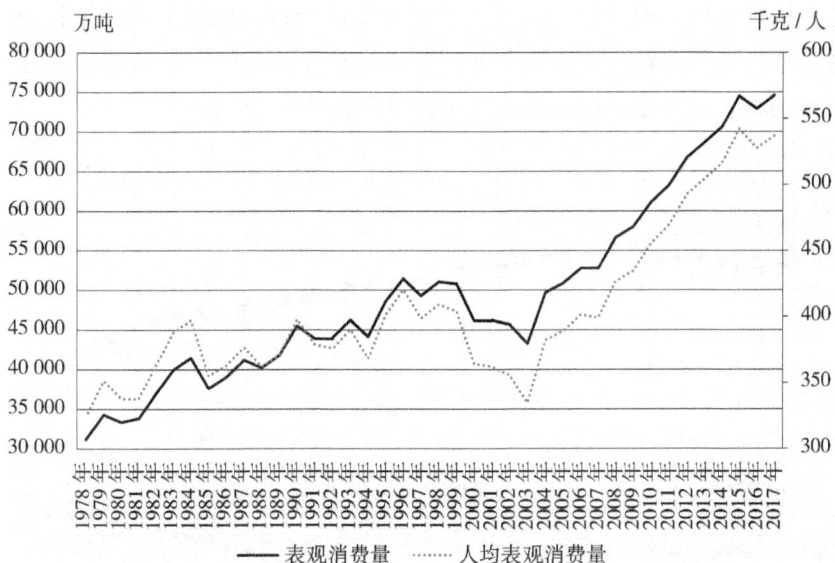

图 2－1　1978—2017 年中国粮食表观消费量及人均表观消费量

資料来源：1978—2016 年粮食生产量数据来自《中国粮食年鉴（2017）》，2017 年数据来
自《2017 年中国统计公报》；1978—2016 年粮食进出口数据来自《中国粮食年鉴（2006）》
《中国粮食年鉴（2013）》《中国粮食年鉴（2017）》，2017 年粮食进出口数据来自海关总署；人
口总数数据来自《中国统计年鉴（2017）》。

注：表观消费量＝生产量＋净进口量，人均表观消费量＝表观消费量/人口总数。

中国人均粮食表观消费量和粮食表观消费量的变化趋势一致。
1978—1996 年波动增长，1996 年达到顶峰，之后开始调整，需求减少，
消费量降低。2003 年以后，由于中国经济快速发展和人口增长带来的粮
食需求刚性增长，人均粮食表观消费量和粮食表观消费量呈现新一轮的
稳定增长，且增幅较大。粮食需求量的大幅增加也刺激了粮食生产迅速

提高，从 2004 年开始，中国粮食产量逐年增加，至 2015 年底，粮食产量实现了"十二连增"。

## 第一节　粮食消费需求的用途结构变化

粮食消费需求的用途主要包括口粮、饲料用粮、工业用粮、种子用粮和粮食损耗。1978—2013 年，中国口粮消费持续稳定下降，饲料用粮逐渐成为粮食消费的主体，工业用粮增长较快，种子用粮和粮食损耗占粮食消费总量的比例较小且变化较稳定。如图 2-2 所示。

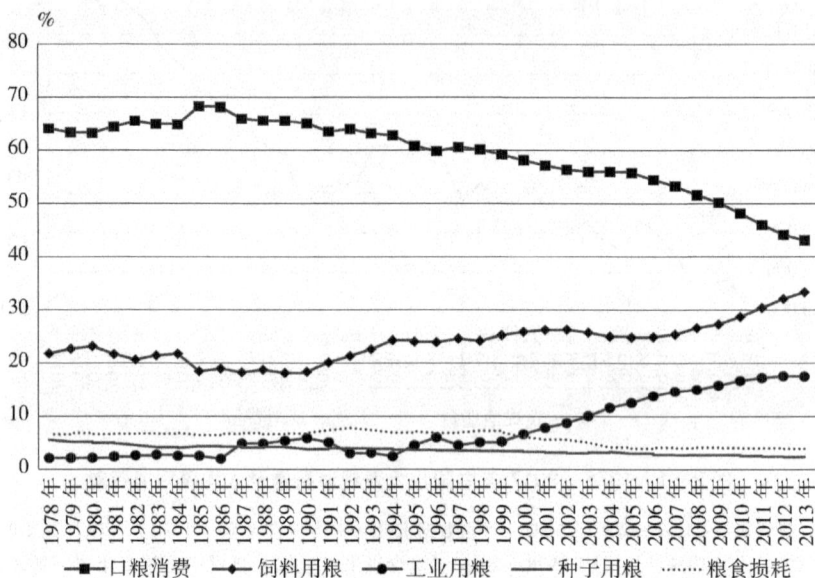

**图 2-2　1978—2013 年中国粮食消费需求用途结构变化**

资料来源：粮食消费数据来自联合国粮农组织数据库，见 http://www.fao.org/faostat/zh/#data。

注：粮食种类包括：稻谷、小麦、玉米和大豆，未做特殊说明，下文中所有粮食均由此四类粮食品种构成。粮食总消费量 = 口粮消费量 + 饲料用粮消费量 + 工业用粮消费量 + 种子用粮消费量 + 粮食损耗 + 其他消费。其中联合国粮农组织公布的是大米消费数据，文中根据 0.67 的换算比例，将大米消费数据换算为稻谷消费数据。因联合国粮农组织数据库的最新数据为 2013 年，考虑到数据统计口径的一致性，以及从粮食消费需求用途结构变化来看，符合历史年份粮食消费需求用途结构总的变化趋势，数据截至 2013 年底并不会影响结论的适用性。因此，选择1978—2013 年数据分析中国粮食消费需求用途结构的变化情况。

## 一、口粮消费

口粮属于生活性消费，是人们直接消费的那部分粮食，是人类维持生存最基本的保障条件。中国是世界上人口最多的国家，庞大的人口基数决定了口粮消费数量大。如果一个国家或地区的粮食生产能力不能确保居民口粮安全，势必会影响国家的稳定和长远发展。因此，口粮消费一直以来是中国最重要的粮食消费用途，保障口粮消费也是保障中国粮食安全的最重要任务，其他消费用途都要在满足口粮消费的前提下进行。

自古以来，口粮消费一直是中国第一大粮食用途，1978 年占粮食消费总量的一半以上。但是，随着人们生活水平的提高，膳食结构的改善，肉、禽、蛋、奶、蔬菜、水果等食品消费量增加，人均口粮消费量明显下降，占粮食总消费量的比例也不断下降。1978—2013 年，中国口粮消费占粮食总消费量的比例从 64.09% 下降至 43.08%，年均降速为 1.13%，如图 2-2 所示。但是期间也出现了波动，1978—1986 年，随着农村家庭联产承包责任制的实施，粮食产量快速提升，虽然生活水平的提高使人均口粮消费下降，但人口数量增长带来的粮食需求增长大于人均口粮消费下降的幅度，口粮占比呈现阶段性上升，并在 1986 年占比达到 68.25% 的最高值。之后，人口增长趋于平稳，居民生活水平不断提高，特别是进入 21 世纪以来，中国加入世界贸易组织（World Trade Organization，国际上简称 WTO），国外农产品的进入，进一步丰富了国内粮食消费市场的选择性，人们越来越多地选择动物性食物消费，口粮占比下降趋势明显。并且，随着工业化和城镇化的进一步发展，口粮消费占比仍然呈现下降趋势，饲料用粮成为粮食消费的最大用途或许成为可能。

另外，从粮食主要品种来看，稻谷和小麦是中国主要的口粮消费品种，口粮消费占总消费量的比例一直保持在 70% 以上，其中稻谷口粮消费占比一直稳定在 80% 左右，小麦口粮消费占比呈现下降趋势。大豆饲料用粮比例的大幅度提升也带来口粮消费占比的不断下降；1978—1997 年，大豆口粮消费占比一直高于 40%，但此后快速下降；玉米口粮消费占比低于 10%，变化较小。如图 2-3 所示。

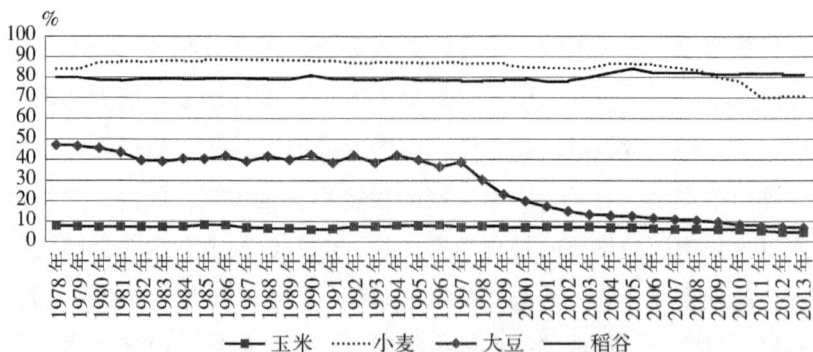

**图 2-3　1978—2013 年中国四大主粮口粮消费占比**

资料来源：根据联合国粮农组织数据库（http：//www.fao.org/faostat/zh/#data）整理。

## 二、饲料用粮消费

饲料用粮属于生产性消费，将粮食作为原材料从而转化为肉、蛋、奶、水产品供人们消费。改革开放 40 年来，随着收入的增加和生活水平的提高，人们的膳食结构发生了根本性改变，即对谷物粮食和其他植物性食物消费逐渐减少，而对肉、禽、蛋、奶等粮食转化的动物性食品消费需求稳步增加。这就使得在畜牧业较快发展的同时，饲料用粮占粮食消费总量的比例不断提高，饲料用粮已经成为居民口粮消费以外的又一主要需求点。

1978—2013 年，中国的饲料用粮消费量以每年超过 3.00% 的速度增长，占粮食消费总量的比例从 21.79% 上升到 33.32%，年均增长 1.22%，饲料用粮消费已经成为推动粮食消费的主要因素之一。1978—1990 年，中国饲料用粮占比呈现波动下降趋势，但是 1990 年之后饲料用粮占比持续上升，特别是 2007 年以后，年均增速达到 4.64%，如图 2-2 所示。1978—2017 年，中国的猪牛羊肉和牛奶产量分别从 856.30 万吨和 88.30 万吨增长到 6 557.50 万吨和 3 038.60 万吨，年均增速分别为 5.36% 和 9.50%，其中牛奶产量增长了 33.00 倍；中国的禽蛋产量从 1980 年的 256.60 万吨增长到

2017 年的 3 096.30 万吨，增长了 11.07 倍，年均增速 6.96%。① 肉、禽、蛋、奶食物产量的激增也侧面说明随着人们生活水平的提高，基本生活需求得到满足，消费质量提高，增加了动物性食物消费的需求，从而加大了对饲料用粮的需求。另外，传统的粗放型养殖模式被集约化、规模化的养殖方式取代，进一步推动了饲料用粮需求的增加。

从饲料用粮的品种来看，玉米作为饲料用粮的比例最高，远远大于其他三类主粮。1978—2013 年，玉米饲料用粮占比从 78.78% 下降到 70.42%。其中 1987—1990 年间，玉米饲料用粮占比出现短暂下降，在此期间人均粮食表观消费量也呈现下降趋势。1990—1994 年间，玉米饲料用粮占比有所上升，但是 1994 年后又缓慢下降。分析其原因，由于饲料用粮消费的持续增长，使部分粮食从口粮消费转到饲料用粮消费上，其中小麦对玉米的替代优势越来越明显。随着玉米价格的持续走高，营养成分与玉米营养成分非常相似的小麦受到饲料企业的关注，而且小麦价格较稳定，因此小麦饲料用粮消费占比逐渐增大，如图 2-4 所示。

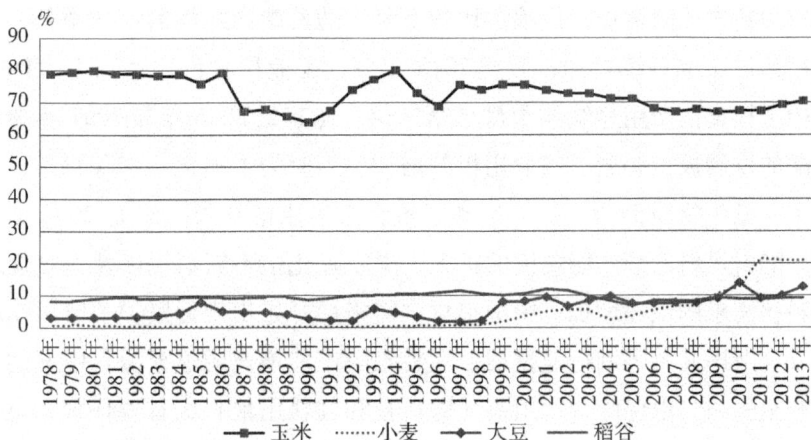

图 2-4　1978—2013 年中国四大主粮饲料用粮消费占比

资料来源：联合国粮农组织数据库（http：//www.fao.org/faostat/zh/#data）整理。

① 猪牛羊肉和牛奶产量数据来源于《中国统计年鉴（1997）》《中国统计年鉴（2018）》；禽蛋产量数据最早为 1980 年，来自于《中国畜牧业年鉴（2009）》。

### 三、工业用粮消费

工业用粮一般指用粮食作为主要原料或辅料的生产行业（如食品、医药、化工、酒精、制酒、淀粉等行业）所用粮食的统称，不包括饲料行业用粮。[①] 工业用粮主要包括酿酒用粮、淀粉用粮、大豆压榨和生物燃料乙醇用粮。工业用粮属于生产性消费，中国工业用粮的主要品种是大豆和玉米，主要用于生产豆粕、植物油、燃料乙醇、酱油、醋等。随着中国食品加工业的不断发展，酿酒业（白酒、啤酒）、生物质能源等蓬勃兴起，工业用粮需求快速增长，占粮食消费总量的比例仅次于口粮和饲料用粮。

工业用粮占粮食消费总量的比例变化分为两个阶段。第一个阶段是20世纪90年代以前，工业用粮消费量不高，在粮食消费总量中的占比也不高。第二个阶段是20世纪90年代以后，随着口粮消费、饲料用粮的迅速增加，导致工业用粮消费占比下降。但是当一个国家的经济发展到了一定阶段，粮食的间接需求会超过直接需求，这体现在工业用粮和饲料用粮占比的增加、口粮占比的下降。随着中国经济的快速增长，工业用粮占比也持续增加，截至2013年底，工业用粮占比达到17.50%，在中国粮食消费用途结构中排名第三位。尤其是2006年和2007年燃料乙醇的发展极大刺激了工业用粮的增加，当时为了消化一些陈化粮，新建了一批生物质能源工厂，推动了粮食总需求的增长。然而2007年之后，随着燃料乙醇产能规模的扩大、国家陈化粮不断消耗以及畜牧业对饲料粮需求的快速增长，中国粮食供需格局开始出现偏紧，政府出于粮食安全考虑开始限制行业发展，燃料乙醇产能增速明显放缓。中国的粮食安全战略是以保障食物用粮（即口粮和饲料用粮）为首要任务，也就是首先要保证吃饭问题。因此，自2007年以后工业用粮占比增速放缓。

另外，按照工业用粮的用途来分，大豆作为工业用粮的第一大来源主要是用来压榨加工，占总加工用粮的近40%；其次是酿酒业和酒精，

---

[①] 参见胡小平、郭晓慧：《2020年中国粮食需求结构分析及预测——基于营养标准的视角》，《中国农村经济》2010年第6期。

占比约为 30%；淀粉加工业的消费占比近 20%。[1]

## 四、种子用粮消费

种子用粮是中国粮食需求中不可缺少的部分，其用粮需求主要由粮食播种面积和技术进步等因素决定。种子用粮在粮食用途结构中占比最小，并呈平稳下降趋势。1978—2013 年，种子用粮占粮食总消费量的比例从 5.49% 下降到 2.27%，年均降速为 2.49%。分阶段来看，1978—1988 年，年均降速为 2.65%；1988—1998 年，年均降速为 1.97%；1998—2008 年，年均降速为 2.43%；2008—2013 年，年均降速为 2.74%，如图 2-2 所示。可以看出，一方面，种子用粮占粮食消费总量的比例不断下降；另一方面，下降速度呈现加快趋势。

影响种子用粮数量的因素主要是粮食播种面积。中国一直高度重视粮食生产，2004—2019 年，中央 1 号文件已连续 16 年聚焦三农问题。为确保国家粮食安全，粮食播种面积一般波动较小，所以每年的种子用粮消费都在一个较小的范围内波动。在粮食播种面积平稳上升的时期，种子用粮相对平稳，下降的趋势得到抑制。在粮食播种面积下降的时期，种子用粮也呈下降的趋势。种子用粮在粮食播种面积下降趋势中受到的影响更大。除非生产技术有重大突破导致用种数量减少，种子用粮数量与播种面积的正相关关系一般不会变化。[2]

## 五、粮食损耗

随着城市化和工业化的不断发展，中国耕地面积减少、耕地质量下降、水资源短缺以及生态环境恶化等一系列问题都使中国的粮食生产能力面临严峻挑战。同时，随着人口的增长和居民生活水平的提高，粮食

---

[1] 参见吕捷、余中华、赵阳：《中国粮食需求总量与需求结构演变》，《农业经济问题》2013 年第 5 期。

[2] 参见胡小平、郭晓慧：《2020 年中国粮食需求结构分析及预测——基于营养标准的视角》，《中国农村经济》2010 年第 6 期。

消费需求总量逐年上升。据世界自然基金会（World Wide Fund for Na-
ture，国际上简称 WWF）与中国科学院地理科学与资源研究所联合发布
的《2018 中国城市餐饮食物浪费报告》显示："初步测算，2015 年中国
城市餐饮业仅餐桌上食物浪费量在 1 700 至 1 800 万吨，相当于 3 000 至
5 000 万人一年的食物量。其中，大型餐馆、游客群体、中小学群体、公
务聚餐等是餐饮食物浪费的'重灾区'。"[1] 与此同时，中国每年却要从
国际市场上进口大量粮食。

　　因此，在确保粮食生产能力的基础上，节约用粮并杜绝粮食浪费、
合理引导健康的粮食消费习惯是保障粮食安全的重要举措之一。然而，
1978—2013 年，中国粮食损耗消费占比均值为 5.70%，高于种子消费占
比，排名第四，且所占比例变化不大，如图 2-2 所示。分品种来看，玉
米损耗最大，占玉米总消费量的比例平均为 7.62%；其次是稻谷，占总
消费的比例平均为 5.93%；小麦和大豆损耗分别占消费总量的比例平均
为 4.94% 和 3.02%；如图 2-5 所示。

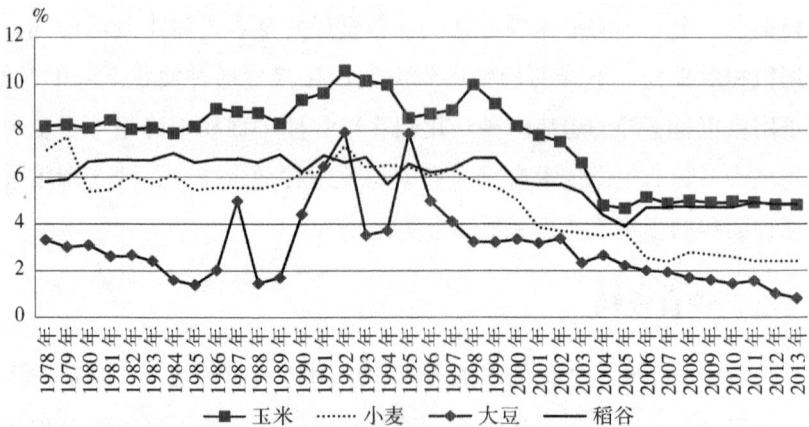

**图 2-5　1978—2013 年中国四大主粮损耗占比**

资料来源：联合国粮农组织数据库（http：//www.fao.org/faostat/zh/#data）整理。

---

[1] 《WWF& 中国科学院：2018 中国城市餐饮食物浪费报告》，2018 年 4 月 6 日，见 http：//
www.199it.com/archives/707339.html。

重庆师范大学的罗杰认为中国粮食浪费惊人。首先是餐桌上的浪费，中国科学院在调查报告中显示，北京市的每家餐厅平均每天至少要倒掉 50 千克以上的剩饭菜，全国大学生每年倒掉的粮食就足可以养活 1 000 万人。其次是粮食收割过程中的浪费，机械化收割粮食的过程中，由于机械的收割效率和收割能力低，严重影响了粮食的收获率。再次，在储存、运输环节粮食浪费也严重。一方面，粮食运输工具落后，专业化不强，导致粮食在装卸、运输过程中抛撒现象严重；另一方面，储存条件简陋、储存设备落后以及仓储管理不善，导致粮食损耗大。最后，精细化的粮食加工方式，也造成粮食的隐性浪费。例如，对去壳大米进行再次加工——抛光处理，有的甚至是多次抛光，这样既浪费粮食同时又会造成营养的下降。[①]

## 第二节　粮食消费需求的品种结构变化

中国粮食消费品种主要包括稻谷、小麦、玉米和大豆，大约占据了粮食消费总量的 9 成。从消费需求量来看，改革开放 40 年来，在人口不断增长的情况下，中国主要粮食品种的消费总量[②]呈现逐年增长趋势，稻谷和小麦消费稳定上升，玉米和大豆消费激增。2011 年以前，稻谷在中国居民粮食消费中占比最大，之后被玉米超越。如图 2-6 所示。从粮食消费需求的品种结构变化来看，随着城市化和工业化的发展，稻谷、小麦消费量占粮食消费总量的比例不断下降，从 1978 年消费占比排名为第一、第二下降到 2017 年消费占比排名为第二、第三；而玉米、大豆消费量占粮食消费总量的比例不断上升，尤其是玉米消费占比在 2011 年首次超过稻谷消费占比成为中国第一大粮食消费品种。从长远来看，中国居民消费提质升级，肉蛋奶消费需求增长强劲，主要用作饲料用粮的玉米占粮食消费总量的比例仍将继续上涨。如图 2-7 所示。

---

① 参见罗杰：《中国粮食浪费惊人》，《生态经济》2017 年第 2 期。
② 粮食消费总量 = 稻谷消费量 + 小麦消费量 + 玉米消费量 + 大豆消费量。

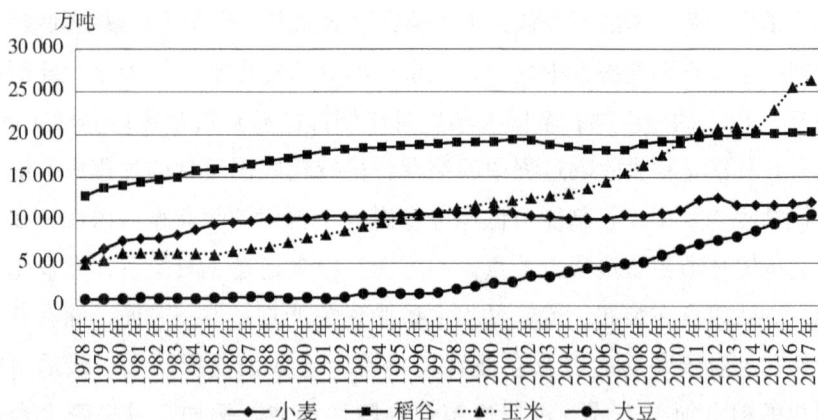

**图 2-6 1978—2017 年中国四大主粮消费量**

资料来源：四大主粮国内消费总量数据来自美国农业部（USDA）数据库，见 https：//apps. fas. usda. gov/psdonline/app/index. html#。

注：美国农业部数据库公布的是大米消费数据，文中根据 0. 699 9[①] 的换算比例，将大米消费数据换算为稻谷消费数据。

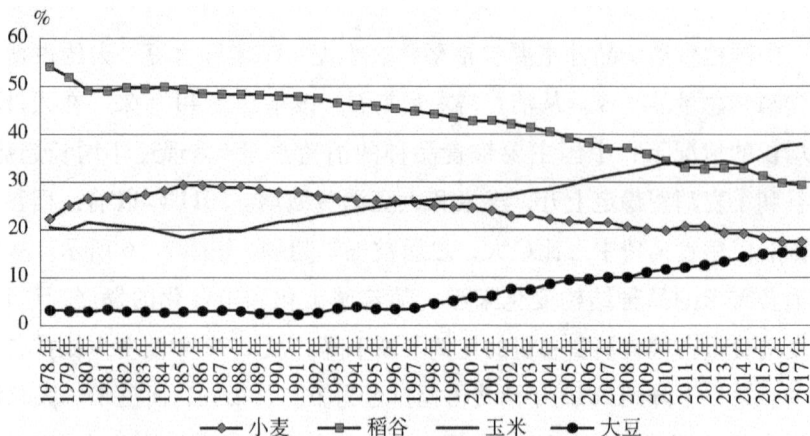

**图 2-7 1978—2017 年中国粮食消费需求品种结构变化**

资料来源：根据美国农业部（USDA）数据库（https：//apps. fas. usda. gov/psdonline/app/index. html#）整理。

---

① 联合国粮农组织公布的稻谷换算成大米的比例为 0. 67，而美国农业部公布的稻谷换算成大米的比例为 0. 699 9，因此采用不同的换算比例。

## 一、稻谷消费需求

1978—2017 年，稻谷消费需求量整体呈现增长趋势。在稻谷消费用途中，口粮消费占比最大，饲料消费、工业消费次之。因口粮消费相对稳定，且饲料消费受到玉米压制，故稻谷消费量占粮食消费总量的比例不断下降。

（一）稻谷消费需求总量变化

从图 2－8 可以看到，1978—2017 年，中国稻谷消费量从 12 840.00 万吨增加到 20 358.00 万吨，年均增速为 1.19%；稻谷消费量占粮食总消费量的比例从 54.08% 下降到 29.34%，年均降速为 1.56%。2000 年以前，随着人均可支配收入的增加，居民食物消费更加注重"吃得饱"的问题，稻谷消费需求呈现上升趋势；2001—2007 年，居民食物消费理念倾向于"吃得好"，膳食结构倾向于轻主粮，重视肉、禽、蛋、奶等高蛋白食物的摄取，稻谷消费需求减少；2008 年以后，健康问题成为居民关注的焦点，稻谷消费需求波动上升。而且，随着稻谷饲用消费、工业消费等多用途的增加，稻谷消费需求还可能继续增加。

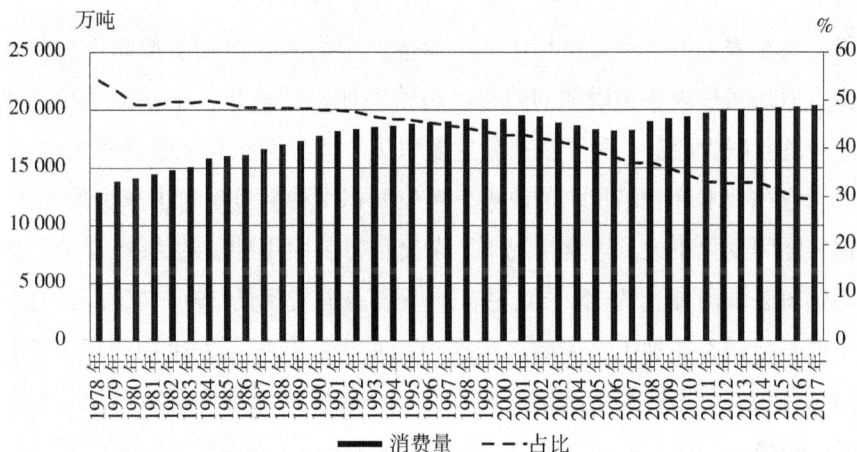

图 2－8　1978—2017 年中国稻谷消费量及占粮食消费总量的比例

资料来源：根据美国农业部（USDA）数据库（https：//apps. fas. usda. gov/psdonline/app/index. html#）整理。

（二）稻谷消费需求用途变化

中国稻谷消费以口粮消费为主，还有少量的饲料、工业及种子消费和损耗。口粮是稻谷的最主要用途，一般占稻谷消费总量的 75% 以上。中国人均年食用消费大米在 105.00 千克左右，大米食用消费总量约 1.43 亿吨（以精米测算）。随着居民生活水平的提高、食物结构调整优化和城市化水平的提高，人均大米直接消费呈现逐步减少的趋势，尤其在一些发达地区，口粮消费减少的趋势更为明显，但因人口的刚性增加，中国大米口粮消费量相对稳定。大米食用消费量与人均消费量及人口总量相关。从人口组成看，消费群体主要是国内人口，还有一些境外旅游者。由于中国城乡呈显著的二元经济特征，食用大米消费的城镇居民和农村居民之间也呈现显著的二元结构特征，城乡居民收入和消费水平存在较大的差距。影响消费总量的因素，一是人均消费量的变化，二是人口增长与城市化水平。

稻谷的饲料用途主要集中在南方生猪家禽饲养产区，特别是长江中下游农村地区，用作饲料的早籼稻有所增加，但占大米消费量的比例一般在 8%—10%。工业用粮主要是用于醋、味精和黄酒、啤酒的生产原料，与小麦、玉米和大豆相比，工业生产中大米作为初级原料的用量较少，但仍然呈现逐年增加的趋势。随着农业科技进步，稻谷的单位用种量呈逐年减少趋势，种子需要量主要取决于播种面积和单位面积用种量，随着育种技术和栽培技术的改进，单位面积用种量呈现稳中减少的趋势，但年际间变化不大。通常情况下，杂交稻每公顷用种量约为 45 千克，常规稻每公顷用种量约 75 千克左右，一般占消费量的 3%—4%。损耗量主要是指稻谷在加工、储藏、流通中因虫害、鼠害等发生的损耗，不包括陈化稻谷可用作加工和饲料的部分，一般估算为总产量或总储藏量的 4%—6%。

## 二、小麦消费需求

1978—2017 年，小麦作为另一主要口粮消费品种，其消费需求量同稻谷保持一致，整体呈现增长趋势，占粮食消费总量的比例不断下降。在小麦消费用途中，口粮消费占比最大。但随着饲料消费需求激增，小麦饲料消费所占比例不断增长，成为小麦消费的另一主要动力。

（一）小麦消费需求总量变化

从图2-9可以看到，1978—2017年小麦消费量总体呈现上升趋势，占比呈下降趋势。1978年小麦消费量为5 289.00万吨，2017年增加到12 100.00万吨，增长了1.29倍。但是各个阶段也存在波动性，1978—2000年，城镇和农村居民消费水平分别从405.00元、138.00元增长到6 999.00元、1 917.00元，① 居民购买力的增加带来小麦消费量平稳上升；2001—2006年，居民消费能力进一步提升，增加肉、禽、蛋、奶等高蛋白食物的摄入量，从而减少了主粮消费，小麦消费量逐渐减少；2007—2017年，随着饲用技术的提高，小麦作为饲料用粮的数量增长加快，以及居民重视主粮消费观念的提升，小麦消费量波动上升。

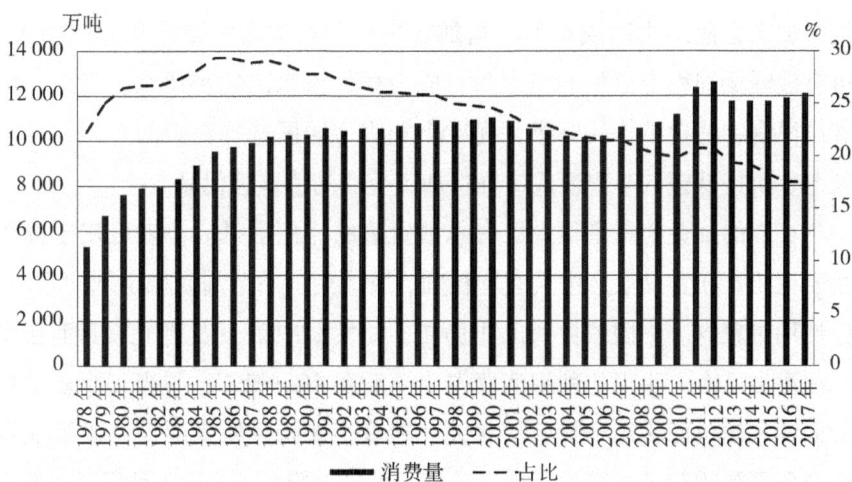

图2-9 1978—2017年中国小麦消费量及占粮食消费总量的比例

资料来源：根据美国农业部（USDA）数据库（https：//apps.fas.usda.gov/psdonline/app/index.html#）整理。

---

① 数据来自历年《中国统计年鉴》。

虽然小麦消费量整体处于上升趋势，但是小麦消费占粮食总消费量的比例从1978年的22.28%下降到2017年的17.44%，下降了4.84个百分点。其原因不在于小麦消费量的减少，而在于玉米作为饲料粮消费的大幅度增加，相应造成小麦消费占比的下降。

### （二）小麦消费需求用途变化

由于中国南方和北方的农业生产结构不同，形成了"南米北面"的饮食格局。小麦成为北方居民喜爱的主粮，口粮是小麦消费的主要用途。但是，居民收入水平的提高带来居民膳食结构的调整：随着口粮消费的持续减少，肉、禽、蛋、奶等高蛋白食物的消费不断增加，小麦食用消费相应减少，而饲用消费增加。一直以来，小麦很少作为饲料用粮。1978年，饲料消费不足1.00%，但2013年达到21.26%，增长迅速，如图2-4所示。2007年，为鼓励玉米种植，国家开始实施临时收储政策，加上国外廉价玉米对中国玉米市场的冲击，国内玉米交易价格不断攀升，饲料加工企业的生产成本不断增加。小麦含有丰富的蛋白质和赖氨酸，可有效降低饲料中豆粕的使用量，成为替代玉米的饲料用粮。另外，随着居民食物消费结构的升级，优质小麦成为居民选择消费的重点，品质较差、价格低廉的小麦便成为饲料加工企业的首选替代品。

小麦的工业消费量很少，占总消费量的比例最低。小麦可用于提炼小麦淀粉，在食品生产中具有增稠剂、胶凝剂、黏结剂或稳定剂的作用，但使用量较少。中国粮食加工业仍在不断发展中，小麦用于工业消费增长的潜力巨大。小麦的种用消费占比一般在4%—5%，与当年小麦的播种面积和单位面积用种量密切相关。随着小麦品种质量的提高以及农业生产条件的改善，提高种子使用效率，减少浪费，小麦用于种用消费的占比会不断下降。如何进一步提高中国小麦的种子研发水平，将引导小麦的种子消费走势。小麦的损耗量逐步减少，占比从1978年的7.10%左右下降到2013年的2.39%，如图2-5所示。1978—2000年，小麦在加工、储藏、流通中损耗较大，占总消费量的6.00%左右，相当于平均每年损耗638.26万吨，超过部分省（自治区、直辖市）的小麦年产量。2000—2013年，通过加强各个环节的科学管理,改善仓储条件,小麦损耗量不断降低。

### 三、玉米消费需求

1978—2017 年,玉米消费需求呈现显著增长趋势,占粮食消费总量的比例不断上升,2011 年成为中国第一大粮食消费品种。在玉米消费用途中,饲料消费占比最大,工业消费、口粮消费次之。

（一）玉米消费需求总量变化

随着中国经济的快速发展和居民人均消费水平的提高,推进了畜牧业和玉米深加工工业的快速发展,玉米消费量持续增加。1978—2017 年,中国玉米消费量从 4 860.00 万吨增长到 26 300.00 万吨,翻了 4.41 番,年均增长 4.42%;在粮食总消费量中的占比从 20.47% 上升到 37.90%,年均增速为 1.59%;如图 2 - 10 所示。2011 年以后,玉米成为中国粮食消费的第一大品种,占粮食消费量的 1/3 以上。由此可见,玉米在中国粮食消费需求中起着越来越重要的作用,在新时代背景下,要确保中国的粮食安全,保持玉米供需平衡十分重要。

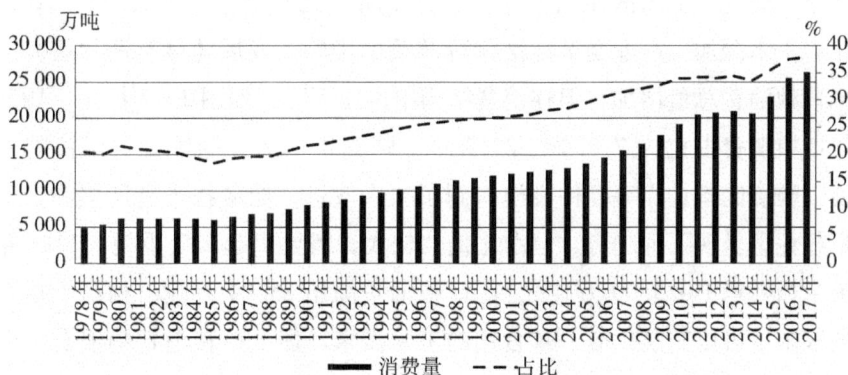

图 2 - 10 1978—2017 年中国玉米消费量及占粮食消费总量的比例

资料来源:根据美国农业部（USDA）数据库（https：//apps.fas.usda.gov/psdonline/app/index.html#）整理。

（二）玉米消费需求用途变化

因受地理位置的影响,中国玉米消费需求与生产在空间分布上存在差异性，导致玉米产业跨地区运输、加工。中国玉米生产空间分布呈现"V"字型格局，主要分布在东北和晋、冀、鲁、豫和西北、西南、长江流域。而中国饲用玉米的主要消费区却分布在广东、四川、山东、河南、河北等省。玉米生产和消费空间分布的差异性导致资源的浪费，玉米深加工业和饲料行业空间布局选择应遵循就近原则，以便发挥玉米产地资源优势。

1978—2017年，玉米7成以上为饲用消费。1978年玉米饲用消费占比为78.78%，1994年到达最大值为79.97%。2000—2007年，玉米饲用消费比例呈现稳中有降的趋势，但对于饲用消费的需求呈刚性增长。改革开放以来，中国经济高速增长，人口增长速度放慢、城镇化速度加快，拉动了肉、禽、蛋、奶消费的进一步增长。另外，玉米工业消费快速增长，并开始影响玉米的生产能力。国内玉米深加工工业开展较早，主要产品有玉米淀粉、酒精及其副产品等，但在2002年以前均发展缓慢，年均增速在10.00%以下，部分年份甚至出现负增长。2003—2017年，玉米深加工产业进入了快速增长期，平均年增长率超过16.00%。2005年，国际能源及其他大宗商品价格上涨，提高了玉米深加工产业利润率，促进了玉米深加工企业发展，带动了玉米产业消费的增长。2008年，玉米深加工产业受节能减排等政策的影响，发展速度有所放缓。玉米口粮消费总量增加，但在消费结构中占比下降，如图2-3所示。1978年口粮消费占比为7.83%，2013年下降到4.41%。随着国民经济的发展，粮食储备仓库等硬件设施得到了很大改进，储藏技术有所提高，玉米损耗量呈现下降趋势，但占比仍然较大，需要引起高度重视。2013年玉米损耗量1 025.00万吨[1]，比口粮消费高出85.94万吨，相当于损耗的玉米量可以充足供应一年食用的玉米需求。加上口粮消费中浪费十分严重，中国玉米的实际使用率大大降低。玉米损耗的主要原因：一是存储条件差，封闭式堆垛存储，通风作用差造成的热、霉变，加上玉米储存过程中水分损耗严重，专家预计玉米因水分减少而造成的损耗最高可以达到20.00%；二是运输和加工环节管理不善造成的损耗。

---

[1] 数据来源：联合国粮农组织数据库（http：//www.fao.org/faostat/zh/#data）。

## 四、大豆消费需求

1978—2017 年，大豆消费需求量稳步上升，占粮食消费总量的比例不断增长，同小麦消费之间的差距不断缩小。在大豆消费用途中，工业消费占比最大，饲料消费次之，口粮消费最少。

（一）大豆消费需求总量变化

中国是大豆原产国和主产国，曾是世界上最大的生产和净出口国。但随着国内需求的增加，大豆进口数量快速增长，自 1996 年起中国从大豆净出口国变为净进口国。从图 2 - 11 可以看到，1978—1992 年，中国大豆消费量在 755.00 万吨—1 091.00 万吨。1992—2017 年，随着中国居民生活水平的提高，对植物蛋白摄入量的需求增长，食用大豆需求量逐年增加，同时对肉、蛋类食品的需求不断增强，极大地促进了中国畜牧养殖业的发展。中国大豆消费量持续稳定增长，占粮食消费总量的比例也持续上升，逐渐接近小麦在粮食消费总量中的占比。大豆消费量从 1992 年的 1 015.00 万吨增加到 2017 年的 10 630.00 万吨，增加了 9.47 倍；在粮食消费总量中的占比从 1992 年的 2.63% 上升到 2017 年的 15.32%，年均增长率为 4.11%，高于稻谷、小麦和玉米的年均增长率。

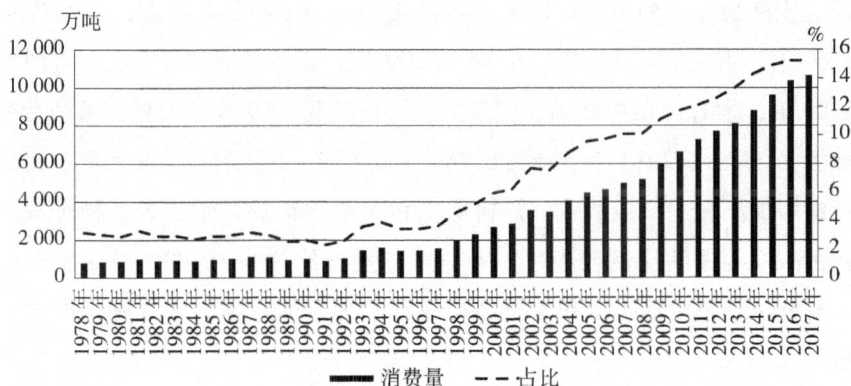

图 2 - 11　1978—2017 年中国大豆消费量及占粮食消费总量的比例

资料来源：根据美国农业部（USDA）数据库（https：//apps. fas. usda. gov/psdonline/app/index. html#）整理。

（二）大豆消费需求用途变化

受传统文化、地域差别及消费习惯等众多因素的影响，中国大豆的消费结构与世界大豆消费结构有所不同，世界大豆消费中85.00%的消费用于榨油，而中国榨油消费的比例一直不高。[①] 总体看，中国大豆饲料、榨油消费量（工业用粮）比例持续上升，口粮消费比例持续下降。

1978 年，大豆工业消费量为 280.00 万吨，占大豆总消费量的 36.62%；2013 年，大豆工业消费量增加到 5 916.00 万吨，占大豆总消费量的 78.80%，成为大豆消费的最大用途。中国大豆工业消费包括大豆压榨加工业、传统大豆食品加工业和大豆蛋白工业三部分。[②] 全球 90.00% 的大豆用来榨油，中国油脂加工占大豆加工总量的 90.50%。[③] 另外，大豆饲用消费占比也增长迅速，从 1978 年的 3.05% 增长到 2013 年的 12.69%，增长了 3.17 倍，如图 2-4 所示。从大豆中提取食用油之后，所剩副产品就是大豆饼粕，是优质的蛋白饲料。随着中国植物油消费需求的增加和畜牧业的发展，大豆饲用消费比例不断增长。

中国具有直接食用大豆的习惯，大豆是城乡居民植物蛋白消费的重要来源。在物质资源不丰富的年代，大豆作为口粮消费量占大豆总消费量的比例最高。每 0.10 千克大豆含蛋白质 0.04 千克左右，是小麦的 3.60 倍、玉米的 4.20 倍、大米的 5.00 倍，是牛肉的 2.00 倍、猪肉的 3.00 倍，素有"田中之肉、营养之王"的美誉。1978 年大豆口粮消费占比为 47.07%，2013 年下降到 6.76%，如图 2-3 所示。说明大豆消费总量的增加不在于口粮消费，饲料用粮和工业用粮的贡献最大。种子和损耗占大豆消费的比例较小，二者消费总量占比约为 10.00%。由于中国大豆种植规模增长缓慢和单位面积豆种使用量的减少，大豆种子的消费量增长不大。

---

① 参见王恩慧：《中国大豆消费现状与展望》，《农业展望》2010 年第 5 期。

② 大豆工业消费量数据来源于联合国粮农组织数据库（http：//www.fao.org/faostat/zh/#data）。

③ 参见谭林、武拉平：《中国大豆需求及供需平衡分析》，《农业经济问题》2009 年第 11 期。

## 第三节　中国城乡居民食物消费结构的
## 变化与时空差异

改革开放以来，随着人口和经济的增长，城乡居民生活水平大幅提高，主要经历了三个阶段：第一个阶段是 1978—1987 年，以家庭承包经营为基础，统分结合的双层经营体制极大地释放了农业生产力，人均粮食占有量从 1978 年的 317.00 千克增长到 1987 年的 370.00 千克，人民生活水平从粮食供给不足到基本解决温饱；第二个阶段是 1988—2003 年，改革力度和对外开放程度不断加大，动物性食物消费快速增长，居民生活水平由基本解决温饱向总体小康过渡；第三个阶段是 2004 年以后，国家不断加大对农业发展的扶持力度，中央 1 号文件连续 16 年聚焦三农问题，饲料用粮和工业用粮大幅度增长，粮食消费向安全、优质、营养的方向发展，居民生活水平由总体小康向全面小康迈进。

### 一、城乡居民食物消费结构的时间变化趋势

总体上看，中国城乡居民食物消费观念表现出阶段性特点，食物消费结构不断得到调整。粮食、鲜菜消费量下降，水果、猪牛羊肉、牛奶等消费量上升，食物消费结构由单一化向多样化发展，城镇居民食物消费结构比农村居民更加合理。

（一）粮食消费量持续下降

1978—2017 年，中国城乡居民粮食消费量总体呈下降趋势，农村居民的下降幅度更大。城镇居民粮食消费量从 160.00 千克/人减少到 109.70 千克/人，减少了 31.44%，见表 2 - 1；农村居民粮食消费量从 247.83 千克/人减少到 154.60 千克/人，减少了 37.62%，见表 2 - 2。虽然 2013 年城镇居民粮食消费量较 2012 年有大幅提升，但主要是由于统计口径的变化。《中国统计年鉴》中公布的 1978—2012 年城镇居民粮食消费数据是指成品粮，2013—2017 年的是原粮，经过换算调整后，波动

仍然较大。但是从 2013—2017 年的总体趋势来看，粮食消费量依然呈下降趋势。粮食消费位于平衡膳食宝塔的底层，属于解决居民温饱的必需品，因此消费量最大。随着居民摄取肉、蛋、奶等高能量和高蛋白食物的增加，粮食消费量下降，居民倾向于选择口感、味道更好的肉、蛋、奶而减少粮食的消费。

表 2 - 1　1978—2017 年中国城镇居民食物消费结构变化

单位：千克/人

| 年份 | 粮食 | 鲜菜 | 水果 | 猪牛羊肉 | 禽肉 | 禽蛋 | 水产品 | 鲜奶 | 食用植物油 |
|---|---|---|---|---|---|---|---|---|---|
| 1978 | 160.00 | 130.00 | 19.70 | 13.70 | 1.63 | 3.90 | 5.89 | 3.70 | 3.87 |
| 1979 | 164.71 | 137.00 | 20.20 | 15.40 | 1.70 | 4.50 | 6.51 | 3.80 | 3.90 |
| 1980 | 167.06 | 143.00 | 20.70 | 18.98 | 1.78 | 4.93 | 6.84 | 3.90 | 4.60 |
| 1981 | 171.06 | 152.30 | 21.20 | 18.60 | 1.92 | 5.22 | 7.26 | 4.10 | 4.80 |
| 1982 | 170.12 | 159.10 | 27.70 | 18.70 | 2.26 | 5.88 | 7.67 | 4.50 | 5.80 |
| 1983 | 170.00 | 165.00 | 27.10 | 19.90 | 2.58 | 6.90 | 8.10 | 4.60 | 6.50 |
| 1984 | 167.18 | 149.00 | 32.10 | 19.90 | 2.88 | 7.62 | 7.80 | 5.20 | 7.10 |
| 1985 | 154.35 | 147.70 | 36.50 | 20.20 | 3.24 | 6.84 | 7.08 | 6.40 | 6.40 |
| 1986 | 162.24 | 148.30 | 40.20 | 21.60 | 3.72 | 7.08 | 8.16 | 4.70 | 6.20 |
| 1987 | 157.53 | 142.60 | 41.30 | 22.00 | 3.40 | 6.56 | 7.88 | 4.90 | 6.40 |
| 1988 | 161.41 | 147.00 | 42.40 | 19.70 | 4.00 | 6.87 | 7.07 | 5.10 | 7.00 |
| 1989 | 157.53 | 144.60 | 38.80 | 20.20 | 3.65 | 7.05 | 7.61 | 4.20 | 6.20 |
| 1990 | 153.76 | 138.70 | 41.10 | 21.80 | 3.42 | 7.25 | 7.69 | 4.60 | 6.40 |
| 1991 | 150.47 | 132.20 | 41.70 | 22.20 | 4.40 | 8.26 | 8.02 | 4.70 | 6.90 |
| 1992 | 131.18 | 124.90 | 47.40 | 21.40 | 5.08 | 9.45 | 8.19 | 5.50 | 6.70 |
| 1993 | 115.06 | 120.60 | 38.90 | 20.80 | 3.70 | 8.86 | 8.02 | 5.40 | 7.10 |
| 1994 | 119.65 | 120.70 | 40.00 | 20.20 | 4.13 | 9.68 | 8.53 | 5.30 | 7.50 |
| 1995 | 114.12 | 116.50 | 45.00 | 19.60 | 3.97 | 9.74 | 9.20 | 4.60 | 7.10 |
| 1996 | 111.41 | 118.50 | 46.20 | 20.40 | 3.97 | 9.64 | 9.25 | 4.80 | 7.10 |
| 1997 | 104.24 | 113.30 | 52.10 | 19.00 | 4.94 | 11.13 | 9.30 | 5.10 | 7.20 |
| 1998 | 102.00 | 113.80 | 54.80 | 19.20 | 4.65 | 10.76 | 9.84 | 6.20 | 7.60 |
| 1999 | 99.88 | 114.90 | 54.20 | 20.00 | 4.92 | 10.92 | 10.34 | 7.90 | 7.80 |

表 2-1（续）　　　　　　单位：千克/人

| 年份 | 粮食 | 鲜菜 | 水果 | 猪牛羊肉 | 禽肉 | 禽蛋 | 水产品 | 鲜奶 | 食用植物油 |
|---|---|---|---|---|---|---|---|---|---|
| 2000 | 96.82 | 114.70 | 57.50 | 20.00 | 5.40 | 11.21 | 11.70 | 9.90 | 8.20 |
| 2001 | 93.76 | 115.90 | 59.90 | 19.20 | 7.30 | 10.41 | 12.30 | 11.90 | 8.10 |
| 2002 | 92.35 | 116.50 | 56.50 | 23.30 | 9.20 | 10.56 | 13.20 | 15.70 | 8.50 |
| 2003 | 93.53 | 118.30 | 57.80 | 23.70 | 9.20 | 11.19 | 13.40 | 18.60 | 9.20 |
| 2004 | 92.00 | 122.30 | 56.50 | 22.90 | 6.40 | 10.35 | 12.50 | 18.80 | 9.30 |
| 2005 | 90.59 | 118.60 | 56.70 | 23.90 | 9.00 | 10.40 | 12.60 | 17.90 | 9.30 |
| 2006 | 89.29 | 117.60 | 60.20 | 23.80 | 8.30 | 10.40 | 13.00 | 18.30 | 9.40 |
| 2007 | 92.59 | 117.80 | 59.50 | 22.10 | 9.70 | 10.30 | 14.20 | 17.80 | 9.60 |
| 2008 | 74.82 | 123.20 | 54.50 | 22.70 | 8.00 | 10.70 | 11.90 | 15.20 | 10.30 |
| 2009 | 95.65 | 120.50 | 56.60 | 24.20 | 10.50 | 10.60 | 12.20 | 14.90 | 9.70 |
| 2010 | 95.88 | 116.10 | 54.20 | 24.50 | 10.00 | 10.00 | 15.20 | 14.00 | 8.80 |
| 2011 | 94.94 | 114.60 | 52.00 | 23.40 | 10.60 | 10.10 | 14.60 | 13.70 | 9.30 |
| 2012 | 92.71 | 112.30 | 56.10 | 24.90 | 10.50 | 10.40 | 14.00 | 14.00 | 9.30 |
| 2013 | 121.3 | 100.10 | 47.60 | 23.70 | 8.10 | 9.40 | 14.00 | 17.10 | 10.50 |
| 2014 | 117.2 | 100.10 | 48.10 | 24.20 | 9.10 | 9.80 | 14.40 | 18.10 | 10.60 |
| 2015 | 112.60 | 100.20 | 49.90 | 24.60 | 9.40 | 10.50 | 14.70 | 17.10 | 10.70 |
| 2016 | 111.90 | 103.20 | 52.60 | 24.70 | 10.20 | 10.70 | 14.80 | 16.50 | 10.60 |
| 2017 | 109.70 | 102.50 | 54.30 | 24.80 | 9.70 | 10.90 | 14.80 | 16.50 | 10.30 |

资料来源：由《中国统计年鉴》《中国住户调查年鉴》数据整理得到。

注：1978—2012 年《中国统计年鉴》公布的城镇居民粮食消费购买数据为成品粮数据，本书按照 100：85 的标准将人均成品粮消费折算成原粮。2013—2017 年，《中国统计年鉴》公布的城镇居民粮食消费为原粮消费，因此统计口径的改变造成 2012 年与 2013 年粮食消费数据波动较大。另外 1978—1980 年和 1987—1988 年水果和鲜奶消费数据缺失，作者根据城镇居民 1981—2017 年水果和鲜奶的年均增长率测算缺失部分数据。

## 表 2-2　1978—2017 年中国农村居民食物消费结构变化

单位：千克/人

| 年份 | 粮食 | 鲜菜 | 水果 | 猪牛羊肉 | 禽肉 | 禽蛋 | 水产品 | 鲜奶 | 食用植物油 |
|---|---|---|---|---|---|---|---|---|---|
| 1978 | 247.83 | 141.50 | 2.00 | 5.75 | 0.25 | 0.79 | 0.84 | 0.70 | 1.30 |
| 1979 | 256.74 | 131.17 | 2.20 | 6.50 | 0.31 | 0.89 | 0.69 | 0.70 | 1.52 |
| 1980 | 257.16 | 127.21 | 2.40 | 7.74 | 0.66 | 1.20 | 1.10 | 0.70 | 1.40 |

表2-2（续）　　　　　　　　　单位：千克/人

| 年份 | 粮食 | 鲜菜 | 水果 | 猪牛羊肉 | 禽肉 | 禽蛋 | 水产品 | 鲜奶 | 食用植物油 |
|------|------|------|------|----------|------|------|--------|------|-----------|
| 1981 | 256.14 | 123.99 | 2.60 | 8.70 | 0.7 | 1.25 | 1.28 | 0.70 | 1.89 |
| 1982 | 259.97 | 132.04 | 2.80 | 9.05 | 0.78 | 1.42 | 1.32 | 0.70 | 2.07 |
| 1983 | 259.90 | 130.95 | 3.02 | 9.96 | 0.82 | 1.57 | 1.58 | 0.80 | 2.19 |
| 1984 | 266.52 | 140.03 | 3.53 | 10.62 | 0.94 | 1.84 | 1.74 | 0.80 | 2.47 |
| 1985 | 257.45 | 131.13 | 3.40 | 10.97 | 1.03 | 2.05 | 1.64 | 0.80 | 2.60 |
| 1986 | 259.30 | 133.65 | 4.21 | 11.79 | 1.14 | 2.08 | 1.87 | 1.40 | 2.63 |
| 1987 | 259.38 | 130.42 | 4.84 | 11.65 | 1.15 | 2.25 | 1.96 | 1.10 | 3.11 |
| 1988 | 259.51 | 130.08 | 5.03 | 10.71 | 1.25 | 2.28 | 1.91 | 1.10 | 3.28 |
| 1989 | 262.28 | 133.38 | 5.50 | 11.00 | 1.28 | 2.41 | 2.10 | 1.00 | 3.27 |
| 1990 | 262.08 | 134.00 | 5.89 | 11.34 | 1.25 | 2.41 | 2.13 | 1.10 | 3.54 |
| 1991 | 255.58 | 126.97 | 6.79 | 12.15 | 1.34 | 2.73 | 2.21 | 1.30 | 3.85 |
| 1992 | 250.50 | 129.12 | 7.54 | 11.83 | 1.49 | 2.85 | 2.25 | 1.50 | 4.07 |
| 1993 | 266.02 | 107.43 | 13.02 | 11.68 | 1.62 | 2.88 | 2.47 | 0.90 | 4.06 |
| 1994 | 260.56 | 107.86 | 12.58 | 11.00 | 1.63 | 3.03 | 2.68 | 0.70 | 4.11 |
| 1995 | 258.92 | 104.62 | 13.01 | 11.29 | 1.83 | 3.22 | 3.06 | 0.60 | 4.25 |
| 1996 | 256.19 | 106.26 | 15.63 | 12.90 | 1.93 | 3.35 | 3.37 | 0.80 | 4.48 |
| 1997 | 250.67 | 107.21 | 17.77 | 12.72 | 2.36 | 4.08 | 3.38 | 1.00 | 4.73 |
| 1998 | 253.28 | 108.96 | 19.24 | 13.02 | 2.33 | 4.11 | 3.31 | 0.90 | 4.59 |
| 1999 | 247.45 | 108.89 | 18.35 | 13.87 | 2.48 | 4.28 | 3.45 | 1.00 | 4.58 |
| 2000 | 250.20 | 106.70 | 18.31 | 14.40 | 2.80 | 4.77 | 3.90 | 1.10 | 5.50 |
| 2001 | 238.60 | 109.30 | 20.33 | 14.50 | 2.90 | 4.70 | 4.10 | 1.20 | 5.50 |
| 2002 | 236.50 | 110.60 | 18.80 | 14.90 | 2.90 | 4.70 | 4.40 | 1.20 | 5.80 |
| 2003 | 222.40 | 107.40 | 17.50 | 15.00 | 3.20 | 4.80 | 4.70 | 1.70 | 5.30 |
| 2004 | 218.30 | 106.60 | 18.80 | 14.80 | 3.10 | 4.60 | 4.50 | 2.00 | 4.30 |
| 2005 | 208.90 | 102.30 | 17.18 | 17.10 | 3.70 | 4.70 | 4.90 | 2.90 | 4.90 |
| 2006 | 205.60 | 100.50 | 18.50 | 17.00 | 3.50 | 5.00 | 5.00 | 3.10 | 4.70 |
| 2007 | 199.50 | 99.00 | 19.90 | 14.90 | 3.90 | 4.70 | 5.40 | 3.50 | 5.10 |
| 2008 | 199.10 | 99.70 | 21.40 | 13.90 | 4.40 | 5.40 | 5.20 | 3.40 | 5.40 |
| 2009 | 189.30 | 98.40 | 20.54 | 15.30 | 4.20 | 5.30 | 5.30 | 3.60 | 5.40 |

表 2-2（续）　　　　　　　　　　单位：千克/人

| 年份 | 粮食 | 鲜菜 | 水果 | 猪牛羊肉 | 禽肉 | 禽蛋 | 水产品 | 鲜奶 | 食用植物油 |
|------|------|------|------|---------|------|------|--------|------|-----------|
| 2010 | 181.40 | 93.30 | 19.64 | 15.80 | 4.20 | 5.10 | 5.20 | 3.60 | 5.50 |
| 2011 | 170.70 | 89.40 | 21.30 | 16.30 | 4.50 | 5.40 | 5.40 | 5.20 | 6.60 |
| 2012 | 164.30 | 84.70 | 22.81 | 16.40 | 4.50 | 5.87 | 5.40 | 5.30 | 6.90 |
| 2013 | 178.50 | 89.20 | 27.1 | 20.60 | 6.00 | 7.00 | 6.60 | 5.70 | 9.30 |
| 2014 | 167.60 | 87.50 | 28.00 | 20.70 | 6.70 | 7.20 | 6.80 | 6.40 | 9.00 |
| 2015 | 159.50 | 88.70 | 29.70 | 21.20 | 7.10 | 8.30 | 7.20 | 6.30 | 9.20 |
| 2016 | 157.20 | 89.70 | 33.80 | 20.70 | 7.90 | 8.50 | 7.50 | 6.60 | 9.30 |
| 2017 | 154.60 | 88.50 | 35.10 | 21.40 | 7.90 | 8.90 | 7.40 | 6.90 | 9.20 |

资料来源：《中国统计年鉴》《中国农村住户调查年鉴》和《中国住户调查年鉴》数据整理得到。

注：1978—1982 年、2004 年和 2006—2008 年水果消费数据缺失，作者根据农村居民 1983—2017 年水果的年均增长率测算缺失部分数据；1978—1981 年鲜奶消费数据缺失，作者根据农村居民 1982—2017 年鲜奶的年均增长率测算缺失部分数据。

（二）鲜菜消费量总体呈下降趋势，但存在阶段性上升特点

1978—2017 年，中国城乡居民鲜菜消费量总体呈下降趋势，见表 2-1、表 2-2。1978 年，城镇居民鲜菜消费量为 130.00 千克/人，2017 年减少到 102.50 千克/人，减少了 21.15%。1978 年，农村居民鲜菜消费量为 141.50 千克/人，2017 年减少到 88.50 千克/人，减少了 37.46%。鲜菜消费处于平衡膳食宝塔的倒数第二层，为人体提供必须的能量物质，同样属于居民消费的必需品。随着肉、蛋、奶和水果消费的增加，鲜菜的摄入量相应减少，但由于鲜菜被其他食物替代的比率要小于粮食，因此其下降幅度较小。另外，农村居民鲜菜消费量的减少幅度大于城镇居民。1978 年农村居民与城镇居民的鲜菜消费量之比为 1.09∶1，差异较小，到 2017 年农村居民鲜菜消费量只是城镇居民的 86.34%。说明随着生活条件的改善，农村居民比城镇居民更加迫切希望吃得更好，更加倾向于肉、蛋、奶食物的消费。

城乡居民鲜菜消费量存在阶段性上升特点。1978—1993 年，城乡居民鲜菜消费量迅速下降；1994—2013 年平稳下降；2014—2017 年略有上升。改革开放初期，随着居民物质生活条件的改善，中国城乡居民鲜菜消费量迅速下降，达到一定程度之后缓慢下降。2015—2017 年，随着平

衡膳食消费理念的普及，城乡居民逐渐增加了鲜菜的消费，特别是农村居民从大量减少鲜菜消费到逐步增加消费的改变，说明鲜菜在城乡居民食物消费结构中不再单纯扮演解决温饱的角色，居民更加重视鲜菜对身体健康的作用。

（三）食物消费结构由单一化向多样化发展

1978—2017 年，随着中国城乡居民人均可支配收入的提高，肉、蛋、奶消费量增长显著，粮食和鲜菜消费量下降，城乡居民食物消费结构由单一化向多样化发展。

1978 年，城镇居民食物消费结构较为单一，粮食和鲜菜的消费量占比在84.00%以上。到2017 年，下降到60.00%。粮食和鲜菜消费量占比的减少，是由于食用植物油、猪牛羊肉、家禽、禽蛋、水产品、奶和水果消费量占比的提高所致。其中，奶和水果消费量占比增加幅度最大，分别从1978 年的1.08%、5.75%增加到2017 年的4.67%、15.36%。2017 年城镇居民粮食、鲜菜、奶和水果消费占比达到80.00%，其余食物消费量占比均高于2.50%，消费结构多样化。如图2-12 所示。

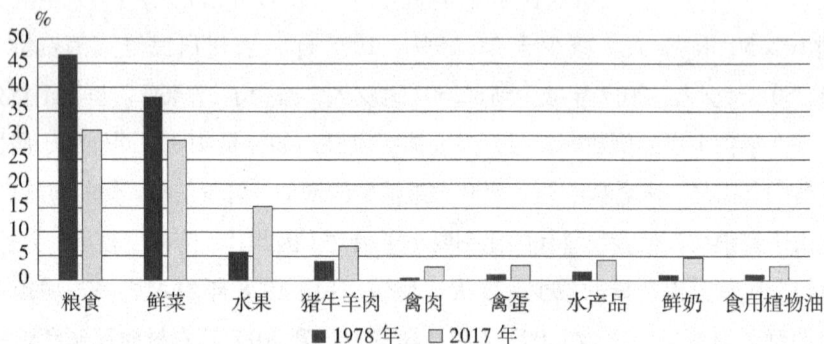

图2-12　1978 年和2017 年中国城镇居民食物消费量占比

资料来源：《中国统计年鉴》和《中国住户调查年鉴》数据整理得到。

注：食物消费总量＝粮食消费量＋鲜菜消费量＋水果消费量＋猪牛羊肉消费量＋禽肉消费量＋禽蛋消费量＋水产品消费量＋鲜奶消费量＋食用植物油消费量。

而对于农村居民来说，1978 年食物消费结构单一，粮食和鲜菜的消费量占比高达97.10%，比同时期的城镇居民高出12.40 个百分点，消费结构严重失衡。随着生活水平的提高，居民不仅能获得充足的食物以满足日常生活所需，而且拥有更加广泛的食物种类选择权，因此农村居民相应增加了食用植物油、猪牛羊肉、家禽、禽蛋、水产品、奶和水果的消费量，食物消费结构更加多样化。到 2017 年，粮食和鲜菜的消费量占比下降到 71.52%，但是同城镇居民相比仍然存在差距，食物消费结构的多样化还有待提高。其中，水果的消费量占比增长幅度最大，从 1978 年的 0.50% 增加到 2017 年的 10.33%，增长了近 20 倍；禽肉增长幅度次之，从 1978 年的不足 0.10% 增加到 2017 年的 2.32%；猪牛羊肉的增长幅度最小，从 1978 年的 1.43% 增加到 2017 年的 6.30%，仅增长了 3.40 倍。如图 2-13 所示。

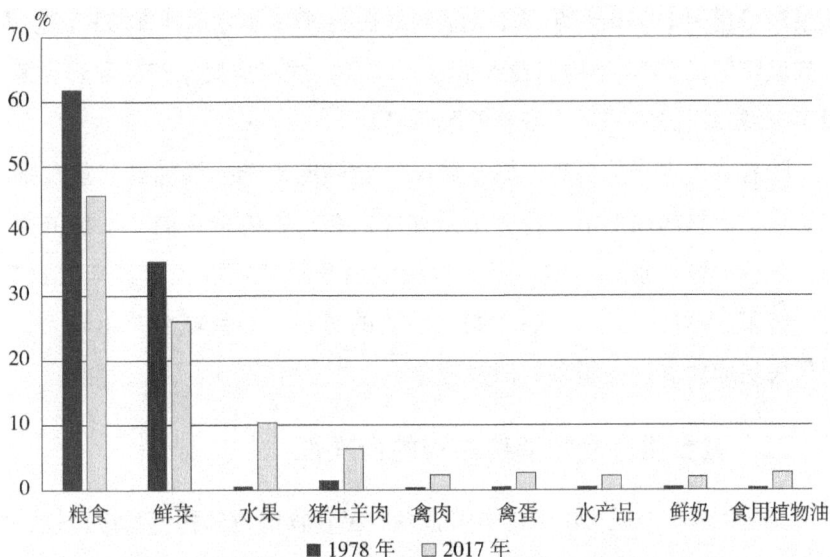

**图 2-13　1978 年和 2017 年中国农村居民食物消费量占比**

　　资料来源：《中国统计年鉴》《中国农村住户调查年鉴》和《中国住户调查年鉴》数据整理得到。

　　注：食物消费总量 = 粮食消费量 + 鲜菜消费量 + 水果消费量 + 猪牛羊肉消费量 + 禽肉消费量 + 禽蛋消费量 + 水产品消费量 + 鲜奶消费量 + 食用植物油消费量。

（四）城乡居民食物消费量差距大

　　1978—2017 年，中国城乡居民食物消费存在明显差异，见表 2-1、表 2-2。2017 年，农村居民粮食消费量仍然高于城镇居民，但差距从

1978 年的 87.83 千克/人下降到 44.90 千克/人，差距明显缩小。肉、禽、蛋和食用油消费量虽然也小于城镇居民，但是差距不大。1978 年，农村居民食用植物油、猪牛羊肉、禽类、蛋类消费量只占城镇居民的 33.59%、41.97%、15.34% 和 20.26%；2017 年，比值有所上升，分别为 89.32%、86.29%、81.44% 和 81.65%，差距不断缩小。

2017 年，农村居民和城镇居民食物消费差距主要表现在鲜菜、鲜瓜果、水产品和奶类消费上。1978 年，农村居民鲜菜消费量高出城镇居民 11.50 千克/人；到 2017 年城镇居民鲜菜消费量高出农村居民 14.00 千克/人，说明农村居民鲜菜消费量减少幅度大于城镇居民。1978 年，城镇居民鲜瓜果消费量为 19.70 千克/人，而农村居民到 2001 年才达到 20.33 千克/人，达到城镇居民 1978 年的消费水平。2017 年，农村居民水产品和奶类消费量不及城镇居民的一半，城乡差距明显。

随着收入水平的提高，城乡居民均会倾向于选择增加高热量食物的消费量，农村居民的消费行为更是如此。在食物消费量同时增加的前提下，农村居民增加肉、禽、蛋和食用油消费量的幅度大于其他类食物。对于鲜菜、鲜瓜果、水产品和奶类消费的忽视，导致城乡差距较大，农村居民更应树立均衡膳食的消费理念。

## 二、城乡居民食物消费结构的合理性

与 1978 年相比，2017 年中国城乡居民食物消费结构更具多样性，粮食、鲜菜消费下降，食用植物油、猪牛羊肉、家禽、禽蛋、水产品、奶和水果消费都有所增加。但是从营养健康的角度出发，居民食物消费不仅要吃得饱、吃得好，更要吃得营养、吃得健康。健康的食物消费应提倡"五谷为养，五果为助，五畜为益，五菜为充"的平衡膳食结构，从而解决营养不良问题，不断改善居民健康素质。通过将 1978 年、2000 年和 2017 年中国城乡居民食物消费量同《中国居民膳食指南（2016）》中推荐的食物摄入标准进行比较，分析城乡居民食物消费结构的合理性，结果见表 2-3。

表 2-3 1978 年、2000 年和 2017 年中国城乡居民日均食物消费与中国居民平衡膳食宝塔（2016）比较

单位：克/人

| 类别 | 推荐摄入量 | 城镇居民消费量 | | | | | | 农村居民消费量 | | | | | |
| --- | --- | --- | --- | --- | --- | --- | --- | --- | --- | --- | --- | --- | --- |
| | | 1978 年 | 比较 | 2000 年 | 比较 | 2017 年 | 比较 | 1978 年 | 比较 | 2000 年 | 比较 | 2017 年 | 比较 |
| 食用植物油 | 25—30 | 10.60 | 不足 | 22.47 | 不足 | 28.22 | 符合 | 3.56 | 不足 | 15.07 | 不足 | 25.21 | 符合 |
| 鲜奶 | 300 | 10.14 | 不足 | 27.12 | 不足 | 45.21 | 不足 | 1.92 | 不足 | 3.01 | 不足 | 18.90 | 不足 |
| 禽肉类 | 40—75 | 39.16 | 不足 | 60.19 | 符合 | 77.65 | 超过 | 16.00 | 不足 | 42.25 | 符合 | 66.53 | 符合 |
| 水产品 | 40—75 | 16.14 | 不足 | 32.05 | 符合 | 40.55 | 符合 | 2.30 | 不足 | 10.68 | 不足 | 20.27 | 不足 |
| 蛋类 | 40—50 | 10.68 | 不足 | 30.71 | 不足 | 29.86 | 不足 | 2.16 | 不足 | 13.07 | 不足 | 24.38 | 不足 |
| 鱼禽蛋肉 | 120—200 | 65.98 | 不足 | 122.95 | 符合 | 148.06 | 符合 | 20.46 | 不足 | 66.00 | 符合 | 111.18 | 不足 |
| 蔬菜类 | 300—500 | 356.16 | 符合 | 314.25 | 符合 | 280.82 | 不足 | 387.67 | 符合 | 292.33 | 符合 | 242.47 | 不足 |
| 水果类 | 200—350 | 53.97 | 不足 | 157.53 | 不足 | 148.77 | 不足 | 5.48 | 不足 | 50.16 | 不足 | 96.16 | 不足 |
| 粮食类 | 250—400 | 438.36 | 超过 | 265.26 | 符合 | 300.55 | 符合 | 678.99 | 超过 | 685.48 | 超过 | 423.56 | 超过 |

资料来源：推荐摄入量数据来自《中国居民平衡膳食宝塔（2016）》，消费量数据来自《中国统计年鉴》《中国农村住户调查年鉴》和《中国住户调查年鉴》。

注：中国居民平衡膳食宝塔（2016）与《中国统计年鉴》中食物类别匹配如下：食用植物油——油，鲜奶——奶及奶制品，禽肉类（猪牛羊肉+家禽）——畜禽肉，水产品——水产品，蛋类——禽蛋，鱼禽蛋肉——水产品+家禽+禽蛋+猪牛羊肉，蔬菜类——鲜菜类，水果类——鲜瓜果，粮食类——各薯类。消费量＝城乡居民人均年食物消费量/365 天。

1978 年，城乡居民多数食物消费不足，粮食类食物消费过多，超过推荐摄入标准，只有蔬菜类食物消费量达到消费标准，禽肉类、食用植物油、奶类、水产品、蛋类、水果类均未达标。说明改革开放初期，城乡居民生活处于较低水平，食物消费结构较为单一，主要食用植物性食物。

1978—2000 年，城镇居民禽肉类、水产品和蛋类消费量不断增加，到2000 年，虽然水产品和蛋类消费量未达标，但鱼禽蛋肉的合计数（水产品＋家禽＋禽蛋＋猪牛羊肉）消费量达标。随着高能量高蛋白食物的摄取增加，粮食类消费量不断减少，以至于到 2000 年粮食类消费量未达到推荐摄入标准。农村居民食用植物油、禽肉类、水产品、蛋类和水果类消费量不断增加，但是到 2000 年，只有禽肉类消费量达标，但鱼禽蛋肉总量仍然不足。农村居民蔬菜类和粮食类消费量下降，到 2000 年，蔬菜类消费量不足；由于前期消费基数大，粮食类消费量仍然超过推荐摄入标准。

2017 年，城镇居民食物消费结构更加合理化，多数消费符合推荐标准。其中禽肉类超过标准，蛋类消费量不足。但是鱼禽蛋肉的总消费量符合推荐摄入标准，可为居民提供身体所需的优质蛋白质和维生素等。城镇居民奶类、水果类和蔬菜类消费量仍不足，尤其是奶类消费量严重不足，远远低于推荐摄入标准；水果类和蔬菜类消费量也没有达到推荐摄入量的最低标准。农村居民食物消费结构得到改善，但消费不足的食物仍然较多。农村居民食用植物油和禽肉类消费量达到推荐摄入标准，但是，水产品和蛋类消费量不足，鱼禽蛋肉的合计数消费总量也不足。农村居民粮食类消费量继续下降，超过推荐摄入标准，但差距不断缩小。奶类、水果类和蔬菜类消费不足，其中奶类和水果类消费量远远低于推荐摄入标准的最低值。1990—2017 年，城乡居民奶类消费量增长幅度最大，但是仍未达到推荐摄入标准。随着国家二孩政策的实施，新增的幼儿数量相应也会带来奶类食物消费量的增长，奶类消费还有很大的增长空间。合理布局优质奶源的生产基地，持续研发高产优质奶产品将是国家调控的重点方向。

1978—2017 年，中国城乡居民的鱼禽蛋肉消费总量增长迅速，但是内部结构性消费不均，畜禽肉消费过多，而水产品和蛋类消费不足。不平衡的消费结构易增加肥胖、"三高"疾病的发生率，危害人体健康。粮食安全不仅要确保每个人获得充足的食物，更应注重居民的平衡膳食营养。

## 三、城乡居民食物消费结构的空间差异

1978—2017 年中国城乡居民食物消费结构表现出一定的时间差异，从地理空间来看，食物消费结构是否也存在差异性？为了便于与 2016 年中国居民平衡膳食宝塔推荐标准进行比较，将居民食物消费分为五大类：粮食类、蔬菜水果类、鱼禽蛋肉、奶类和食用油，分别对应平衡膳食宝塔的五层结构①。

（一）城乡居民食物消费的空间分布情况

将 2017 年中国 31 个省（自治区、直辖市）② 城乡居民五类食物的消费量与 2016 年中国居民平衡膳食宝塔推荐标准进行比较，得到表 2-4。

表 2-4　2017 年中国各地区城乡居民主要食物日均消费量

单位：克/人

| 地区 | 粮食类 | 比较 | 蔬菜水果类 | 比较 | 鱼禽蛋肉 | 比较 | 奶类 | 比较 | 食用油 | 比较 |
|---|---|---|---|---|---|---|---|---|---|---|
| 北京 | 207.40 | 不足 | 426.85 | 不足 | 134.52 | 符合 | 61.64 | 不足 | 22.74 | 不足 |
| 天津 | 329.04 | 符合 | 552.33 | 符合 | 184.38 | 符合 | 47.12 | 不足 | 29.86 | 符合 |
| 河北 | 341.92 | 符合 | 406.03 | 不足 | 118.36 | 不足 | 39.45 | 不足 | 25.48 | 符合 |
| 上海 | 268.77 | 符合 | 427.67 | | 210.14 | 超过 | 56.99 | 不足 | 23.84 | 不足 |

---

① 平衡膳食宝塔的五层结构分别是：谷薯类、蔬菜类＋水果类、畜禽肉＋水产品＋蛋类、奶及奶制品＋大豆及坚果类、油＋盐。本书的分析主要考虑居民消费的粮食及粮食的转化产品和蔬菜、水果，不考虑大豆及坚果类和盐。

② 31 个省（自治区、直辖市）包括：上海、江苏、浙江、安徽、江西、山东、福建、北京、天津、山西、河北、内蒙古、河南、湖北、湖南、广东、广西、海南、四川、贵州、云南、重庆、西藏、陕西、甘肃、青海、宁夏、新疆、黑龙江、吉林、辽宁。由于数据缺乏，故未讨论台湾、香港、澳门情况。

表2-4（续）　　　　　　　　单位：克/人

| 地区 | 粮食类 | 比较 | 蔬菜水果类 | 比较 | 鱼禽蛋肉 | 比较 | 奶类 | 比较 | 食用油 | 比较 |
|------|--------|------|-----------|------|---------|------|------|------|--------|------|
| 江苏 | 314.52 | 符合 | 423.01 | 不足 | 180.00 | 符合 | 42.74 | 不足 | 33.42 | 超过 |
| 浙江 | 367.40 | 符合 | 403.29 | 不足 | 191.78 | 符合 | 32.88 | 不足 | 33.15 | 超过 |
| 福建 | 334.25 | 符合 | 358.08 | 不足 | 213.97 | 超过 | 29.59 | 不足 | 24.93 | 不足 |
| 山东 | 336.44 | 符合 | 447.67 | 不足 | 152.33 | 符合 | 47.40 | 不足 | 22.19 | 不足 |
| 广东 | 320.00 | 符合 | 386.03 | 不足 | 238.90 | 超过 | 21.10 | 不足 | 25.21 | 符合 |
| 海南 | 263.01 | 符合 | 335.07 | 不足 | 218.63 | 超过 | 11.51 | 不足 | 24.11 | 不足 |
| 东部地区 | 323.78 | 符合 | 413.26 | 不足 | 182.47 | 符合 | 37.62 | 不足 | 26.68 | 符合 |
| 辽宁 | 352.33 | 符合 | 490.14 | 不足 | 166.03 | 符合 | 41.10 | 不足 | 31.78 | 超过 |
| 吉林 | 389.59 | 符合 | 439.18 | 不足 | 122.19 | 符合 | 26.58 | 不足 | 33.42 | 超过 |
| 黑龙江 | 386.85 | 符合 | 418.36 | 不足 | 130.96 | 符合 | 28.49 | 不足 | 39.45 | 超过 |
| 东北地区 | 373.67 | 符合 | 452.41 | 不足 | 142.85 | 符合 | 33.07 | 不足 | 34.88 | 超过 |
| 山西 | 371.78 | 符合 | 352.33 | 不足 | 80.82 | 不足 | 41.10 | 不足 | 22.19 | 不足 |
| 安徽 | 376.16 | 符合 | 405.48 | 不足 | 153.97 | 符合 | 30.14 | 不足 | 27.40 | 符合 |
| 江西 | 384.66 | 符合 | 409.32 | 不足 | 149.04 | 符合 | 30.41 | 不足 | 36.16 | 超过 |
| 河南 | 341.10 | 符合 | 389.04 | 不足 | 108.49 | 不足 | 31.51 | 不足 | 22.74 | 不足 |
| 湖北 | 307.40 | 符合 | 429.86 | 不足 | 149.59 | 符合 | 18.90 | 不足 | 33.97 | 超过 |
| 湖南 | 401.64 | 超过 | 432.60 | 不足 | 170.68 | 符合 | 15.62 | 不足 | 33.97 | 超过 |
| 中部地区 | 361.42 | 符合 | 405.34 | 不足 | 136.63 | 符合 | 27.10 | 不足 | 29.04 | 符合 |
| 内蒙古 | 417.26 | 超过 | 393.70 | 不足 | 145.48 | 符合 | 62.19 | 不足 | 22.74 | 不足 |
| 广西 | 366.85 | 符合 | 349.86 | 不足 | 186.03 | 符合 | 15.34 | 不足 | 23.01 | 不足 |
| 重庆 | 418.08 | 超过 | 508.22 | 符合 | 196.71 | 符合 | 47.12 | 不足 | 40.55 | 超过 |
| 四川 | 438.9 | 超过 | 474.52 | 不足 | 187.67 | 符合 | 33.70 | 不足 | 34.79 | 超过 |
| 贵州 | 331.78 | 符合 | 321.64 | 不足 | 115.34 | 不足 | 14.79 | 不足 | 22.47 | 不足 |
| 云南 | 347.40 | 符合 | 328.22 | 不足 | 127.95 | 符合 | 14.52 | 不足 | 21.10 | 不足 |
| 西藏 | 779.45 | 超过 | 115.62 | 不足 | 97.53 | 不足 | 61.64 | 不足 | 57.26 | 超过 |
| 陕西 | 362.74 | 符合 | 376.71 | 不足 | 74.79 | 不足 | 40.00 | 不足 | 29.86 | 符合 |
| 甘肃 | 413.70 | 超过 | 355.89 | 不足 | 85.21 | 不足 | 38.08 | 不足 | 23.29 | 不足 |
| 青海 | 320.00 | 符合 | 251.51 | 不足 | 96.99 | 不足 | 49.04 | 不足 | 25.75 | 符合 |
| 宁夏 | 304.66 | 符合 | 433.97 | 不足 | 81.64 | 不足 | 36.71 | 不足 | 21.10 | 不足 |

表 2-4（续）　　　　　　　　　单位：克/人

| 地区 | 粮食类 | 比较 | 蔬菜水果类 | 比较 | 鱼禽蛋肉 | 比较 | 奶类 | 比较 | 食用油 | 比较 |
|---|---|---|---|---|---|---|---|---|---|---|
| 新疆 | 435.89 | 超过 | 432.60 | 不足 | 102.47 | 不足 | 57.53 | 不足 | 38.9 | 超过 |
| 西部地区 | 393.59 | 符合 | 394.08 | 不足 | 142.58 | 符合 | 33.12 | 不足 | 28.82 | 符合 |
| 全国 | 356.44 | 符合 | 409.04 | 不足 | 156.44 | 符合 | 33.15 | 不足 | 28.49 | 符合 |

资料来源：数据从《中国统计年鉴（2017）》整理得到，该数据使用的是 2017 年分地区居民家庭人均主要食品消费量，涵盖城镇居民和农村居民。

注：粮食类的推荐摄入标准为每人每日 250—400 克，蔬菜水果为 500—850 克，鱼禽蛋肉为 120—200 克，奶类为 300 克，食用油为 25—30 克。四大区域①的消费数据是以各省人口占各大区域人口总数的不同比重为权重，加权平均计算得到。

1. 全国大部分地区粮食类消费达标，而蔬菜水果类消费未达标

从表 2-4 中可以看到，中国城乡居民粮食类和蔬菜水果类的地区消费差异较小。除了北京粮食消费不足和 7 个省（自治区、直辖市）② 消费超标以外，全国大部分地区粮食消费符合推荐摄入标准。但是蔬菜水果类消费却恰恰相反，除了天津和重庆符合标准外，全国大部分地区消费未达标。蔬菜和水果中含有丰富的维生素、矿物质、膳食纤维和植物化学物等，是居民食物消费"营养转型"阶段中必不可少的营养来源。从城乡居民食物消费结构的时间差异中可以看到，蔬菜水果类在全国大部分地区消费未达标，其中蔬菜类消费不足是由于鱼禽肉蛋等高蛋白食物消费增加而产生了替代。

2. 鱼禽肉蛋消费区间梯度渐变显著，奶类消费均未达标

从表 2-4 中可以看到，中国城乡居民鱼禽肉蛋消费区间梯度渐变显著，从东部沿海向西北内陆消费量逐渐减少。鱼禽蛋肉消费的第一个梯度为内蒙古、黑龙江、辽宁、北京和天津，消费达到推荐摄入标准；第二个梯度从河北开始，由东向西，直至新疆，消费未达标；第三个梯度

_____

① 四大区域分别是指东部地区、中部地区、西部地区和东北地区。其中东北地区包括：黑龙江、吉林、辽宁；中部地区包括：山西、河南、湖北、湖南、江西、安徽；东部地区包括：北京、天津、河北、山东、江苏、上海、浙江、福建、广东、海南；西部地区包括：四川、广西、贵州、云南、重庆、陕西、甘肃、内蒙古、宁夏、新疆、青海、西藏。其中根据规定，内蒙古东部的呼伦贝尔市、兴安盟、通辽市、赤峰市、锡林郭勒盟属于东北地区，内蒙古的西部属于西部地区，但是为了统计数据的方便，本书将内蒙古统一归属为西部地区。
② 7 个省（自治区、直辖市）包括：新疆、西藏、四川、重庆、湖南、甘肃、内蒙古。

从山东、江苏、浙江开始，由东向西，直至西藏，消费达标；第四个梯度为福建、广东和海南，消费超标。从符合到不足，不足到符合，符合再到超标，鱼禽肉蛋消费区间梯度渐变显著。

中国城乡居民奶类消费在全国范围内均未达标，从中位数分层来看，奶类消费主要集中在秦岭—淮河以北，同奶源分布一致。奶类消费量的大小主要取决于收入水平的高低和消费习惯的影响。北方奶类消费量大于南方的主要原因在于北南双方人们的消费习惯不同，靠近奶源地的北方居民更加容易接受奶制品消费。随着经济水平的提高，奶类消费将会更多地受消费习惯的影响。

3. 食用油消费地区差异较大

从表2-4中可以看到，中国城乡居民食用油消费地区差异较大，消费达标、消费不足和消费超标分布在全国各个省（自治区、直辖市）。其中31个省份中只有6个省（直辖市）① 符合消费标准，相当于有74.19%的地区食用油消费不足或超标，都属于营养不良问题。中国多数居民食用油摄入过多，易造成高血压、肥胖和心脑血管疾病等，应培养清淡饮食习惯，达到每天食用油消费25—30克的推荐摄入标准。

（二）四大区域城乡居民食物消费结构分析

中国城乡居民食物消费存在明显的南北地区差异，但是否存在东中西部地区差异，从表2-4中城乡居民的消费数据反映不明显，还需进一步讨论农村居民和城镇居民的消费情况。本书以中国四大经济区域为划分依据，具体比较2017年中国不同区域的城乡居民的食物消费与平衡膳食宝塔推荐标准之间的差异性。

1. 区域间差异不明显

从城镇居民来看，食物消费结构除了在数量上略有不同外，并未表现出明显的区域差异。粮食和食用油消费量大致呈现出东—中—西—东北地区逐步递增的趋势，东部地区消费量最小，东北地区最大，最大差异为61.89克/人和7.97克/人。东部地区的粮食与食用油消费量是东北

---

① 6个省（直辖市）为：天津、河北、安徽、广东、陕西、青海。

地区消费量的 82.06% 和 76.99%，虽存在差异但差异不大。另外，中部地区的蔬菜水果、鱼禽蛋肉和奶类消费量虽然最少，但同消费量最高地区的差距也较小。其中中部地区蔬菜水果与其消费量最大的东北地区的比值为 88.93%；鱼禽蛋肉与其消费量最大的东部地区的比值为 79.94%；奶类消费量与其消费量最大的西部地区的比值为 77.36%。不同地区的同类食物消费柱状图的落差不明显，如图 2 - 14 所示。

从农村居民来看，四大区域的食物消费柱状图落差更小，差异不明显。东部地区的粮食消费量仍然最小，与消费量最大的西部地区的比值为 87.33%。西部地区的蔬菜水果消费量最小，与消费量最大的东北地区的比值为 89.75%；并且东、中部地区和东北地区的消费量十分接近，差距不明显。除去东部地区的鱼禽蛋肉消费最高值，其余三个区域的鱼禽蛋肉消费量均接近 117.49 克/人的平均值。四大区域的奶类消费量均接近 17.72 克/人的平均值。东北地区的食用油消费量最高，其他三个区域的消费量接近 27.22 克/人的平均值，如图 2 - 14 所示。

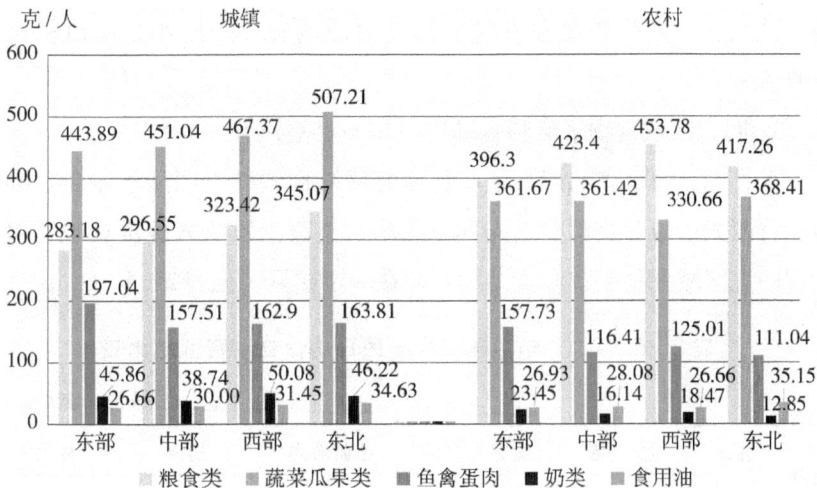

图 2 - 14　2017 年中国城乡居民日均食物消费区域比较

资料来源：数据由《中国居民膳食指南（2016 版）》和《中国统计年鉴（2017）》整理得到。

注：四大区域的消费数据是以各省人口占各大区域人口总数的不同比重为权重，加权平均计算得到。。

随着收入水平的不断提高，中国四大经济区域的城乡居民食物消费结构越来越趋同，东、中、西部差异性淡化。进一步说明收入水平达到一定程度后对食物消费结构的影响力减弱，而食物消费习惯和理念对食物消费结构的影响力增强。

2. 区域内城乡差异明显

前面已经讨论过中国城镇居民和农村居民食物消费量存在明显差异，但地区内部的城乡差异问题还需进一步探讨。

从图2-14中可以看到，虽然不同地区的食物消费差异不明显，但四大区域内部存在明显的城乡差异。除东北地区外，东、中、西部地区的城乡居民粮食消费量比值都低于80.00%，分别为71.46%、70.04%、71.27%，中部地区城乡居民粮食消费差距最大。另外，四大区域的城镇居民对于蔬菜水果、鱼禽蛋肉和奶类消费量均高于农村居民的1.20倍以上。其中，城镇居民的奶类消费量比农村居民高2.00倍以上，东北地区的城镇居民比农村居民的奶类消费更是高达3.60倍，城乡差距最大。在四大区域内，城镇居民和农村居民食用油消费量差距小，比值稳定在1.00左右。

3. 四大区域食物平衡膳食结构存在一定差异

东、中、西、东北四大区域食物消费结构差异不明显，城乡差异明显。将四大区域食物消费结构同平衡膳食宝塔推荐摄入标准比较，可以发现四大区域食物平衡膳食结构也存在一定差异，见表2-5。

表2-5　2017年中国城乡居民日均食物消费区域比较

单位：克/人

| 居民 | 分类标准 | 粮食类(250—400) | 蔬菜水果类(500—850) | 鱼禽蛋肉(120—200) | 奶类(300) | 食用油(25—30) |
|---|---|---|---|---|---|---|
| 城镇居民 | 东部 | 283.18（符合） | 443.89（不足） | 197.04（符合） | 45.86（不足） | 26.66（符合） |
| | 中部 | 296.55（符合） | 451.04（不足） | 157.51（符合） | 38.74（不足） | 30.00（符合） |
| | 西部 | 323.42（符合） | 467.37（不足） | 162.90（符合） | 50.08（不足） | 31.45（超过） |
| | 东北 | 345.07（符合） | 507.21（符合） | 163.81（符合） | 46.22（不足） | 34.63（超过） |

表 2-5（续）　　　　　　　　单位：克/人

| 居民 | 分类标准 | 粮食类<br>(250—400) | 蔬菜水果类<br>(500—850) | 鱼禽蛋肉<br>(120—200) | 奶类<br>(300) | 食用油<br>(25—30) |
|---|---|---|---|---|---|---|
| 农村居民 | 东部 | 396.30（符合） | 361.67（不足） | 157.73（符合） | 23.45（不足） | 26.93（符合） |
| | 中部 | 423.40（超过） | 361.42（不足） | 116.41（不足） | 16.14（不足） | 28.08（符合） |
| | 西部 | 453.78（超过） | 330.66（不足） | 125.01（符合） | 18.47（不足） | 26.66（符合） |
| | 东北 | 417.26（超过） | 368.41（不足） | 111.04（不足） | 12.85（不足） | 35.15（超过） |

东部地区的城乡居民关于粮食、鱼禽蛋肉和食用油消费量都符合平衡膳食宝塔推荐摄入标准，但蔬菜水果和奶类消费量未达标。

中部地区的城镇居民关于粮食、鱼禽蛋肉和食用油消费量符合标准，但蔬菜水果和奶类消费量不足。农村居民食用油消费量达标，但粮食消费量过多，蔬菜水果、鱼禽蛋肉和奶类消费量不足。

西部地区城镇居民同中部地区城镇居民食物消费结构相似，粮食、鱼禽蛋肉消费量符合标准，蔬菜水果和奶类消费量不足，食用油消费量过多。农村居民的鱼禽蛋肉和食用油消费量达标，粮食消费量过多，蔬菜水果和奶类消费量不足。

东北地区城镇居民的粮食、蔬菜水果和鱼禽蛋肉消费量符合标准，奶类消费不足，食用油消费量过多。农村居民的粮食和食用油消费量过多，蔬菜水果、鱼禽蛋肉和奶类消费不足。

# 第三章 改革开放 40 年中国粮食生产结构变化及趋势

　　粮食生产保障是粮食安全保障体系的核心基础。对于我们这样一个拥有近 14 亿人口的大国来说，立足本国的力量来解决粮食和主要农产品有效供给始终是中国农业发展的一项长期而重要的战略任务。20 世纪 80 年代以来，国家陆续实施了优质粮食工程、粮食丰产工程、大型商品粮基地建设等重大项目，对于支撑国家农业发展和粮食安全起到了决定性作用。2004—2018 年，中国粮食产量连年增产。但同时还应认识到，中国粮食生产长期持续增长的基础还不牢固，结构性、区域性矛盾日益突出，水土资源等制约因素日渐增强，极端气候条件和市场波动的不确定性导致粮食生产的风险增加。随着世界范围内粮食和其他农产品价格的普遍上涨，地震、干旱、洪水、泥石流等自然灾害频发，"马尔萨斯的幽灵"① 重新出现，再一次给世界粮食安全敲响了警钟。在此背景下，中国作为粮食和人口大国，提高粮食生产保障能力、确保国家粮食安全和主要农产品有效供给将成为中国农业发展的一项长期而重要的战略任务。

---

① 英国古典经济学家马尔萨斯在 1798 年发表的《人口论》中认为，人口不受限制时将按照几何级数增长，而食物生产将按照算术级数增长。为了防止人口超过可得到的食物供给，就会有周期性的战争、灾难和疾病。这种人口增长将受到有限食物约束的现象被称为"马尔萨斯约束"。马尔萨斯的论断就像幽灵一样，在全世界上空游荡，经济学界将其称之为"马尔萨斯的幽灵"。

# 第一节 改革开放前的粮食生产状况

中华人民共和国成立后，于 1952 年完成了土地改革，消灭了封建土地所有制，实现了广大农民"耕者有其田"的夙愿，建立了以农民个体所有制为基础的家庭经济。但家庭经济的自由发展，导致在全国农村不同程度地出现了贫富分化现象，同时，农民个体分散经营也遇到了很多困难。因此，"土地改革完成后中国农村向何处去"便成为当时中国农村道路的发展方向与农村政策制定的关键问题。按照建国前党的既定方针和《中国人民政治协商会议共同纲领》规定的发展道路[①]，同时也为了扭转贫富分化趋势，改变农民普遍想走旧式富农道路的心态[②]，使广大农民能够克服困难，迅速增加生产，就必须按照自愿和互利的原则，把农民"组织起来"，引导农民走互助合作的道路。于是，一场声势浩大的农业合作化运动就此展开。农业合作化运动经历了互助组、初级社、高级社几个阶段。1956 年农业的社会主义改造完成后，又迅速过渡到了人民公社阶段。从人民公社成立到解体，延续了 26 年。

总体上，从 1949 年中华人民共和国成立到改革开放前的 1977 年，中国粮食产量大幅度增长。1949 年粮食产量为 11 318.00 万吨，1977 年达到28 273.00 万吨，比 1949 年增长了 149.80%；粮食播种面积从 1949 年的 109 959.00 千公顷增加到 1977 年的 120 400.00 千公顷，增加了 9.50%；如图 3 - 1 所示。

---

① 1949 年 9 月中国人民政治协商会议第一届全体会议通过的《中国人民政治协商会议共同纲领》规定：新中国实行新民主主义的经济政策。关于农林牧渔业：在一切已彻底实现土地改革的地区，人民政府应组织农民及一切可以从事农业的劳动力以发展农业生产及其副业为中心任务，并应引导农民逐步地按照自愿和互利的原则，组织各种形式的劳动互助和生产合作。

② 参见陈锡文、赵阳、陈剑波等著：《中国农村制度变迁 60 年》，人民出版社 2009 年版，第 10 页。

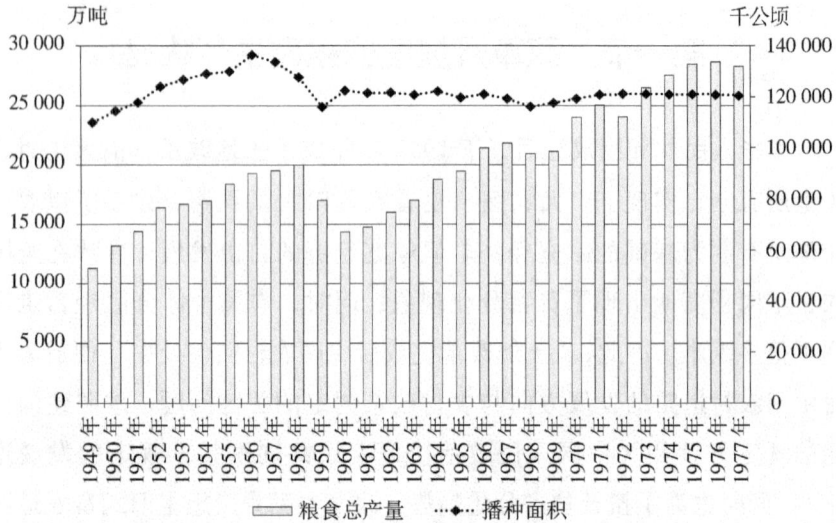

**图 3-1 1949—1977 年中国粮食产量和播种面积的变化**

资料来源:《中国统计年鉴(1983)》,中国统计出版社 1983 年版,第 154、158 页。

粮食产量的增加主要得益于粮食单产的提高。粮食单产从 1949 年的 1 028.00 千克/公顷提高到 1977 年的 2 348.00 千克/公顷,提高了 128.40%。这一时期全国人口由 1949 年的 54 167.00 万人增加到 1977 年的 94 974.00 万人,增长了 75.30%;由于粮食产量增长幅度高于人口增长幅度,人均粮食产量由 1949 年的 208.90 千克增加到 1977 年的 297.70 千克,增长了 42.50%。这个时期的特点是:人口、粮食播种面积、单位面积产量、总产量和人均产量都是增加的。但是,这一过程是艰难曲折的,具体而言,这一时期的粮食生产经历了以下几个阶段:

## 一、稳定增长阶段 (1949—1958 年)

20 世纪上半叶,中国由于不断的战乱和灾荒,粮食产量极其低下,民不聊生。中华人民共和国成立后,中国共产党领导广大穷苦农民继续进行了土地改革运动,农民分得了土地、耕畜、农具等生产资料,生产的积极性大大提高,粮食生产迅速恢复。1952 年粮食产量达到 16 392.00 万吨,比 1949 年增长了 44.80%,年均增长 13.10%。1953 年为了配合国家大规模经济建设和稳定粮食市场①，国家开始实行粮食统购统销政策，结束了粮食的自由购销。同时，由于初级农业生产合作社向高级农业生产合作社过渡时的急躁冒进和强迫命令等，引起了农民的强烈不满，农民的生产积极性受到严重打击。此后几年，粮食产量增长缓慢，1958年粮食产量为 2.00 亿吨，比 1952 年增长了 22.00%，年均增长仅为 3.40%。总体上，1949—1958 年，粮食产量增长了 76.70%，粮食播种面积增加了 16.10%，粮食单产提高了 50.70%，人均粮食产量增加了 43.40%，人口增长了 21.80%。

## 二、快速下降阶段 (1958—1961 年)

这一时期是中华人民共和国成立以来粮食生产形势最为严峻的时期，粮食大幅度减产。受"大跃进""浮夸风"和自然灾害的影响②，1961年中国粮食产量下降到 14 750.00 万吨，基本上接近 1951 年的水平，比 1958 年减产 5 250.00 万吨，减少了 26.25%，年均递减 10.70%；粮食播种面积下降到 121 443.00 千公顷，比 1958 年减少 6 170.00 千公顷，减少了 4.83%；在粮食播种面积减少的同时，粮食单产下降是这一时期粮食减产的主要原因。1961 年，粮食单产为 1 124.00 千克/公顷，比 1958 年减少 425.00 千克/公顷，减少了 27.43%。这一时期，由于经历了前所未有的"三年困难时期"，1961 年人口减少到 65 859.00 万人，比

① 随着国家工业化建设的全面展开，工业、城镇人口增加较快，粮食供求矛盾十分突出。当时粮食市场上私营粮商掌握着近1/3 的交易量。当市场供求形势紧张时，便有人乘机囤积居奇，与国家争粮源，提高粮价，扰乱市场，从而加剧了粮食市场的紧张。
② 对这段时期中国农业危机产生的原因，国内外经济学者进行过很多研究，至少存在 3 种不同的解释：第一种解释认为是自然灾害；第二种解释认为是人祸，主要是指不当的管理；第三种解释是认为人民公社的规模太大导致激励下降。学者林毅夫认为，第一种解释在现实中不容易发生，因为要全国同时发生天灾，而且一连持续三年，可能性太小；第二种解释也有可能，1959 年公社化后，公社社长、书记等很多领导都不是农民，没有耕种知识；第三种解释也有可能，当时实行按需分配，尤其是吃公共食堂，那么生产积极性可能会下降，减产也是有可能的。林毅夫进一步提出了退出权假说。因为人民公社剥夺了农民参加合作社的退出权，相应的激励机制会降低，在这种强制性的农业合作社里，集体的生产力水平就要低于单干的水平之和。参见林毅夫著：《解读中国经济》，北京大学出版社 2012 年版，第 89—96 页。

1958 年减少 135.00 万人；人均粮食产量下降到 207.30 千克/年，为中华人民共和国成立以来的最低点，比 1958 年下降了 30.80%。

### 三、波动增长阶段（1962—1977 年）

针对人民公社时期的"大跃进""浮夸风"和"共产风"，1960 年 8 月，中共中央发出了《中共中央关于全党动手，大办农业、大办粮食的指示》，9 月 20 日，中共中央在批转关于 1961 年国民经济计划控制数字的报告中，首次提出了"调整、巩固、充实、提高"的"八字方针"，并对人民公社体制进行调整。1962 年又决定国民经济发展要以农业为基础，重新强调优先发展粮食生产。从此开始一直到 1977 年，虽然期间经历了"十年动乱"，但粮食播种面积基本保持稳定，粮食产量也在波动中得以较快增长。1966 年，粮食产量突破 2.00 亿吨大关，1977 年，达到 28 273.00 万吨，比 1961 年增加 13 523.00 万吨，增幅 91.70%，年均增长 4.15%。1977 年粮食单产达到 2 348.00 千克/公顷，比 1961 年增加 1 224.00 千克/公顷，增幅达到 108.92%。单产水平的快速提高成为这一时期粮食增产的重要支撑力量。1977 年，人口总数达到 94 974.00 万人，比 1961 年增加 29 115.00 万人，增幅 44.20%；人均粮食产量达到 297.70 千克/年，比 1961 年增加 90.40 千克/年，增加了 43.60%。

## 第二节　改革开放后粮食产量的变化

改革开放以来，中国粮食产量总体上呈现迅速增长的态势。1978—2017 年，粮食总产量从 30 476.50 万吨增加到 61 790.70 万吨，增长了 102.70%，如图 3-2 所示；人均粮食产量从 316.61 千克/年增长到 444.51 千克/年，增长了 40.40%，如图 3-3 所示。但是，1978—2003 年间粮食产量的增长速度呈现逐渐下降的趋势，1978—1984 年粮食产量年均增长率是 4.95%，1984—1998 年增长率下降到 1.65%，1998—2003 年粮食大幅减产，年均增长率为 -3.50%。2003—2017 年是中国难得的粮食产量持续增长最长的时期，年均增长率为 2.61% 。另外，在粮食总产量的增长上还具有明显的阶段性特征。

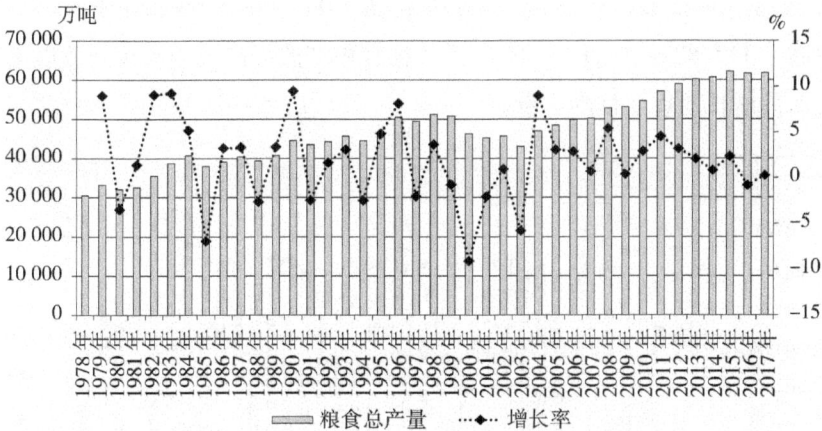

图 3 - 2　1978—2017 年中国粮食总产量变化情况

资料来源：1978—2016 年数据来源于国家粮食和物质储备局，《中国粮食年鉴（2017）》，中国社会出版社 2017 年版，第 131 页；2017 年数据来源于国家统计局关于 2017 年粮食产量的公告。

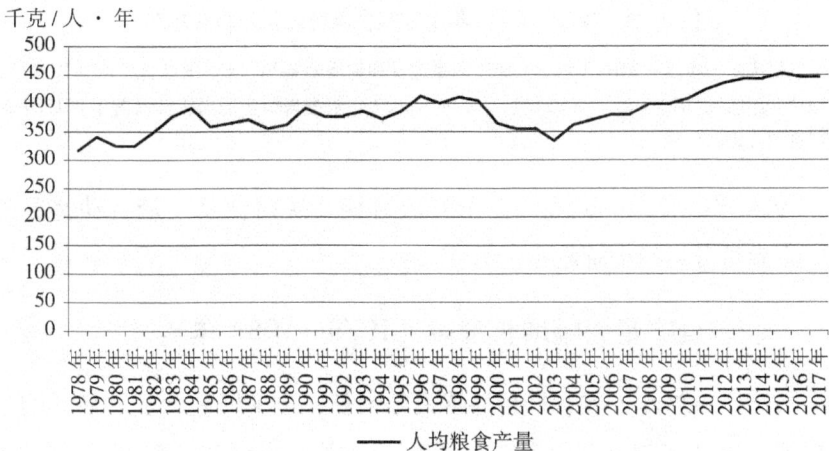

图 3 - 3　1978—2017 年中国人均粮食产量变化情况

资料来源：1978—2016 年数据来源于国家粮食和物质储备局，《中国粮食年鉴（2017）》，中国社会出版社 2017 年版，第 131 页；2017 年数据来源于国家统计局关于 2017 年粮食产量的公告。人口数据来源于《中国统计年鉴（2018）》，中国统计出版社 2018 年版，第 31 页。

粮食播种面积从 1978 年的 120 587.20 千公顷减少到 2017 年的
112 219.60 千公顷，共减少 8 367.60 千公顷，减少了 6.94%；粮食单产
从 1978 年的 2 527.30 千克/公顷提高到 2017 年的 5 506.20 千克/公顷，
提高了 117.87%；如图 3 - 4 所示。粮食单产的提高成为改革开放以来粮
食产量增长的重要推动力量。

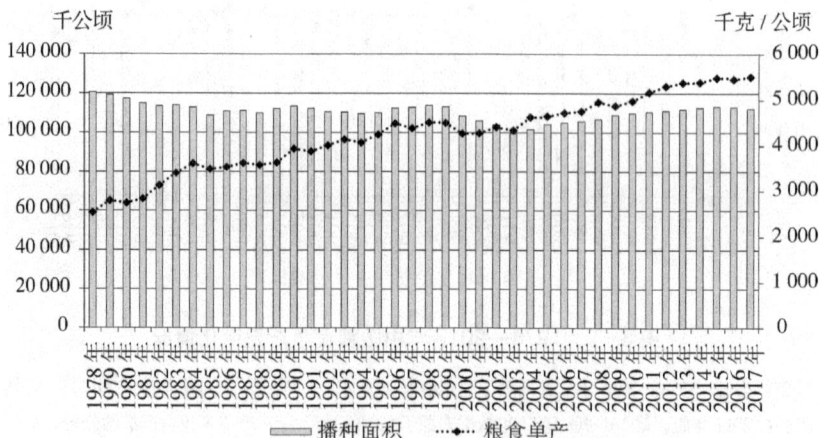

图 3 - 4　1978—2017 年中国粮食播种面积与粮食单产

资料来源：1978—2016 年数据来源于国家粮食和物质储备局，《中国粮食年鉴（2017）》，
中国社会出版社 2017 年版，第 130 页、132 页；2017 年数据来源于国家统计局关于 2017 年粮
食产量的公告。

1978 年以后，中国进入改革开放时期。从粮食总产量变动情况来
看，大致可分为四个阶段：

## 一、粮食产量大幅增长阶段（1978—1984 年）

1978—1984 年，粮食产量持续大幅增长，是中国粮食发展最好的一
个时期。1984 年粮食产量突破 4.00 亿吨大关，达到 40 730.50 万吨，比
1978 年增加 10 254.00 万吨，增长了 33.60%，年均增长 5.00%。这一
阶段，由于家庭联产承包责任制的实施，农民种粮积极性高涨，尽管粮
食播种面积从 1978 年的 120 587.20 千公顷减少到 1984 年的
112 884.00 千公顷，减少了 7 703.20 千公顷，但是粮食单产水平从 1978

年的 2 527.30 千克/公顷提高到 1984 年的 3 608.20 千克/公顷，提高了
42.80%，粮食单产水平的大幅度提高推动了粮食总产量的快速增长。这
一时期，全国人均粮食产量则由 316.60 千克/年上升到 390.30 千克/年，
增加了 23.30%，创历史最高水平。在此之前，中国粮食产量由 1.00 亿
吨到 2.00 亿吨，花费了 9 年时间（1949—1958 年）；由 2.00 亿吨到
3.00 亿吨，花费了 20 年时间（1959—1978 年）；由 3.00 亿吨到 4.00 亿
吨，则仅花费了 6 年时间（1979—1984 年）。改革开放后，粮食产量每
增加 1.00 亿吨所需要的时间大大缩短，即在基数扩大的情况下，增加
1.00 亿吨的周期反而缩短，这是很值得重视的。这个时期，粮食单位面
积产量、总产量和人均产量都大幅度增加，大大超过了人口增长的幅度。
这段时间，粮食产量快速增长的基本原因主要有：① 国家大幅度提高了
粮食收购价并实行超购加价的办法，同时对农用生产资料实行补贴，从
而大大缩小了工农业产品价格的"剪刀差"①，大幅度增加了农民的收
入。这一时期，农村居民年均收入从 133.60 元增长到 355.30 元，增长
了 165.90%，是历史上增长最快的时期。② 实行家庭联产承包责任制，
使农民在保持土地集体所有的前提下，获得了承包经营的自主权，在
"交足国家的，留足集体的，剩下都是自己的"② 原则下，农民真正成为
生产的主人，极大地调动了农民生产的积极性。③ 大幅度增加投入。化
肥施用量（折纯量）由 1978 年的 884.00 万吨增加到 1984 年 1 739.80 万
吨，增长了 96.80%，化肥施用量的增加有效促进了粮食产量的增长。
如果只有积极性而没有物质投入的保障，也不会出现粮食产量快速增长
的局面。④ 科学技术的作用，特别是大面积推广杂交水稻、杂交玉米和
矮秆小麦等优良品种，对粮食大幅度增产起了十分重要的作用。⑤ 多年

---

① 工农业产品价格"剪刀差"是指在工农业产品交换中，由于工业品价格高于价值，农产品
　价格低于价值所形成的差额。因这种差额的动态趋势呈张开的剪刀状，故称为"剪刀差"。
② "交足国家的，留足集体的，剩下都是自己的"是指实施家庭联产承包责任制后，在农业生
　产中农户作为一个相对独立的经济实体承包经营集体的土地和其他大型生产资料，按照合
　同规定自主地进行生产和经营。其经营收入除按合同规定上缴一部分给集体及缴纳国家税
　金外，全部归农户所有。

来积累起来的基础设施建设，特别是人民公社时期兴建的有效的水利设施和基本农田，为粮食增产起到了十分重要的作用。因此可以说，这一时期粮食产量快速增长是综合因素共同作用的结果。

## 二、粮食产量波动增长阶段（1985—1998 年）

1985—1998 年，粮食产量在波动中逐步提高。1998 年粮食产量突破 5.00 亿吨，达到历史高点的 51 229.50 万吨，比 1984 年增长 25.80%，但年均增速仅为 1.70%。从 1985 年起，中国粮食生产处于徘徊状态，1985 年粮食产量为 37 910.80 万吨，比上年减产 2 819.70 万吨，减幅为 6.92%。1984 年粮食大丰收，随即出现了改革开放后第一次"卖粮难"问题。"卖粮难"问题引起了中央的高度重视，但最初并不认为是粮食过剩造成的，而是看作政策限制导致流通渠道不畅通所引起的，采取的措施主要是放开流通限制。1984 年的中央 1 号文件《中共中央关于一九八四年农村工作的通知》中指出："流通是商品生产过程中不可缺少的环节，抓生产必须抓流通。当前，流通领域与农村商品生产之间不相适应的状况越来越突出。……目前特别要抓紧解决粮食运销问题。国营交通运输部门要大力改善工作，挖掘运输潜力。同时积极发展集体和个体运输业，提倡组织运输合作社。"1985 年，中央 1 号文件《中共中央、国务院关于进一步活跃农村经济的十项政策》（以下简称《文件》）中指出："农产品统购派购制度，过去曾起到了保证供给、支持建设的积极作用，但随着生产的发展，它的弊端就日益表现出来，目前已经影响农村商品生产的发展和经济效益的提高。因此，在打破集体经济中的'大锅饭'之后，还必须进一步改革农村经济管理体制，在国家计划指导下，扩大市场调节，使农业生产适应市场的需求，促进农村产业结构的合理化，进一步把农村经济搞活。"《文件》的出台，意味着明确取消了实施 32 年之久的农产品统购派购制度，实行"双轨制"[①]，这是推进粮食市

---

① "双轨制"是指同种商品国家统一定价和市场调节价并存的价格管理制度，因同时实行计划调节和市场调节两种运行机制而形成。

场化的重大举措。《文件》规定，从 1985 年起："除个别品种外，国家不再向农民下达农产品统购派购任务，按照不同情况，分别实行合同定购和市场收购。粮食、棉花取消统购，改为合同定购。由商业部门在播种季节前与农民协商，签订定购合同。""定购的粮食，国家确定按'倒三七'比例计价（即 30% 按原统购价，70% 按原超购价）。定购以外的粮食可以自由上市。如果市场粮价低于原统购价，国家仍按原统购价敞开收购，保护农民的利益。"随着粮食统购派购政策的取消，粮食收购实行"倒三七"比例价，实际降价幅度接近 10.00%，资金和物质投入也有所减少，而农资价格涨幅为 4.80%，这在一定程度上挫伤了农民种粮的积极性。1985 年粮食大幅度减产，随后出现了抢购风。

1986 年和 1987 年国家提高了粮食定购价格，粮食产量略有回升，但 1988 年又减产 1 065.00 万吨，比上年减少 2.63%。1989 年，针对经济过热、需求过旺、通货膨胀逐步加剧的状况，国家提出了治理经济环境、整顿经济秩序、全面深化改革的指导方针。同时提出"力争今年农业生产特别是粮食、棉花、油料生产有较大增长，是增加有效供给、稳定经济、抑制通货膨胀的基础"[①]。当年，粮食增产 1 346.80 万吨，比上年增长 3.40%。1990 年粮食进一步增产到 44 624.30 万吨，增幅 9.49%，是改革开放以来粮食增产幅度最大的一年。在粮食增产的同时，粮价大幅度下跌，收购打白条，结果出现了比 1985 年更为严重的市场过剩形势，再次出现"卖粮难"。为解决生产区农民卖粮难问题，保护农民种粮积极性，1990 年 9 月 16 日，国务院以国发〔1990〕第 55 号文件印发《国务院关于建立国家专项粮食储备制度的决定》，确定筹建国家粮食储备局，建立储备基金和风险基金，同时要求省、地（市）、县建立粮食储备，并对议价粮实行最低保护价。当年全国粮价放开，粮食市场活跃，

---

① 1989 年 3 月 21 日在第七届全国人民代表大会第二次会议上时任国务院副总理兼国家计划委员会主任姚依林《关于 1989 年国民经济和社会发展计划草案的报告》。参见姚依林：《关于 1989 年国民经济和社会发展计划草案的报告》，《人民日报》1989 年 4 月 7 日。

粮食供需矛盾有所缓和。1991 年南涝北旱，全国粮食总产为 43 529.30 万吨，比上年减产 1 095.00 万吨，近亿人缺粮，粮食再度趋紧。1991 年和 1992 年国家两次提高了城市粮食销售价格，从而达到购销同价，结束了自 1965—1991 年 26 年之久的销售价格不动的局面，这是粮食购销体制改革的又一次重大举措。各地纷纷放开粮价，实行了几十年的粮票制和定量供应被取消，农民欢呼放开粮价是"第三次解放"（第一次是土地改革，第二次是家庭承包）。1993 年初，全国粮食经营放开，粮食流通体制开始向社会主义市场经济转轨，粮食企业打破了铁饭碗，进入市场竞争。一段时间，市场粮食供应充足、品种丰富。1993 年粮食产量达到 45 648.80 万吨，比上年增产 1 383.00 万吨，增幅 3.12%。但是，1993 年第四季度在全国物价，特别是农用生产资料价格连续 5 年超过农产品价格上升幅度的拉动下，市场粮价开始反弹。国家为了控制通货膨胀，采取抛售储备粮和限价措施，不少城市又恢复定量平价供应粮食的办法，粮食形势又出现了严峻的局面。1994 年，粮食产量再次下跌，比上年减产 1 138.70 万吨，减幅 2.49%。由于粮食减产，全社会粮食总供给减少，粮食供需矛盾突出，全国范围内市场粮价急剧上升，当年粮价上涨了 51.00%。

1995 年，由于中央和地方对农业的重视，实行了"米袋子"省长负责制，粮食部门实行政策性业务和经营性业务"两线运行"，有不少省、自治区在国家定购粮价之外加价和以平价化肥与定购粮食挂钩的政策，并增加了投入，从而使 1995 年的粮食产量达到 46 661.80 万吨，比 1994 年增长 4.70%，单产达到 4 239.70 千克/公顷，比上年增长 3.60%，人均粮食产量达到 385.30 千克/年。同时，由于停止出口，增加进口，全国的粮食供求矛盾有所缓和。

1995 年下半年，党的十四届五中全会通过的《中共中央关于制定国民经济和社会发展"九五"计划和 2010 年远景目标的建议》中，将粮食生产作为重中之重，并要求 2000 年粮食奋斗目标为 5.00 亿吨，粮食问题进一步引起社会各界高度重视。1996 年国家大幅度提高了粮食收购价格，农民种粮积极性提高，粮食总产量突破 5.00 亿吨，达到 50 453.50 万吨，比上年增长 3 791.70 万吨，增幅 8.13%。

1997 年，粮食产量虽比上年有所减少，但仍达到 49 417.10 万吨。粮食大幅度增产使"卖粮难"和"白条子"问题再次出现，物价上涨，农业负担加重，农民种粮积极性下降。而且"这次过剩规模比前两次有过之而无不及，原因在于没有充分消化第二次过剩，供求变动周期中的紧缺阶段期比较短暂，因而与前一次过剩有某种叠加性质。"[①] 为此，国务院于 1997 年 7 月发出通知，要求全国各地在完成定购任务之后，按保护价敞开收购，以扭转市场粮食下滑的趋势。1998 年粮食总产量再次突破 5.00 亿吨大关，达到 51 229.50 万吨，比上年增产 1 812.40 万吨，增幅 3.67%，人均粮食产量达到 410.60 千克。

## 三、粮食产量连续下降阶段（1999—2003 年）

1999—2003 年，是改革开放以来少有的粮食产量连年下降的时期。这一时期，由于播种面积减少和单产下降，除 2002 年粮食产量较上年略有增加外，基本上呈现连年减产状态。2003 年粮食总产量为 43 069.50 万吨，比 1998 年减少 8 160.00 万吨，减少了 15.90%，年均递减 4.00%。粮食播种面积从 1998 年的 113 787.40 千公顷减少到 2003 年的 99 410.40 千公顷，净减少 14 377.00 千公顷，减幅 14.46%。粮食单产从 1998 年的 4 502.20 千克/公顷下降到 2003 年的 4 332.50 千克/公顷，降幅为 3.77%。

这一时期粮食产量大幅下降的原因主要有：① 粮食等主要农产品产量达到历史最高水平，农产品供给能力显著增强。1998 年，粮食产量再次超过 5.00 亿吨，人均产粮达到 410.60 千克。除棉花外，其他主要农产品产量和人均产量也都达到了历史最高水平。按人口平均的主要农产品产量，除牛奶外，中国都已超过世界平均水平。在农业连年丰收的同

---

① 参见卢峰：《三次粮食过剩（1984—1998）——中国粮食流通政策演变的备择解释》，北京大学中国经济研究中心讨论稿，1999 年 2 月。

时，主要农产品的库存量也随之达到历史最高水平。但是，由于生态建设退耕、调减粮食种植面积，一些粮食主销区因种粮比较效益低，改种经济效益好的作物或从事其他生产以及农田水利等基础设施的毁损等影响，导致粮食综合生产能力下降。② 粮食等主要农产品供给的结构性矛盾日益突出，稻米等品种以及优质农产品不能满足市场的需求。③ 粮食等主要农产品价格有所下降。① 据统计，全国农产品生产者价格总指数（以1995年为100）从1998年的91.55下降到2003年的83.13。②

## 四、粮食连年增产阶段（2004—2017年）

2004—2017年，是历史上少有的粮食连年增产的时期，其中2007—2012年连续6年粮食产量稳定保持在5.00亿吨以上，2013—2017年又连续5年粮食产量达到6.00亿吨以上。主要原因是在中央一系列支农惠农富农政策的引导下，农民种粮积极性提高，播种面积和单产双双上升所致。

自改革开放以来，这一轮粮食增产是连年增产时间最长的时期。在总产量增长的同时，粮食单位面积产量和播种面积都出现了较大幅度的增加。2004—2017年，粮食产量从46 946.80万吨增长到61 790.70万吨，净增14 843.90万吨，累计增幅31.62%，年均增长2.14%；粮食播种面积从101 606.00千公顷增加到112 219.60千公顷，净增10 613.60千公顷，累计增幅10.45%，年均增长0.80%；粮食单产从4 620.50千克/公顷增长到5 506.20千克/公顷，净增885.70千克/公顷，累计增长19.13%，年均增长1.36%。在粮食增产的背后，这一时期的粮食政策、粮食生产经营特征和农业技术等均发生了新的变化。比如，在粮食政策方面，国家强化了财政支农政策，全面取消了农业税，建立了粮食

---

① 参见毛惠忠著：《新阶段中国粮食问题研究》，中国农业出版社2005年版，第5页。
② 参见国家统计局农村社会经济调查司编：《中国农产品价格调查年鉴2016》，中国统计出版社2016年版，第29页。

直接补贴、良种补贴、农机具购置补贴和农业生产资料增支综合补贴"四项补贴"制度,同时加大了农田水利基础设施建设投入。在生产经营方面,在国家最低收购价格政策的支持下,粮食生产价格一直处于稳定上涨的态势。在农业技术方面,有效灌溉面积、农机总动力和化肥施用量都在逐年增加。若与农村劳动力大量进城务工的背景相结合,中国粮食生产表现出了明显的"劳动—资本"替代或者"劳动—技术"替代的趋势。粮食政策、生产经营和农业技术三个方面的新变化,或是从制度领域或是从技术领域,均在不同程度上对中国新一轮粮食增产带来了影响。

改革开放 40 年来,分阶段看,1978—1984 年,在粮食播种面积减少 6.39% 的情况下,粮食单产增长了 42.77%,促进粮食产量增长了 33.65%,这也是粮食单产增长最快的时期;1985—1998 年,在粮食播种面积小幅增长的情况下,粮食单产提高了 29.26%,粮食总产量增长了 35.13%;1999—2003 年,粮食播种面积和单产水平双双下降导致粮食减产 15.28%;2004—2017 年,粮食播种面积增加了 10.45%,是增长最快的时期,粮食单产提高了 19.17%,播种面积和粮食单产的双增使粮食总产量增长了 31.62%。总体上看,1978—2017 年,粮食播种面积减少了 6.94%,但粮食单产提高了 117.87%,粮食总产量增长了 102.75%,见表 3-1。在耕地面积有限、粮食播种面积不可能再有大的提高的前提下,粮食单产水平的提高将是提高中国粮食综合生产能力的重要途径。

表 3-1　1978—2017 年中国粮食产量、播种面积和
单产水平的分阶段变化情况

| 时期（年） | 粮食播种面积 | | 粮食单产 | | 粮食产量 | |
|---|---|---|---|---|---|---|
| | 增长量（千公顷） | 增长率（%） | 增长量（千克/公顷） | 增长率（%） | 增长量（万吨） | 增长率（%） |
| 1978—1984 | -7 703.20 | -6.39 | 1 080.90 | 42.77 | 10 254.00 | 33.65 |
| 1985—1998 | 4 942.30 | 4.54 | 1 019.20 | 29.26 | 13 318.70 | 35.13 |

表3-1（续）

| 时期<br>（年） | 粮食播种面积 | | 粮食单产 | | 粮食产量 | |
|---|---|---|---|---|---|---|
| | 增长量<br>（千公顷） | 增长率<br>（%） | 增长量<br>（千克/公顷） | 增长率<br>（%） | 增长量<br>（万吨） | 增长率<br>（%） |
| 1999—2003 | −13 750.60 | −12.15 | −160.10 | −3.56 | −7 769.10 | −15.28 |
| 2004—2017 | 10 613.60 | 10.45 | 885.70 | 19.17 | 14 843.80 | 31.62 |
| 1978—2017 | −8 367.60 | −6.94 | 2 978.90 | 117.87 | 31 314.20 | 102.75 |

## 第三节　主要粮食品种结构的变化

分品种看，2012 年以前，稻谷始终是中国粮食的第一大品种，但其在粮食总产量中的比例明显下降。20 世纪 90 年代中期以前，多数年份的小麦产量超过玉米，是中国粮食的第二大主要品种。但自 20 世纪 90 年代中期以来，玉米在全国粮食总产量中的比例显著上升，产量已基本稳定地超过小麦，2012 年产量超过稻谷，成为中国的第一大粮食品种。

### 一、主要粮食品种的产量变化

从各主要粮食品种的产量情况看，1978— 2017 年，稻谷产量从 13 693.00 万吨增加到 20 856.00 万吨，增加了 7 163.00 万吨，增长了 52.30%，年均增长 1.08%。但期间经历了从 1978—1997 年波动上升、1997—2003 年大幅度下降和 2004 年后稳定上升几个阶段。小麦产量从 5 384.00 万吨增加到 12 977.40 万吨，增加了 1.41 倍，年均增长 2.28%。20 世纪 90 年代中期以前，小麦一直是中国粮食的第二大品种，产量在波动中稳定增长，1997 年小麦产量达到历史最高水平的 12 328.90 万吨。但 1997—2003 年，小麦产量大幅度下降，2003 年降到 8 648.80 万吨。2004 年以后，小麦产量快速回升。玉米产量增长迅速，从 5 594.50 万吨增加到 21 589.10 万吨，增加了 2.86 倍，年均增长

3.52%，是增长速度最快的粮食品种。期间 1998—2000 年产量下降幅度较大，之后产量快速增长，并于 2012 年产量超过稻谷，成为中国第一大粮食品种。大豆产量从 746.00 万吨增长到 1 528.00 万吨，增长了 1.05 倍，年均增长 1.82%；如图 3-5 所示。

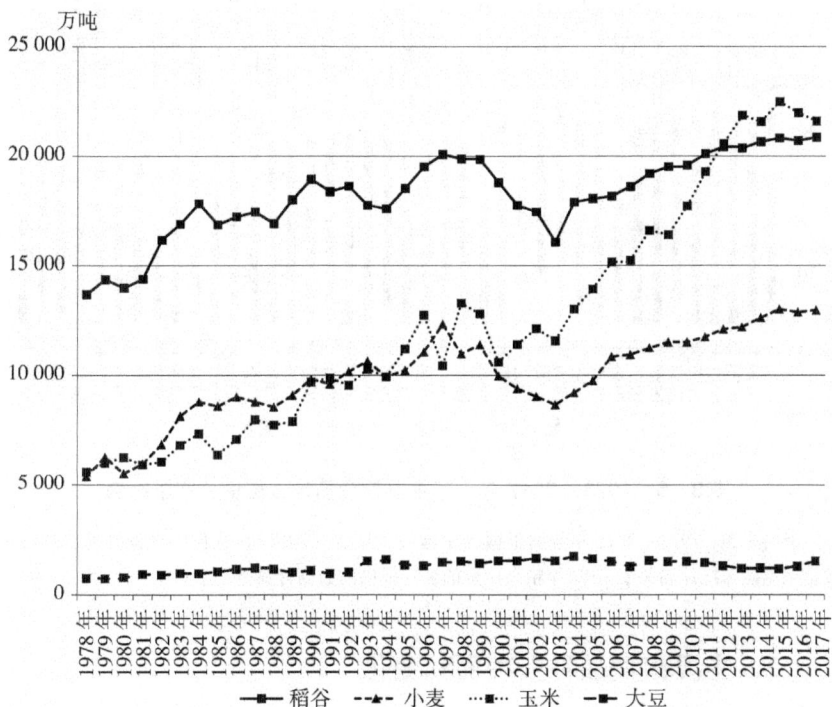

**图 3-5 1978—2017 年中国主要粮食品种产量变化情况**

资料来源：1978—2016 年数据来源于国家粮食和物质储备局，《中国粮食年鉴（2017）》，中国社会出版社 2017 年版，第 131 页；2017 年数据来源于国家统计局关于 2017 年粮食产量的公告。

从各主要粮食品种产量占粮食总产量的比例情况看，1978—2017 年，稻谷所占比例从 44.93% 下降到 33.75%，下降了 11.18 个百分点；玉米所占比例从 18.36% 上升到 34.94%，上升了 16.58 个百分点；小麦所占比例从 17.67% 上升到 21.00%，增加了 3.33 个百分点；大豆所占比例从 2.48% 下降到 2.47%；如图 3-6 所示。

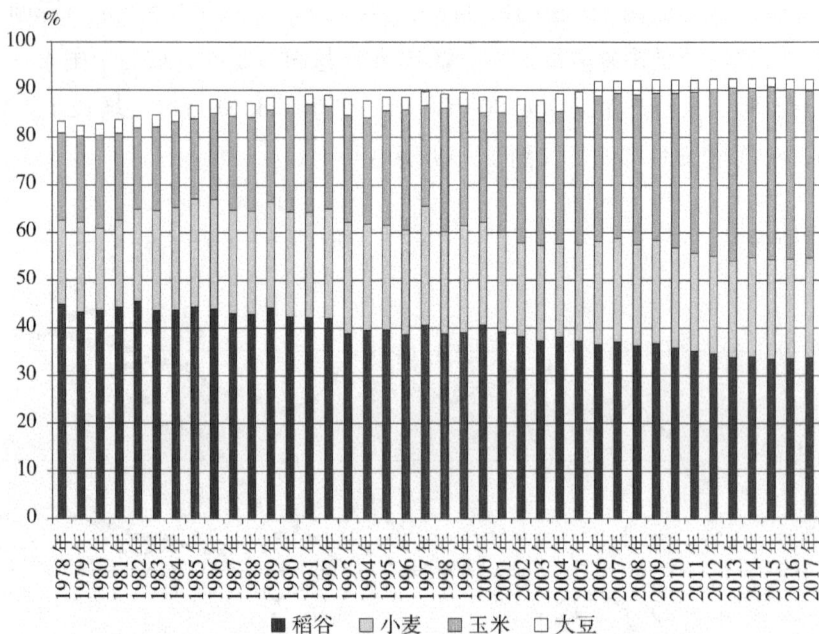

图 3-6　1978—2017 年中国主要粮食品种占粮食总产量比例

资料来源：1978—2016 年数据根据《中国粮食年鉴（2017）》提供的数据计算，2017 年数据根据国家统计局关于 2017 年粮食产量的公告提供的数据计算。

## 二、主要粮食品种播种面积变化

从各主要粮食品种的播种面积情况看，1978—2017 年，稻谷播种面积从 34 420.90 千公顷减少到 30 176.00 千公顷，减少了 12.33%；小麦播种面积从 29 182.60 千公顷减少到 23 987.50 千公顷，减少了 17.80%；玉米播种面积从 19 961.10 千公顷增加到 35 445.20 千公顷，增加了 77.57%；大豆播种面积从 7 144.00 千公顷增加到 8 245.00 千公顷，增加了 15.41%；如图 3-7 所示。

从各主要粮食品种播种面积占粮食总播种面积的比例来看，1978—2017 年，稻谷播种面积占比从 28.54% 下降到 26.89%，下降了 1.65 个百分点；小麦播种面积占比从 24.20% 下降到 21.38%，下降了 2.82 个百分点；玉米播种面积占比从 16.55% 增加到 31.59%，增加了 15.04 个百分点；大豆播种面积占比从 5.92% 增加到 7.35%，增加了 1.43 个百分点；如图 3 - 8 所示。

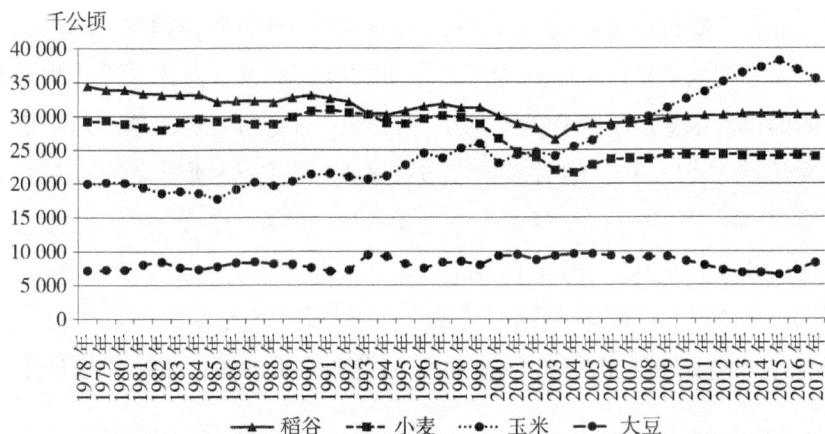

**图 3 - 7  1978—2017 年中国主要粮食品种播种面积变化情况**

资料来源：1978—2016 年数据来源于国家粮食和物质储备局，《中国粮食年鉴（2017）》，中国社会出版社 2017 年版，第 130 页；2017 年数据来源于国家统计局关于 2017 年粮食产量的公告。

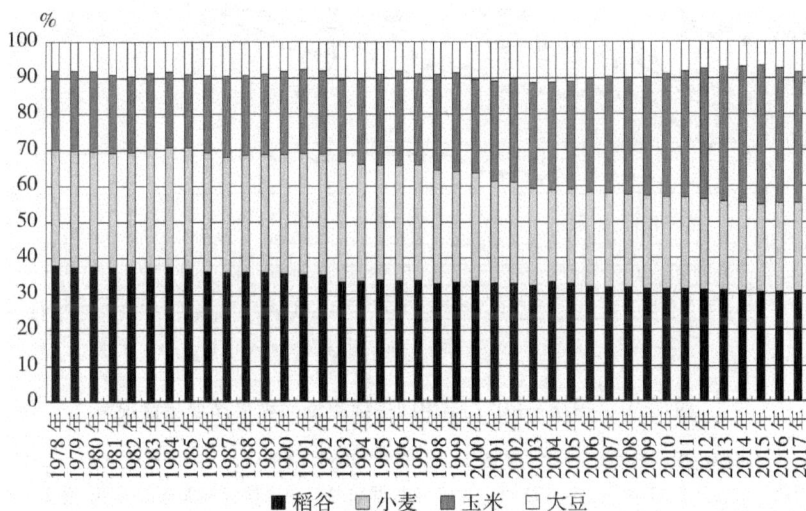

**图 3 - 8  1978—2017 年中国主要粮食品种播种面积占比情况变化**

资料来源：1978—2016 年数据根据《中国粮食年鉴（2017）》提供的数据计算，2017 年数据根据国家统计局关于 2017 年粮食产量的公告提供的数据计算。

### 三、主要粮食品种单产变化

从各主要粮食品种的单产情况看，1978—2017 年，稻谷、小麦、玉米、大豆四大主要的粮食品种单产水平均有所提升，总体来看，稻谷和玉米的单产水平高于粮食的平均单产水平，小麦和大豆的单产水平低于粮食单产平均水平。稻谷单产从 3 978.10 千克/公顷提高到 6 911.50 千克/公顷，提高了 73.74%；小麦单产从 1 844.90 千克/公顷提高到 5 410.10 千克/公顷，提高了 193.25%；玉米单产从 2 802.70 千克/公顷提高到 6 090.80 千克/公顷，提高了 173.19%；大豆单产从 1 059.00 千克/公顷提高到 1 853.00 千克/公顷，提高了 74.98%；如图 3-9 所示。

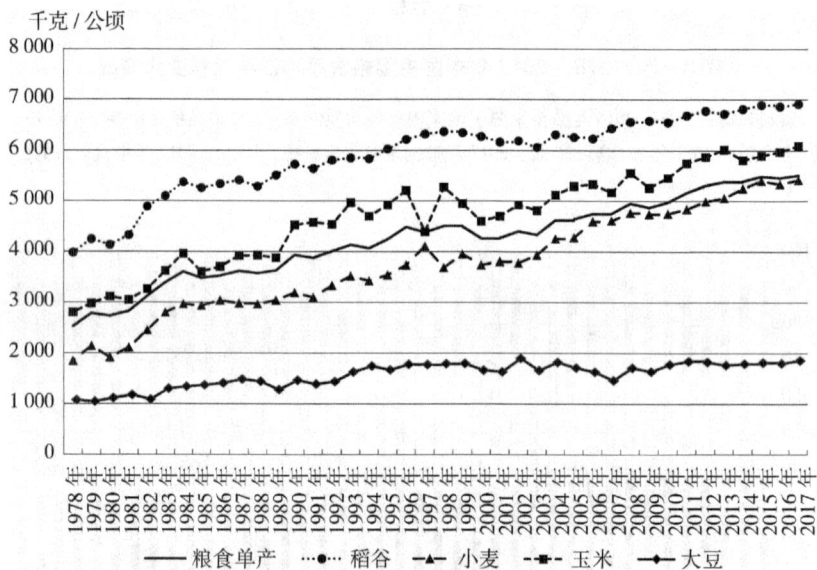

**图 3-9  1978—2017 年中国主要粮食品种单产变化情况**

资料来源：1978—2016 年数据来源于国家粮食和物质储备局，《中国粮食年鉴（2017）》，中国社会出版社 2017 年版，第 132 页；2017 年数据来源于国家统计局关于 2017 年粮食产量的公告。

总体来看，1978—2017 年中国粮食产量增长了 102.75%，其中玉米增幅最大，为 285.90%，其次是小麦，增幅为 141.04%，大豆和稻谷增幅分别为 101.98% 和 52.31%。稻谷、小麦、大豆主要得益于单产水平的提高，而玉米主要是播种面积增加和单产水平提高共同作用的结果。分阶段来看，1978—1984 年，小麦的增幅最大，为 63.10%；1985—1998 年，玉米的增幅最大，为 108.31%；1999—2003 年，在稻谷、小麦、玉米减产的情况下，大豆增产 8.02%；2004—2017 年，玉米增产 65.70%，小麦和稻谷分别增产 41.13% 和 16.46%，大豆减产 12.19%；见表 3-2。

表 3-2 1978—2017 年中国主要粮食品种增（减）情况

| 时期（年） | 粮食总量（%） | 稻谷（%） | 小麦（%） | 玉米（%） | 大豆（%） |
|---|---|---|---|---|---|
| 1978—1984 | 33.65 | 30.18 | 63.10 | 31.22 | 28.16 |
| 1985—1998 | 35.13 | 17.88 | 27.88 | 108.31 | 44.30 |
| 1999—2003 | -15.28 | -19.06 | -24.05 | -9.57 | 8.02 |
| 2004—2017 | 31.62 | 16.46 | 41.13 | 65.70 | -12.19 |
| 1978—2017 | 102.75 | 52.31 | 141.04 | 285.90 | 101.98 |

# 第四节 粮食生产区域格局的分化

改革开放以来，中国粮食生产区域格局发生了重要分化，原有"南粮北调"的格局发生逆转，粮食主产中心逐步北移，且有逐步集中到少数地区的趋势。而且传统粮食主产区内部的粮食供求关系也发生了重大变化。

## 一、粮食产量的区域变化

1978—2001 年，南方粮食产量高于北方[①]，占全国粮食产量的 50.00% 以上。其中，1978—1982 年，南方的粮食产量占全国粮食总产量的比例

① 北方包括北京、天津、河北、山西、内蒙古、辽宁、吉林、黑龙江、山东、河南、陕西、甘肃、青海、宁夏、新疆 15 个省（自治区、直辖市）；南方包括上海、江苏、浙江、安徽、福建、江西、湖北、湖南、广东、海南、广西、四川、重庆、贵州、云南、西藏 16 个省（自治区、直辖市）。

逐年提高，从 58.89% 提高到 61.40%。1982 年以后，南方粮食产量占全国粮食产量的比例总体上呈逐步下降趋势，2017 年占比下降到 43.90%，比 1982 年下降了 17.50 个百分点，其中东南沿海 7 省（自治区、直辖市）① 的粮食产量占全国粮食产量的比例从 1978 年的 23.73% 下降到 2017 年的 13.05%，下降了 10.68 个百分点。北方粮食产量占全国粮食产量的比例从 1978 年的 41.11% 逐年下降到 1982 年的 37.58%，此后总体呈上升趋势，2017 年达到 56.10%，如图 3-10 所示。

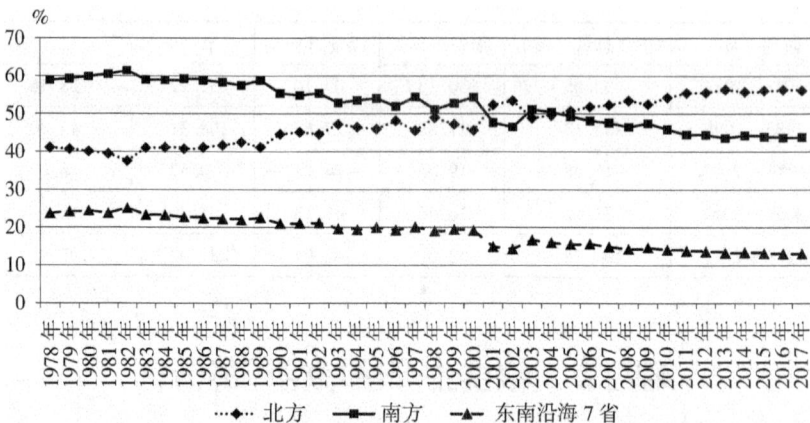

图3-10　1978—2017 年中国南北方粮食产量占比情况变化

资料来源：根据历年《中国粮食年鉴》提供的数据整理。

　　总体上看，从中华人民共和国成立到 20 世纪 70 年代中期，是南粮北调时期，调运的数量经历了由少到多的演变过程，20 世纪 50 年代流量较小，20 世纪 60 年代开始流量加大。20 世纪 70 年代中期至 20 世纪 80 年代中期，是南粮北调向北粮南运转变的过渡时期。这一时期南北方之间粮食流动开始进入数量较大的品种调剂阶段，即：南方大米继续流入北方，北方玉米流向南方的量逐渐增大。20 世纪 70 年代中后期，南方粮食供需关系发生了重大变化，1976 年、1977 年两年粮食净调出量减少，1978 年则转变为净调入，净调入量达 105.20 万吨，以后一直是净调

---

① 东南沿海 7 省（自治区、直辖市）包括上海、江苏、浙江、福建、广东、广西和海南。

入。进入 20 世纪 80 年代中后期，南北方之间粮食流向流量发生了重大的历史性转折。随着北方水稻的发展，北方大米自给能力有所提高，而南方饲料工业的大发展，促使北方玉米流向南方的量大为增加，总体上逐步形成北方粮食流向南方的量比南方粮食流向北方的量多的新格局，进入北粮南运时期。[①]"北粮南运"的实质主要是北方的玉米、小麦流向南方，更确切地说是"北饲南下"。[②]

按照现有的划分方法，粮食核心产区和产粮大县在保障中国粮食安全方面起到了重大作用，但由于粮食核心产区和产粮大县的相关数据收集困难，在此仍然运用传统的划分方法，即传统粮食主产区、产销平衡区和主销区进行分析。从商品粮情况来看，13 个传统粮食主产区中[③]细粮和粗粮均能调出的只有黑龙江 1 个省，有 9 个省（自治区）粮食总量有净剩余但存在结构性矛盾，4 个省（四川、湖南、河北和辽宁）粮食总量已经出现净缺口；7 个传统主销区粮食产销缺口扩大；11 个传统粮食平衡区中粮食总量净剩余的只有新疆、宁夏和甘肃 3 个省（自治区），其中细粮和粗粮均能调出的有新疆和宁夏 2 个自治区，甘肃属于结构性余粮区，其余 8 个省（自治区、直辖市）粮食总量短缺。

## 二、粮食供求关系的区域变化

在中国粮食生产的区域格局变化的同时，各区域内部的粮食供求关系也出现了严重分化。1978—2017 年，中国 13 个传统粮食主产区粮食产量

① 参见郑有贵、欧维中、邝婵娟等：《南粮北调和北粮南运——当代中国南北方两个区域之间粮食流向流量演变的研究》，《当代中国史研究》1997 年第 5 期。
② 参见上官周平、彭珂珊、张俊飙等著：《中国粮食问题观察》，陕西人民出版社 1998 年版，第 12 页。
③ 按照传统的划分方法，中国粮食和农业主管部门一般将黑龙江、吉林、内蒙古、河南、江西、安徽、河北、辽宁、河北、湖南、江苏、山东、四川 13 个省（自治区）作为粮食主产区，将北京、天津、上海、浙江、福建、广东及海南 7 个省（直辖市）作为粮食主销区，将山西、重庆、广西、宁夏、新疆、青海、陕西、西藏、云南、贵州、甘肃 11 个省（自治区、直辖市）作为平衡区。主要依据是按其粮食产量、播种面积和提供的商品粮数量及其占全国的比例。

从 21 123.50 万吨提高到 47 073.50 万吨，提高了 1.23 倍，占全国粮食产量
的比例从 69.31% 提高到 76.18%，提高了 6.87 个百分点；11 个传统粮食
平衡区的粮食产量从 5 033.50 万吨提高到 11 403.00 万吨，提高了 1.27 倍，
占全国的比例从 16.52% 提高到 18.45%，提高了 1.93 个百分点；7 个传统
粮食主销区的粮食产量从 4 319.50 万吨下降到 3 311.00 万吨，占全国的比
例从 14.17% 下降到 5.36%，下降了 8.81 个百分点；如图 3-11 所示。粮
食主产区的地位明显提升，主销区的地位显著下降。

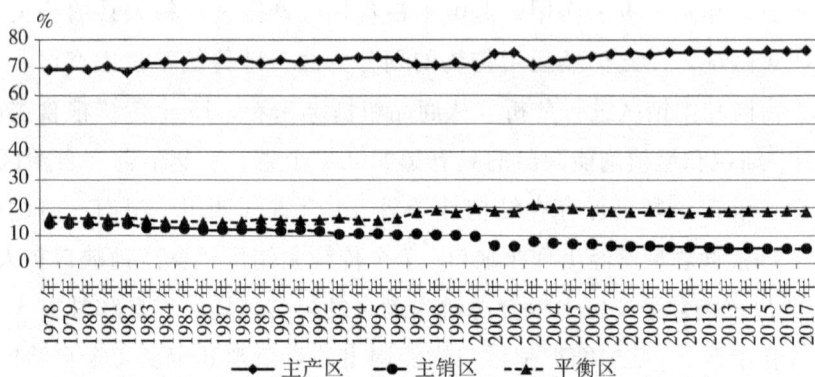

图 3-11　1978—2017 年中国粮食产量的区域变化情况

资料来源：根据历年《中国粮食年鉴》提供的数据整理。

　　改革开放 40 年来，中国各省（自治区、直辖市）的粮食生产状况发
生了重大变化。从 13 个传统粮食主产区内部变化情况看，变化最大的是四
川省。[①] 1978 年，四川省粮食产量为 3 000.00 万吨，位居全国第一位，
2017 年粮食产量为 3 498.40 万吨，40 年间增长了 498.40 万吨，增幅仅为
1.66%，位次也下降到全国第七位，并从粮食剩余区变成了粮食短缺区；
黑龙江省的粮食产量从 1978 年的 1 500.00 万吨增加到 2017 年的 6 018.80
万吨，净增 4 518.80 万吨，增加了 3.01 倍，位次从全国第九位上升到第一
位。1978 年，内蒙古的粮食产量仅为 180.00 万吨，在全国的位次为倒数第
五位（不包括重庆市和海南省）；2017 年提高到 2 768.40 万吨，净增

---

① 1996 年以前四川省包括重庆市。

90

2 588.40 万吨,增加了 14.38 倍,在全国的位次也上升到第十位。7 个传统粮食主销区的粮食产量均有不同程度减少,其中,广东省从 1978 年的 1 632.00 万吨减少到 2017 年的 1 365.10 万吨,减少了 16.35%;浙江省从 1 395.00 万吨减少到 768.60 万吨,减少了 44.90%。在 11 个传统粮食平衡区中,云南省的粮食产量从 1978 年的 864.00 万吨增加到 2017 年的 1 925.50 万吨,增加了 122.80%,并位居 11 个传统粮食平衡区第一位。

从播种面积来看,1978—2017 年,13 个主产区粮食播种面积占全国的比例增加了 4.32%,如图 3-12 所示。但四川省的粮食播种面积净减少 3 778.60 千公顷,减少了 36.97%,位次也从全国第一位下降到第五位;黑龙江省的粮食播种面积净增 4 179.80 千公顷,位次从全国第四位跃居第一位。7 个主销区的粮食播种面积净减少 7 216.10 千公顷,减少了 455.24%,占全国粮食播种面积的比例下降了 5.62%,其中,广东、浙江粮食播种面积下降幅度较大。11 个平衡区粮食播种面积占全国的比例提高了 1.31%,其中云南省增加了 18.00%,而陕西省粮食播种面积减少了 32.15%,广西粮食播种面积减少了 30.54%。

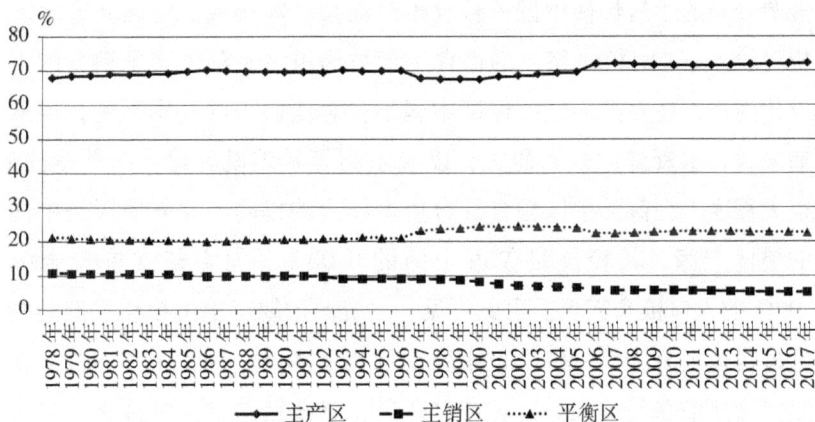

图 3-12 1978—2017 年中国粮食产量的区域占比变化情况

资料来源:根据历年《中国粮食年鉴》提供的数据整理。

## 第五节　中国粮食生产面临的突出问题

2004—2017 年，虽然中国的粮食产量连年增长，但是从中长期来看，制约中国粮食生产的问题仍然十分突出。

### 一、水资源短缺约束日益增强

中国粮食增产面临的水资源短缺的矛盾将日益突出，主要表现在：① 水资源少、分布不均。中国是一个水资源短缺、水旱灾害频繁的国家，人均水资源占有量为 2 220.00 立方米，仅为世界平均水平的 1/4，是世界上 13 个贫水国之一。而且时空分布极不均匀。全国 81.00% 的水资源集中在仅占全国耕地 36.00% 的长江及其以南地区，而占总耕地面积 64.00% 的淮河及其以北地区只占有 19.00% 的水资源。南涝北旱现象十分突出，水旱灾害频繁。总体来看，中国水土资源在空间上呈明显的"南多北少，东多西少"的矛盾分布，而耕地资源在空间上的分布是"南少北多，东少西多"，即水多的地区地少，地多的地区水少。这种水土资源分布的矛盾性使中国的粮食生产面临严峻挑战。中国北方地区耕地相对较多，"南粮北移"的粮食生产格局虽然有利于实现粮食的土地规模化生产，在短期内能够保证中国粮食总量供需的基本平衡，但从中长期来看，水资源的严重匮乏，以及水利等基础设施建设的严重滞后，在很大程度上会制约中国粮食综合生产能力的提高。北方地区是中国重要的粮食产区，其径流量仅占全国的 6.00%，但它却支持着全国近 60.00% 的人口粮食需求。由此可见，水资源短缺对中国粮食生产的制约已超过耕地上升为第一位。② 水资源的利用率低。尽管中国通过实施大型灌区续建配套与节水改造等项目建设、财政贴息贷款等政策，建成了一大批节水灌溉工程，有效灌溉面积增加到 0.60 亿公顷，农田灌溉用水有效利用系数由 0.45 提高到 0.50，但与发达国家 0.70—0.80 相比仍有很大差距。③ 水利等基础设施建设严重滞后。中国灌溉用水的生产效率低与农业用水方式落后、农田水利设施差和用水管理薄弱密切相关。大水漫灌的方式普遍存在，水库、渠、沟、井等农田水利设施老化失修严重，不少水利工程不配套，"跑、冒、滴、漏"现象严重，这在一定程度上加剧了水资源的稀缺程度。2011 年中央 1 号文件《中共中央国务院关于加快水利改革发展的决定》明确指出："农田水利建设滞后仍然是影响农业稳定发展和国家粮食安全的最大硬伤，水利设施薄弱仍然是国家基础设施的明显短板。"由此可见，中国水利面临的形势十分严峻，加快水利建设已刻不容缓。

## 二、耕地质量下降的趋势日益明显

耕地是粮食生产的基本载体，但是中国是耕地资源稀缺的国家。2017年，中国人均耕地只有 0.097 公顷，不到世界人均水平的 1/3，全国有 14个省（自治区、直辖市）的人均耕地不足 0.067 公顷，有 6 个省（自治区）的人均耕地不到 0.033 公顷，低于联合国粮农组织确定的 0.057 公顷的警戒线。从中国粮食生产的区域变化情况看，东南沿海区和京津区主要是中国的粮食主销区（江苏省除外），随着这些地区城镇化和工业化的迅速推进，耕地面积大量减少，粮食产量和粮食播种面积大幅度下降，粮食供给的对外依存度日益提高，如果其粮食供求受到流通体系的制约，这些地区可能会成为引发中国粮食供求失衡的先导性和敏感性地区。

耕地质量持续下降对中国粮食单产水平的提高造成了巨大压力。根据 2009 年 12 月国土资源部发布的《中国耕地质量等级调查与评定》成果，中国耕地质量平均等别为 9.8 等，等别总体偏低。优等地、高等地、中等地、低等地面积占全国耕地评定总面积的比例分别为 2.67%、29.98%、50.64%、16.71%。由此可见，中国中低等地所占的比例达到了 67.35%，比例明显偏大。另据 2014 年 12 月农业部《关于全国耕地质量等级情况的公报》公布的数据，2012 年底，以全国 1.217 亿公顷耕地（第二次全国土地调查前国土数据）为基数，全国耕地按质量等级由高到低依次划分为 1—10 等。其中，评价为 1—3 等的耕地面积为 0.332 亿公顷，占耕地总面积的 27.30%。这部分耕地基础地力较高，基本不存在障碍因素，应按照用养结合方式开展农业生产，确保耕地质量稳中有升。评价为 4—6 等的耕地面积为 0.545 亿公顷，占耕地总面积的 44.80%。这部分耕地所处环境气候条件基本适宜，农田基础设施条件较好，障碍因素不明显，是今后粮食增产的重点区域和重要突破口。到 2020 年，按照耕地基础地力平均提高 1 个等级测算，可实现新增粮食综合生产能力 800.00 亿千克以上。评价为 7—10 等的耕地面积为 0.340 亿公顷，占耕地总面积的 27.90%。这部分耕地基础地力相对较差，生产障碍因素突出，短时间内较难得到根本改善，应持续开展农田基础设施和耕地内在质量建设。

造成中国耕地质量下降的主要表现：① 耕地养分含量下降。根据 1990 年全国第二次土壤普查结果，全国耕地土壤有机质平均不到 1.00%，低于 0.50% 的耕地约占 10.00%，明显低于欧美国家 2.50%—4.00% 的水平。现有耕地中，缺磷地占 59.00%，缺钾地占 23.00%，缺磷钾地占 10.00%。② 土地退化严重。主要表现在水土流失、荒漠化和沙化、盐渍化的土地面积不断增加。根据国家林业局发布的《第四次中国荒漠化和沙化状况公报》显示，截至 2009 年底，全国荒漠化土地总面积为 262.37 万平方千米，占国土总面积的 27.33%；全国沙化土地面积为 173.11 万平方千米，占国土总面积的 18.03%，其中沙化耕地 4.46 万平方千米，占沙化土地总面积的 2.58%。③ 耕地污染严重。主要表现为农药、化肥、重金属等污染，中国污染土壤已占耕地面积的 1/5。④ 占用的是优质地、补充的是劣质地。随着中国工业化和城镇化的迅速推进，非农建设占用耕地呈刚性增长势头，而且占用的耕地大多是城郊的良田和菜地，熟化程度较高、产出率高。而通过占补平衡新开发的耕地质量和产出率低，一般 3.00 公顷新地才能抵得上 1.00 公顷熟地。

### 三、农业科技服务能力减弱

主要表现在：① 农业科技投入力度不足。1978—2016 年，国家财政支农支出从 150.66 亿元增加到 18 587.36 亿元①，增加了 123.4 倍，但财政支农支出占财政总支出的比例从 1978 年的 13.43% 下降到了 2016 年的 9.90% 。② 农业科技推广体系薄弱。在基层农技推广人员中，专业技术人员只占 58.00% ，每年参加短期培训的人数只占 13.00% 。在多数地方，农技人员知识更新缓慢，推广技能和综合素质较低，抑制了农业技术的推广。③ 农民科技素质不高，技术培训与指导不到位。中国农民平均受教育年限不足 7 年，全国 92.00% 的文盲、半文盲在农村，农村劳动力的 38.20% 是小学及以下文化程度。由于农民科技文化素质偏低，导致接受新技术的能力较差，有的农民甚至听不懂科技广播，看不懂农业部门印发的科技"明白纸"②。由此可见，中国科技支撑粮食增产的长效机制尚未形成。

## 四、农业生态环境压力不断增大

农业生态环境的污染源主要是工业"三废"③、城市污染物、城乡生活垃圾、农用化学品、畜禽水产养殖排放物等。中国生态环境整体恶化的趋势仍在继续，农业生态环境状况堪忧，灌溉用水、耕地等农业赖以发展的资源污染严重。2017 年，水稻、玉米和小麦三大粮食作物化肥利用率为 37.80% ，农药利用率为 38.80% ，畜禽粪污综合利用率为 64.00% ，秸秆综合利用率为 82.00% 左右。全国水体质量呈恶化趋势，大量的工业废弃物、城乡生活垃圾和污水以各种形式进入农田，每年仅重金属污染就造成粮食损失 120.00 亿千克，直接经济损失 200.00 亿元。不合理的使用化肥、农药、农膜等农业生产资料造成的农业产地污染也

---

① 数据来源于中国财政年鉴编辑委员会编辑：《中国财政年鉴（2017）》，中国财政杂志社 2017 年版，第 353 页。

② 所谓"明白纸"，是对农民和三农政策的说明文字、指导意见、办事指南等的通俗说法，最后引用到以通俗语言向民众解释政策或下发通知的官方格式文件，达到"操作规范、符合政策、人人明白、群众满意"的目的。农民借助"明白纸"解决生产生活中的难题，政府制作"明白纸"实现工作方式转变和促进农民增收保障。

③ 工业"三废"是指废水、废气、废渣的简称。

日益严重。中国的生态环境污染日益加剧，对农业生产和农产品质量安全已构成严重威胁。

## 五、农业经营比较利益低、生产成本和机会成本加快上升的约束不断强化

从中长期来看，中国粮食增产仍有很大的资源和技术潜力。但是，这种潜力将在很大程度上取决于农民种粮和增加农业投入的积极性。农业的经营效益和比较利益对农民种粮和增加投入的积极性具有决定性的影响。20世纪90年代以后，中国粮食生产成本呈现明显的增加态势，尤其是进入21世纪以后，生产成本和机会成本正在加快上升，人工成本、土地成本、能源成本成为推动粮食成本提高的三大主要因素。2004—2017年，粮食补贴规模虽然不断增加，但总体上仍不能弥补成本上升所导致的利润损失。由此可见，随着工业化、城市化和现代化的加快推进，在中长期内，粮食生产成本仍将呈现不断增加的态势。在此背景下，如果粮食价格不能维持在合理的水平，农民的种粮积极性必将逐步受到损害，并最终影响妨碍粮食增产潜力向增产现实的转化。

## 六、粮食生产面临的自然风险和市场风险加大

中国是个自然灾害频繁发生的国家，由于农业基础设施条件差、抗灾减灾能力弱，粮食生产的自然风险很大。干旱、洪涝、地震、泥石流等极端天气灾害大面积、频繁发生，由此导致粮食生产的风险进一步增加。据统计，1978年，中国农作物受灾面积和成灾面积分别为50 807.00千公顷和24 457.30千公顷，分别占农作物播种面积的33.85%和16.29%；2017年，农作物受灾面积和成灾面积分别为18 418.10千公顷和1 826.70千公顷，分别占农作物播种面积的11.07%和1.10%。

此外，随着农业对外开放的进一步扩大，中国农业面临的市场风险进一步增加，国际粮农产品乃至石油等相关产品价格的波动对中国粮食价格的影响显著加深，而国际粮食和农产品价格波动的不确定性正在显

著增强。从国内来看，中国农产品市场已经进入价格波动幅度放大、波动频率增加的阶段，粮食价格大起大落的风险较以前也有明显扩大。因此，发展粮食生产的市场风险也在显著增加。这种粮食生产的自然风险和市场风险达到一定程度，都可能影响导致粮食生产能力的破坏，给实现粮食供求平衡和维护粮食安全带来严重困难。

# 第四章　改革开放40年中国粮食储备结构变化

改革开放以来，中国建立健全了政府储备（中央专储、地方储备）、企业商业储备和农户家庭储备三位一体的多元化粮食储备体系，为经济行稳致远创造了有利条件；面对各种自然灾害，积极组织应急救灾物质，做到了关键时刻靠得住、用得上。中国粮食宏观调控能力不断增强，对稳定物价总水平和促进经济持续发展起到了重要的基础性作用。

## 第一节　粮食储备概述

作为粮食生产和消费的"蓄水池"，粮食储备不仅关系到社会公平和公共利益，更关系到国家安全和社会稳定大局，是中国粮食安全保障体系的重要组成部分。

### 一、粮食储备的定义

按照联合国粮农组织的定义，粮食储备是在新的作物年度开始时，可以从上一年度收获的作物中（包括进口）得到的粮食储备量，也称为结转储备量。

按照储备主体的不同，中国的粮食储备体系可以划分为战略储备、后备储备（专项储备）、周转储备和民间储备四大类。战略储备和专项储备的主体是政府，周转储备的主体是企业，民间储备的主体是农民、合作组织、城市居民。从功能上看，后备储备实际上是一种粮食风险准备，通常用于补救因粮食歉收造成意外的供应不足，或者用来平抑社会所无法承受的粮食市场价格的波动，其主要功能在于调控粮食丰歉余缺，稳定粮食市场，是政府宏观调控的主要手段，是一个国家除去周转粮食和完全用于战略目标储备之外的全部粮食储备，具有公共产品性质。作为对粮食供求和价格过大波动进行调节的主体，政府应该成为粮食风险的主要承担者。周转储备主要是为了克服粮食的季节性和地域性与粮食消费的连续性之间的矛盾，保证粮食从产地或从进口地平衡顺利、连续不断地得到供应并周转到加工企业，最后到达消费者手中的储备。一般而言，周转储备就是流通领域的商业性粮食存量的最低规模，它表现为一般商业库存、存售粮食、在途粮食和在加工粮食。战略储备是国家出于战略目的而建立的，与生产者的民间储备功能相似。

1990 年以前，中国的粮食储备由备战储备（"506 粮"）① 和备荒储备（"甲字粮"）② 两部分组成。1990 年中国建立粮食专项储备后，备荒储备并入专项粮食储备，专项粮食储备相当于后备储备，而备战储备相当于战略储备。

## 二、粮食储备安全的含义

从粮食安全角度上考虑，根据联合国粮农组织提出的世界粮食安全理论和确保全球粮食安全的最低储备水平的经验性标准，即当年世界粮食的储备量至少应达到当年世界粮食总消费量的 17%—18%，其中后备

① 1962 年国务院、中央军委决定建立供 50 万人 6 个月用量的战备粮油储备，简称"506 粮"或"506 战备粮"。
② "甲字粮"是 1965 年根据中央《关于粮食征购工作的指示》"为了应付灾荒和各种意外，国家必须储备一定数量的粮食"，由中央统一管理的特种储备粮油。主要用于应对重大自然灾害或其他突发事件的需要。储备费用由国家财政负担。甲字粮的动用权限属于国务院。1999 年中央决定建立中央储备粮垂直管理体系，并将这部分粮油并入中央储备粮油管理。2002 年国家销售处理了全部甲字粮。

储备（主要指粮食专项储备）占5%—6%；并指出，一个国家保险储备粮食需要满足3—4个月的口粮。上述标准是既保证充足粮源，又节省储粮经费的最佳储粮标准。

同时联合国粮农组织关于最低安全储备标准的结论在一定的假设和限制条件下成立。这些条件包括：① 在粮食作物歉收时，不论储备放在何处，都能够完全调得动和容易得到，而不管谁掌握这些储备；② 最低储备水平仅仅防备一次严重的粮食歉收，而不考虑连续两年或两年以上发生的紧急情况，也不考虑连续若干年积累而成的即使不严重的粮食短缺；③ 在估计安全储备水平时，已考虑到细粮（小麦、大米）和粗粮之间的某种替代的可能性。①

### 三、粮食储备与粮食安全的关系

粮食安全是国家安全的重要内容，保障国家粮食安全是政府义不容辞的责任。因此，合理的粮食储备目标对于发挥粮食储备的作用，保证粮食安全有着重要意义。

第一，调节国内粮食供求关系，保证粮食供求总量平衡。粮食储备是粮食供给的重要组成部分，粮食的供求波动也能够通过调节粮食储备来进行调控。粮食储备的主要目标之一就是保证粮食供应、调节粮食供求，尤其是要应对自然灾害和战争等突发事件给粮食市场带来的巨大波动，保证粮食的正常供应。① 粮食生产和粮食消费之间往往存在着空间间隔，粮食产区和粮食销区的供求数量、品种之间也都存在着矛盾，而这些矛盾是需要国家依靠粮食储备来进行调控的。② 粮食生产和粮食消费之间还存在着时间上的间隔，这主要是由粮食生产的季节性和粮食消费的常年性所决定的，这一时间矛盾也会对粮食安全产生较大的影响。③ 粮食生产的抵抗自然灾害和市场风险能力较弱，粮食生产的年际间具有较大波动性，因此必须保证足够数量的粮食储备，并通过其"蓄水

---

① 参见洪涛、傅宏著：《中国粮食发展报告2013—2014》，经济管理出版社2014年版，第241页。

池"作用，收购丰收时的粮食来弥补歉收年份的供应量，从而保证每年粮食的供应都能满足全民的消费需求。

粮食供求的基本均衡是粮食储备可以保证粮食安全的基本前提。粮食安全与否，关键是要看粮食的供给和需求是否处在一个相对均衡的状态上，只有在这个状态上研究粮食储备对实现一国粮食安全的重要性才是有意义的。否则，如果一国的粮食供需之间存在较大差异，比如粮食的供给根本无法满足基本的粮食需求，就不会有足够的粮食储备，在这种状况下研究粮食储备问题必然是毫无根据的，或者说是毫无意义的。

第二，调节市场价格，保护农民和消费者利益。粮价是百价之基，稳定粮食价格具有重要的经济意义和政治意义。粮食储备具有"蓄水池"作用，粮食生产相对不足，可以动用储备充实粮食市场供给；粮食生产相对过剩，可以将过多的粮食储备起来，缓解过剩的粮食市场供给。显然，粮食储备在缓冲粮食供求波动的同时，将抑制粮食市场价格的过大波动，客观上起到稳定价格的作用，保护农民和消费者利益。1993—1994 年，因为国内粮食供需关系较为紧张，国内粮价上涨幅度较大，国家先后动用了 1 500 万吨的储备粮，按低于市场的价格出售给全国 35 个大中城市居民用于口粮，这一做法不仅保护了消费者的利益，也极大缓解了粮食市场的供求矛盾，稳定了社会经济的发展。一直到 2003—2004 年，中央储备粮再次通过高抛低收的方式，发挥了粮食储备对粮食价格的调节作用，抑制了粮价的上涨，维护了国家的粮食安全。

第三，维持粮食市场的秩序，保证粮食交易顺利进行。粮食生产的最终目的是满足人类对粮食的消费需求。农民生产粮食，通过粮食流通最终进入到消费阶段，就此实现了粮食的价值。一旦生产出的粮食无法顺利进入流通领域，那么粮食就无法实现使用价值向价值的转变，粮食生产所投入的一切资料和成本也无法实现其价值，这就必然会出现粮食滞销的情况，从而阻碍粮食再生产的顺利进行。粮食储备则在很大程度上将处在生产领域的粮食转移到流通领域中，使得生产者获得再生产和扩大再生产的条件。所以，粮食储备能够帮助农民增加种植粮食的收益，解决粮食的滞销问题，推动粮食生产和再生产的顺利进行，保证了粮食市场正常的交易秩序。中国的专项粮食储备制度是在粮食丰收时建立的，专项粮食储备收购重点关注粮食调出的省市和区县，这极大地调动了农民的种粮积极性，对粮食生产的顺利进行起到了不可忽视的作用。

第四，应对自然灾害和战争等突发事件。中国和国际上多年的一系列事件证明，在全社会粮食供求形势总体良好的情况下，仍然可能由于突发事件的发生而出现一定区域内的公共性的粮食不安全事件。在地震、洪灾、极端气候灾难和大范围卫生疫情等突发事件冲击下，极易形成局部地区人群抢购粮食。如果处置不当、拖延时间长就会积累、扩散成粮食公共危机，从而形成粮食供给甚至相关产品的连锁反应的公共危机，或者形成突发事件状态下的粮食安全危机甚至社会稳定危机。2008年的汶川大地震期间，能够持续大范围且稳定地为灾区提供所需的粮食供应，保证救援的顺利进行，主要得益于政府的粮食储备体系和应急机制。在灾害发生后，国家紧急下达四川、甘肃、山西、重庆和云南5个省（直辖市）第一批中央储备粮抗震救灾计划38.40万吨，从现有的中央储备粮库中无偿划拨给地方，还将粮食免费发放给无住所、无收入的困难群体。在这次特大意外灾害面前，中国的粮食储备为灾后的救援和重建提供了有力的物质保证。可见，建立一个可靠稳固的国家粮食储备保障体系对一国的粮食安全，尤其是面临意外灾害和战争时的国家粮食安全和社会稳定，有着不可替代的作用。

## 第二节　粮食储备制度的演变

自古以来，中国就有储粮备荒的悠久传统。历史上曾有过太仓①、

---

① 太仓始建于秦朝，是封建王朝设立的建于都城的直属中央管辖的粮仓，其主要功能是负责皇室和京官的粮食供给。

常平仓①、义仓②、社仓③等设置，用于以丰补歉、调剂余缺。中华人民共和国成立以来，由于在相当长一个时期内处于短缺经济的状态，虽然也建立过"506 粮""甲字粮"等储备，但规模较小，调控力弱。改革开放以来，中国逐步建立起了数量充足、调度有序、覆盖全国的多层次的粮食储备体系。

## 一、改革开放前的粮食储备制度

中华人民共和国成立后，由于受长期战乱的影响，整个国家已处于积贫积弱的状态，粮食安全问题突出。新中国政府为稳定民心、恢复生产、发展经济，高度重视粮食工作，着手恢复建设农业基础设施和粮食储备设施，并先后出台了一系列政策。

为了更好地开展粮食工作，1950 年国家成立了统一领导全国粮食经营的中国粮食公司以及统一领导全国粮食管理的粮食管理总局。中国粮食公司隶属于中央贸易部，粮食管理总局隶属于中央财政部。粮食管理总局的主要工作是：做好粮库管理，建立统一的垂直领导的国家粮库，各级粮食管理局受上一级粮食管理局和同级财政部门双重领导。在这样的背景下，各地相继建立起中央公粮库。为深化对全国粮食的统一领导和统筹运用，1952 年中央合并了粮食管理总局和中国粮食公司，成立中央粮食部。中央粮食部是行政管理与企业经营的结合，对内管理国家储备粮入库、管理企业经营、管理计划和经济核算；对外领导私营企业，管理粮食市场。

1952 年，中国粮食生产得到一定程度的发展，经过计算，中央规定粮食储备量可达到 20.00 亿千克，但是这部分储备很快就用于调剂市场

① 常平仓建立于西汉时期，意为丰年粮价下跌时，政府适当提高粮价大量收购，朝廷和边郡粮仓均仓禀充盈；当歉年粮价高涨时，政府低价售粮。
② 义仓是隋朝以后地方政府建立的为防备荒年而设置的公益粮仓，也是中国最早的以备荒救灾为主要目的的粮仓。
③ 社仓建立于南宋时期，一般没有专门的仓库而在祠堂庙宇储藏粮食。粮食的来源是劝捐或募捐，存丰补歉。

和救灾。1953 年《中央人民政府政务院关于实行粮食的计划收购和计划供应的命令》的发布标志着统购统销时代的到来，粮食储备管理制度迎来了初步发展阶段，以备战备荒为目的的国家粮食储备框架开始逐步建立。

1954 年 10 月，中共中央在《关于粮食征购工作的指示》中提出"为了应付灾荒和各种意外，国家必须储备一定数量的粮食"，即"甲字粮"。当年粮食储备达到了 11.50 亿千克，但是由于粮食供应紧张，这些储备粮也很快被用于国家粮食的周转和应急之需。1955 年开始从周转库中划出一部分粮食作为储备粮，并且划定了专门的储备仓库，划拨了储备资金。但由于没有明确储备粮的权限，最终在实际操作中又都作为周转库存使用。1958 年，为了应付灾荒、战争等意外情况的发生，保证社会主义经济建设的顺利发展，中央粮食部认为应该按照丰年多储存、平年少储存的原则进行粮食储备，当年粮食储备增加到了 20 亿—30 亿千克①。但是由于当年盛行"大跃进"和"浮夸风"，农业生产遭受到严重破坏，粮食产量大幅度下降，再加上当时的粮食储备制度尚不健全，粮食储备很快就被用于弥补粮食收支的缺口，粮食储备的规模也因此急速缩小。可以说，中华人民共和国成立后的几年内粮食储备规模较小，尚不足以发挥其应有的功能。

1959—1961 年，中国经济经历了三年严重困难时期，粮食产量连年下降，国内的粮食供给无法满足粮食需求，粮食储备的重要性再次得到国家的高度关注。中央粮食部通过加强粮食的计划调拨，尽量节省粮食开支，逐步建立了国家粮食储备，这对于粮食困难时期保证城市粮食供应起到了十分积极的作用。1962 年 9 月 23 日，《中共中央关于粮食工作的决定》中指出中国应建立粮食储备，粮食库存数量应当逐年增加，同时指出生产队也应该保留一定数量的储备粮。从当年开始，中国在全国范围内开展了教育工作，提倡计划用粮、节约用粮、备战备荒的思想，积极宣传集体和个人进行粮食储备工作。同年，由于台海局势紧张，中央出于加强国防建设的考虑，建立了以备战为目的的军用"506 粮"，即

---

① 参见王晓潯：《中国粮食储备制度研究》，首都经贸大学硕士学位论文，2010 年，第 10 页。

储备足够 50 万人 6 个月食用的粮食以作备战之需。"战备粮"实行军政共管，由粮食部、总后勤部共同下达任务指示，按平战结合的原则，由大军区与省级人民政府共同商定。"506 粮"和"甲字粮"按照"无荒不动，无战不用"的原则进行管理，各级地方政府无权动用，只是进行日常管理工作，原则上每 5 年全部轮换一次。

1963 年 10 月《中共中央关于粮食工作的指示》明确提出了建立农村集体储备粮，粮权归集体所有，国家粮食部门可以代生产队保管储备粮，生产队有权随时购回所存粮食。1965 年《粮食部关于开展农村集体储备粮工作座谈会的报告》中详细规定了集体储备粮的具体管理办法，使农村集体粮食储备制度化。从而形成了国家储备和农村集体储备分级储备的双轨制后备储备。但在当时，农村集体储备还处于起步发展阶段，储备数量比较小，仅占到粮食总储备量的 5% 左右。

在 1953—1978 年的统购统销时期，粮食储备的主体仍以中央储备为主，地方粮食储备体系没有建立起来。与此同时，农村集体储备虽然开始建立，但储备规模和数量都比较小，发展缓慢。总体上，改革开放以前中国基本形成了以"甲字粮"、"506 粮"、周转粮以及农村集体储备粮四部分为主的粮食储备体系。

## 二、改革开放后粮食储备制度的演变

改革开放后，国家将重心放在了发展经济上，由计划经济逐步向市场经济转变，农村土地制度也发生了重大改变。家庭联产承包责任制的实施极大地调动了农民的生产积极性，粮食产量大幅度增长。1978—1984 年，粮食产量从 3.05 亿吨增长到 4.07 亿吨，净增了 1.02 亿吨。随着粮食产量的连年增长，粮食供求紧张的状况得到了有效缓解，市场粮食价格稳中有降，甚至出现了"卖粮难"的现象，原有的国有粮食仓储设施无法满足粮食生产和流通的需要。1990 年中国的粮食产量达到 4.35 亿吨，再创历史新高，粮食供求的紧张状况得到了很大的缓解。同时，国有粮食部门的经营设施尤其是仓储设施严重不足，无法满足粮食商品生产、粮食流通不断扩大的需要，各地的粮食部门相继出现了"储粮难"的情况。为改变这一现状，1990年9月11日，国务院第67次常务会议决定建立国家专项储备粮制度，即国家拨出专款把全国农民需要向国家出售的余粮，以不低于国家制定的保护价统一收购，作为对全国粮食丰歉余缺进行宏观调控的国家专项粮食储备。9月16日，国务院以国发〔1990〕55号文件印发《国务院关于建立国家专项粮食储备制度的决定》（以下简称《决定》），明确提出"建立国家专项粮食储备，增强宏观调控能力，搞好丰歉调剂，保证粮食市场供应和粮价基本稳定。"同时要求"各省、自治区、直辖市人民政府也要根据实际情况，建立本地区的粮食储备"。《决定》的出台标志着中国的粮食储备进入了一个新的阶段。

1995年6月10日，国务院以国发〔1995〕15号文件印发的《国务院关于粮食部门深化改革实行两条线运行的通知》（以下简称《通知》）中提出，为实现地区粮食平衡，调控地区粮食市场，粮食产区要建立3个月以上粮食销售量的地方储备；粮食销区则要建立6个月粮食销量的地方储备，做到以丰补歉，保证粮食市场供求的基本平衡。为了更好地发挥政府作用，做好市场调控工作，维持粮食市场价格稳定，《通知》还规定将粮食部门政策性业务和商业性经营分开。政策性粮食储备包括：城镇居民基本口粮、军粮、救灾救济粮、水库移民用粮、平抑市场粮价的粮食等，主要用于吞吐调节、稳定市场、应对国内突发事件。从事政策性储备的机构从下到上涉及基层粮管所、粮库、军供站、地方粮食局以及国家粮食储备局及其直属储备库、转运站，这其中，基层粮管所不得个人承包，不得民营。商业性储备则是指除政策性业务以外的部分，既包括私营粮食企业用于经营获利的粮食，又包括从事政策性储备的机构参与市场自由交易自负盈亏的部分。政策性业务和商业性经营必须做到财务分开、独立核算，严格划分政策性业务费用和商业性经营费用，防止互相拆借，避免出现资金挪用等问题。此外，商业性粮食企业代储的政策性粮食储备，所需费用依据"必要费用＋合理利润"的原则由各级政府财政开支。

经过几年的实际操作，各省都建立了一定的储备，还有很多的地、县也建立了储备粮。至此，中国初步形成了中央、省级、地县三级储备体系。一般来看，正常情况下，国家储备粮可维持 4—5 个月的销量；地方储备粮则可维持 2—3 个月的销量；还有不少的农民进行余粮储备，一般可维持 5—6 个月的口粮。

在确立制度的同时，国家投入大量资金建设粮库，对原有粮库进行修缮，完善配备先进的储粮设备。1998 年，利用国债资金开始大规模建库，分 3 批共建设了 1 100 多个粮库项目，新增仓容 575.50 亿千克，总投资 343.00 亿元，是建国以来投资规模最大、建设仓容最多、配套设施最全、采用先进技术最广泛的一次。

随着粮食供需状况的好转，为了确保中央的储备粮食数量真实且质量完好，确保国家急需的时候调得动、用得上，国务院决定对专项粮食储备制度进行改革。为了解决国家专项储备粮中的委托代理问题，2000 年 1 月，国务院决定组建中国储备粮管理总公司（以下简称中储粮），对中央储备粮经营管理体系中的人、财、物实行垂直管理，具体负责中央储备粮的经营管理，接受国家委托执行粮油购销调存等调控任务，在国家宏观调控和监督管理下，实行自主经营、自负盈亏。各省、市和部分县建立了相当规模的地方储备库，形成了以中央储备为主体，各级地方储备为补充，覆盖全国的粮食储备体系。同年 10 月，中央储备粮的管理业务全部由各省（自治区、直辖市）粮食局移交中储粮分公司。中央储备粮的收购资金由中国农业发展银行全额贷款，贷款利息和购销费用由中央财政包干负责。

为了进一步完善粮食储备体系，2003 年 8 月，国务院颁布了《中央储备粮管理条例》（以下简称《条例》），对中央储备粮的计划、储存和动用等各个环节都做出了全面的规定，这是中国第一部规范中央储备粮管理的行政法规。按照《条例》第三十八条规定，出现以下 3 种情况时，才能动用中央储备粮：① 全国或者部分地区粮食明显供不应求或者市场价格波动异常；② 发生重大自然灾害或者其他突发事件需要动用中央储备粮；③国务院认为需要动用中央储备粮的其他情形。概括起来，按照中央的政策定位，中央储备粮的目标主要是抑制全国性的市场波动和重大突发事件引发的局部市场波动，主要还是属于战略储备的功能，兼顾部分调剂市场的后备储备功能。①

2005年，随着粮食最低收购价政策的启动②，中国国家粮食储备的功能框架进一步延伸，将保护粮食主产区粮农利益，解决粮食过剩时农民"卖粮难"和价格下跌纳入到国家粮食储备的政策目标函数中。按照政策实施安排③，国务院委托中储粮（2010年，执行最低价托市收购的主体增加中粮集团和华粮集团）在粮食主产区对指定的品种实施限时收购，由此形成的临时粮食储备（又称"托市粮"）在收购资金和购销费用方面与中储粮储备的专项储备粮执行同样的政策，但在购销定价、轮换机制和购销盈亏责任④等方面却存在着不同之处，具有商业周转储备的性质。至此，中国国家粮食储备形成了中央、省和地县三级储备主体，兼顾战略储备、后备储备和商业储备多元化目标的国家粮食储备体系。在这种"双轨制"储备模式中，中储粮是最主要的储备主体，负责中央专项储备粮和临时储备粮的储备管理，其目标函数的官方表述为"维护农民利益、维护粮食市场稳定、维护国家粮食安全"，是国家对粮食市场进行储备吞吐调控的政策执行主体。

经过十余年的发展，国家逐步建立起了由中央直接掌握的专项粮食

---

① 参见胡小平、汪希成、徐芳等著：《我国粮食安全保障体系研究》，经济科学出版社2013年版，第198—199页。
② 中国2004年制定了粮食最低收购价政策预案，但未启动实施。2005年中国正式启动了水稻的最低收购价实施预案，2006年最低收购价范围扩大到小麦，之后每年都启动水稻和小麦的最低价收购政策。2008年，玉米被纳入临时最低价收购范围。
③ 2004年5月19日，国务院第50次常务会议通过《粮食流通管理条例》，该条例中第二十八条规定："当粮食供求关系发生重大变化时，为保障市场供应、保护种粮农民利益，必要时可由国务院决定对短缺的重点粮食品种在粮食主产区实行最低收购价格。"这为粮食最低收购价政策的制定和完善提供了强有力的法律依据。
④ 执行最低价收购形成的临时储备粮的收购定价由国务院定价，国家发展和改革委员会发布；销售定价实施批发市场竞拍；购销盈亏由销售收益扣除收购、储存和监管三项费用和贷款利息后，盈利全部上缴中央财政或由中央财政承担亏损。

储备体系，经逐年积累，已发展成为以中央储备为核心、地方储备为支柱、社会储备（企业储备、农民储备）为基础，多层次、全社会的储备体系，[①] 增强了国家对粮食市场的宏观调控能力，稳定了市场粮价，对保证农业生产，维护农民利益，促进国民经济健康稳定发展发挥了重要的作用。

# 第三节　中国粮食储备状况变化

粮食储备规模是学者关注的重点话题。如果储备过多，会产生巨大的财政负担；如果储备不足，有可能引发社会动荡。改革开放以来，中国粮食储备规模经历了不同的变化阶段。

## 一、粮食总量库存变化

期初粮食库存是粮食供给的重要补充。根据美国农业部公布的数据[②]，1978 年，中国稻谷、小麦、玉米、大豆 4 种主要粮食品种的库存量为 10 359.20 万吨，2017 年达到 53 302.60 万吨，增加了 4.14 倍，如图 4-1 所示，期间大体经历了三个变化阶段。1978—1999 年基本上为持续增长阶段。这一阶段随着中国粮食产量的逐步增长，库存量也逐年增加，1999 年稻谷、小麦、玉米、大豆 4 种粮食的库存量达到 36 898.30 万吨，比 1978 年增加了 2.56 倍，库存消费比也从 1978 年的 50.08% 上升到 1999 年的 96.17%，如图 4-2 所示。1999—2005 年为大幅下降阶段。这一阶段中国粮食产量大幅度下降，库存量也急剧减少，2005 年 4 种粮食的库存量下降到 12 687.80 万吨，比 1999 年减少了 1.90 倍，同期库存消费比也下降到了 30.88%，下降了 65.29 个百分点。2005—2017

---

① 参见白美清：《中国粮食储备体系建立、发展的历史进程与新的使命》，《粮食储藏》2011 年第 6 期。

② 由于国家的粮食储备数据属于保密数据，没有对外公布，本书采用美国农业部提供的数据进行分析。数据来源于美国农业部（USAD）数据库。

年为大幅增长阶段。这一阶段随着中国粮食产量的持续增长，库存量快速增长，2017 年 4 种粮食的库存量比 2005 年增加了 40 614.80 万吨，增加了 3.20 倍，2017 年库存消费比也增长到了 80.87%。

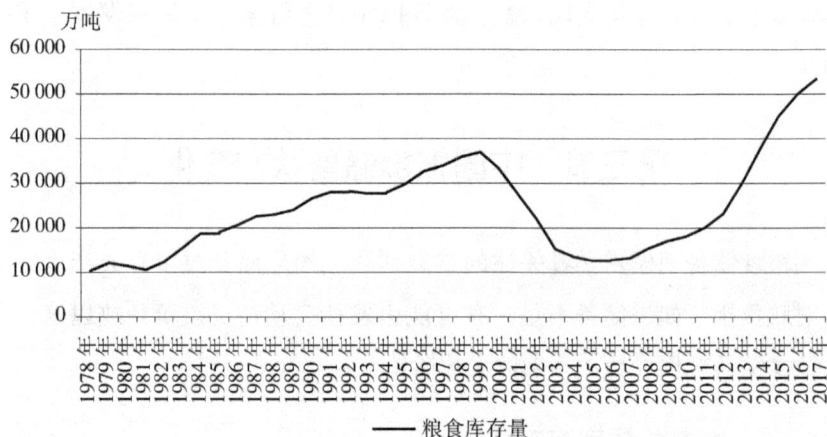

**图 4-1  1978—2017 年中国粮食库存量变化**

资料来源：根据美国农业部（USDA）数据库（https：//apps. fas. usda. gov/psdonline/app/index. html#）整理。

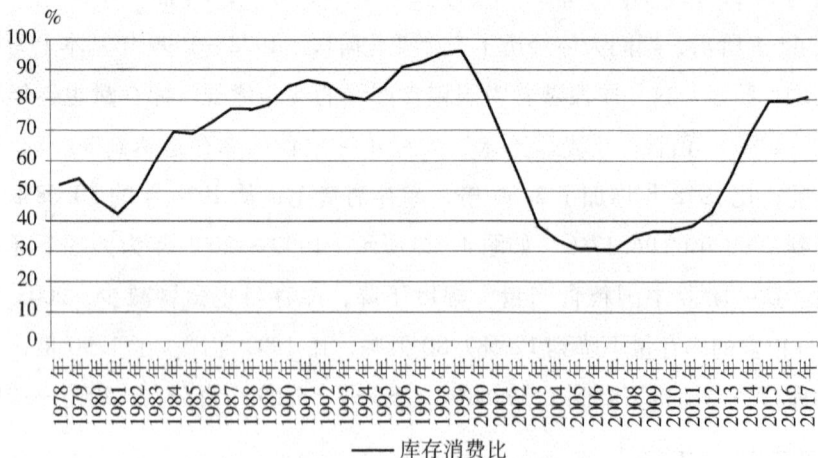

**图 4-2  1978—2017 年中国主要粮食品种库存消费比变化**

资料来源：根据美国农业部（USDA）数据库（https：//apps. fas. usda. gov/psdonline/app/index. html#）整理。

根据联合国粮农组织的建议，一国或地区粮食安全储备标准是占消费量的17%—18%。改革开放40年来，中国的粮食库存消费比一直高于这一标准，即使在库存消费比最低的2006年，也达到了30.52%。中国粮食库存消费比较高的原因：① 有利于加强政府对粮食市场的调控能力，平衡粮食价格和稳定粮食市场，在计划经济时期也是如此。② 粮食消费需求的价格弹性低，粮食价格的微小波动会引起粮食供需关系的大幅度波动。为了调动农民种粮的积极性，保障国家粮食安全，政府陆续出台了粮食生产补贴、最低价收购、临时收储价收购等政策，一方面增加了粮食产量，另一方面通过托市收购和临时收储增加了粮食储备。③ 中央储备粮管理总公司的经营范围不断向经营性业务延伸，以谋取市场利润。在国家政策补贴和市场利润诉求的双重激励下，中央储备粮管理总公司自然具备不断扩大粮食储备规模的动机。④ 中国粮食具有生产成本高和价格高的劣势，在国际市场上的竞争力不强，导致"国产粮入库、进口粮入市"的局面，增加了中国的粮食库存。

## 二、主要粮食品种的库存变化

分品种来看，2012年以前，稻谷一直是中国储备量最大的粮食品种。1978—1999年，稻谷的储备量从3 714.30万吨波动增加到13 907.10万吨，增加了2.74倍，此后快速下降到2006年的5 130.70万吨，比1999年减少了8 776.40万吨，减少了63.10%。2006年后又快速持续增加到2017年的16 571.40万吨，比2006年增加了2.23倍。小麦库存的变化趋势与稻谷基本相似。1978—1999年，小麦库存量从3 370.00万吨波动上升至10 294.30万吨，增加了2.05倍，此后快速下降到2005年的3 449.80万吨，比1999年减少了66.50%。2017年小麦库存量达到13 999.30万吨，比2005年增加了3.06倍。1978—1999年，玉米库存量从3 274.90万吨波动增加至1999年的12 379.90万吨，增加了2.78倍，此后快速下降至2005年的3 526.00万吨，比1999年减少了71.50%，2006年至2010年缓慢增长，此后快速增长并于2013年后成为

第一大储粮品种，2017 年达到 22 252.50 万吨，比 2010 年增加了 4.15
倍。大豆库存量一直很少，1978 年到 1995 年没有大豆库存，此后开始缓
慢增加，2017 年大豆库存量为 2 222.40 万吨，如图 4-3 所示。

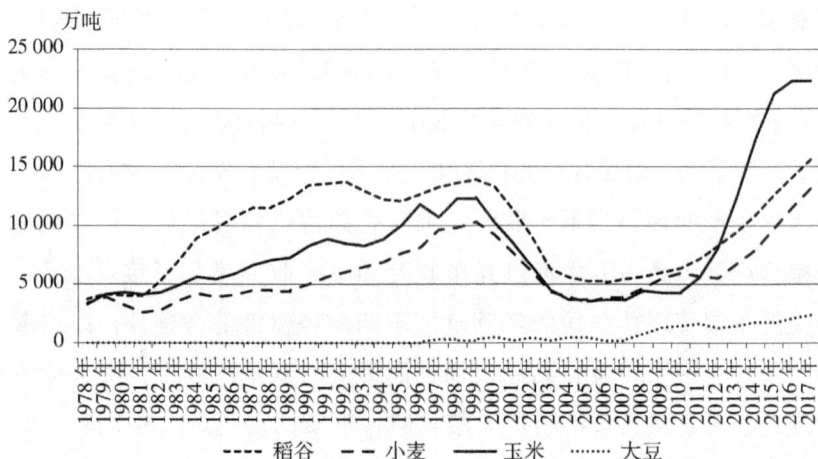

**图 4-3　1978—2017 年中国主要粮食品种库存量的变化**

资料来源：根据美国农业部 （USDA） 数据库 （https：//apps. fas. usda. gov/psdonline/app/
index. html#） 整理。

　　从相对量来看，2012 年以前，稻谷在四大粮食品种库存中的占比最
大。1978—1986 年，占比从 35.85% 上升到 51.90%，此后一直处于波动
下降状态，2017 年占比为 29.21%；小麦占比从 1978 年的 32.53% 下降
至 1989 年的 18.67%，此后波动增长至 2010 年的 32.86% 后又开始下降，
2017 年小麦库存占比为 24.63%；玉米库存占比从 1978 年的 31.61% 波
动下降到 2010 年的 23.90%，此后快速增长，2015 年占比达到 46.92%，
这主要是玉米临时收储政策的实施一方面促进了国内粮食产量的增加，
另一方面由于玉米价格抬升减弱了国际竞争力，国外玉米及其替代品大
量进口的结果。2016 年和 2017 年玉米库存占比下降，主要是在粮食供给
侧结构改革过程中玉米去库存已见成效；大豆占比一直较小，2017 年仅
为 4.17%，主要原因在于国内大豆严重供不应求，主要依赖于进口。如
图 4-4 所示。

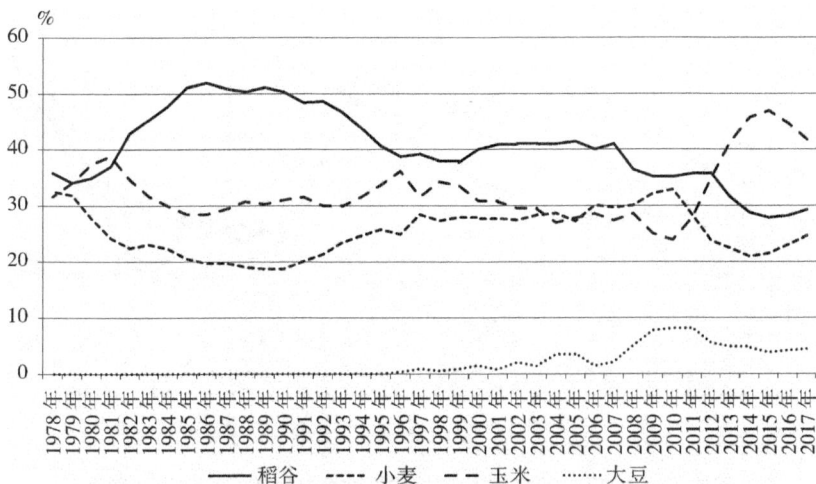

**图 4-4 1978—2017 年中国主要粮食品种库存量占比变化**

资料来源：根据美国农业部（USDA）数据库（https：//apps. fas. usda. gov/psdonline/app/index. html#）整理。

从库存消费比来看，除大豆外，中国稻谷、小麦、玉米三大主粮的库存消费比一直高于联合国粮农组织提出的 17%—18% 的标准。1978—1999 年，稻谷、小麦、玉米的库存消费比分别从 41.33%、63.72% 和 67.38% 上升到 103.63%、94.15% 和 105.54%；1998—2003 年由于中国粮食产量大幅度下降，导致三大主粮的库存量和库存消费比也快速下降，2003 年稻谷、小麦、玉米的库存消费比分别为 47.49%、41.43% 和 34.94%，分别比 1999 年下降了 54.14、52.72 和 70.6 个百分点；2006—2017 年稻谷、小麦、玉米的库存消费比又快速回升，2017 年分别为 77.97%、112.96% 和 93.49%；2009—2017 年，大豆的库存消费比高于联合国粮农组织提出的 17%—18% 的标准，2017 年为 22.37%；如图 4-5 所示。与消费结构相比，中国稻谷的库存比例与消费比例基本一致，但小麦的库存比例与消费比例出现明显偏差，库存比例持续上升而消费比例持续下降，玉米库存比例快速攀升，已明显高于消费比例。中国粮食库存品种结构与粮食消费需求结构不适应，在一定程度上加剧了粮食市场稳定风险，而且去库存的压力仍然很大。

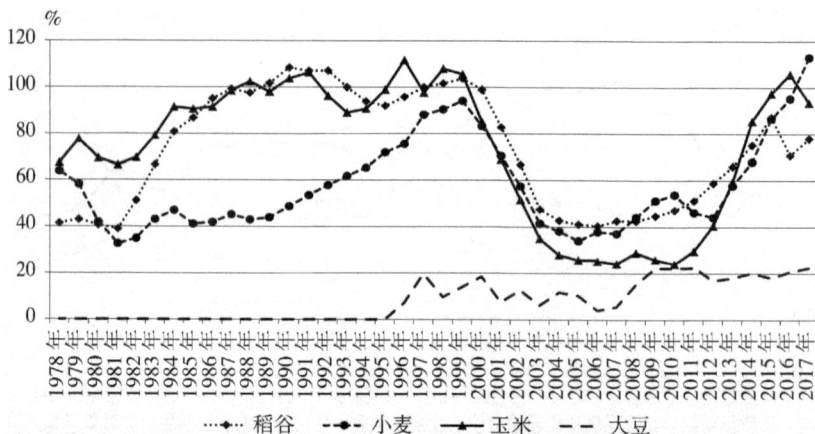

**图 4-5　1978—2017 年中国的主要粮食品种库存消费比的变化**

资料来源：根据美国农业部（USDA）数据库（https：//apps. fas. usda. gov/psdonline/app/index. html#）整理。

# 第四节　"粮食银行"的发展与风险防控

"粮食银行"诞生于 20 世纪 80 年代初，20 世纪 80 年代末"粮食银行"正式形成，迄今已有多年历史。它一般出现在中国的粮食主产区，主要运用银行理念来经营粮食，调节粮食供需关系，稳定粮价，一定程度上遏制了"粮食安全"问题的发生，对农村经济社会稳定发展起到了重要作用。"粮食银行"在保护农民利益、增加农民收入、支持粮食生产、调动农民种粮积极性以及促进粮食加工企业的发展方面发挥了重要作用。

## 一、"粮食银行"的概念

"粮食银行"是粮食企业借鉴商业银行的运营模式，把粮食这种特殊商品的经营与银行的经营管理模式结合起来，把粮食等同于货币来运营。具体地讲，就是储粮户（农民、粮食经营者、粮食加工企业、消费者、粮食储备商等）将暂时闲置的粮食存放于"粮食银行"且拥有粮食的所有权，而将其使用权以定期、活期的形式交付给"粮食银行"，"粮食银行"拥有粮食的经营权,开展粮食加工、贸易、套期保值等业务,在粮食流转过程中获得增值效益,产生的收益作为"粮食银行"的利润来源,以及农户的利息。

"粮食银行"从本质上来说是农业产业化模式的一种制度创新,是农村经济体制与经营管理方式的一种探索和创新,它提高了农民进入市场的能力,促进了粮食加工企业的发展,可以进一步对它进行探讨、探索、规范及审慎推广。

## 二、"粮食银行"的产生与发展

20世纪80年代初,家庭联产承包责任制在全国范围内推行,激发了农户种粮的积极性,粮食产量大幅度增长。与此同时,农民家庭储粮设施简陋、粮食的销售和流通效率低,进而给农民生活带来了一系列困难。为了解决小农户与大市场之间的矛盾,一些粮食生产大省开始开展粮食代储业务,并摸索出"两代一换"业务[①]。1983年,山东省广饶县开展代农储粮业务,并在后来不断发展为"两代一换"业务,形成了"粮食银行"的雏形。在这一阶段"粮食银行"的业务较为单一,服务简单。随着粮食供求关系的变化,20世纪90年代"粮食银行"的发展进入低谷期,这项业务在各地区逐渐淡化。21世纪,随着粮食流通体制改革的推进,"粮食银行"又重新发展起来,2007年初,中国第一家"粮食银行"——太仓"易裕粮食银行"开始营业。这一阶段,"粮食银行"的经营业务更加丰富,开始涉及加工、流通、兑换、运输、融资等方面,一些大型粮食加工企业也开始经营"粮食银行"。

据不完全统计,经过十多年的发展,中国各地各类"粮食银行"已超过500家。[②] 截至2013年6月,通过对全国10余个省、200多家企业

---

① "两代一换"业务即代农民储存粮食、油料,代农民加工粮油产品,提供粮油加工产品供农民以粮油原料兑换。

② 参见李腾:《"粮食银行"发展的调查与分析——以湖北三杰粮油食品集团为例》,《粮食科技与经济》2017年第3期。

开展"粮食银行"业务的不完全统计，该业务已累计经营粮食 1 200.00 万吨，带动农民增收 12.00 亿元。①

中国"粮食银行"在全国各地实践成效较为显著。根据国家统计局数据显示，2017 年国家粮食总产量达到了 61 790.70 万吨。由于农户的储粮设备简陋、技术落后，粮食霉烂、虫蛀等情况极易发生，从而造成储粮损失过大。据国家粮食局 2006 年全国抽样调查，农户储粮损耗率高达 8%—10%，而全国农村固定观察点办公室给出的数据，2015 年中国农户户均存粮为 812.00 千克。② 按照损耗率为 8% 来计算，2015 年农户户均储粮损耗达 64.96 千克。"粮食银行"集中储粮可降低粮食的损耗至 1%—2%，户均可减少 48.72 千克粮食的损失，对于国家而言，相当于增加了一批"良田"。从具体企业来看，中粮集团有限公司（以下简称中粮集团）推行了"粮食银行 +"农业综合服务平台，2017 年，中粮集团"粮食银行 +"模式涉地面积 39.87 万公顷，惠及农民约 41.00 万户，带动农民增收 5 949.00 万元，人均增收 145.00 元。

## 三、"粮食银行"的主要运作模式

在各地的实践中，"粮食银行"出现了不同的运作模式。

（一）以物换物的"广饶模式"

20 世纪 80 年代，为了解决粮食丰收而农民粮食储备设施不达标的问题，山东省广饶县国有粮食部门开始发展"两代一换"业务，这一模式即为"粮食银行"的前身。

后来，广饶县引入了现代银行机制，具体来说，"广饶模式"发展为"农户 + 粮食银行 + 粮食加工企业"的合作方式，解决了农户贷款难和储粮损耗的问题。该模式下的"粮食银行"是粮食部门与粮食加工企业进行合作，并用银行贷款收购农户的粮食。农户可以通过"粮食银

---

① 参见于德良：《新型粮食银行服务三农需补金融市场短板》，《科技致富向导》2014 年第 25 期。

② 参见胡建国：《中国农户储粮损失的现状、问题及对策研究》，武汉轻工大学硕士学位论文，2017 年，第 18 页。

行"发放的凭证,即"储粮证"(用于长期存储)和"口粮转化证"(用于品种兑换),在需要的时候对原料粮、成品粮、粮油食品进行提取。

（二）银企合作的"龙江模式"

"龙江模式"是根据粮食主产区——黑龙江的具体情况而发展起来的"粮食银行"业务模式。由于黑龙江粮食产量高,到丰收季节容易出现农户粮食的增收难、运输难、销售难等问题。

2008 年,北大荒粮食物流公司与民生银行大连分行合作,共同成立了黑龙江"粮食银行"。与"广饶模式"相同的是,"龙江模式"先向银行进行贷款,再用贷款收购农户的粮食。

与"广饶模式"不同的是,"龙江模式"主要解决了农民的粮食销售难题。具体来说,"粮食银行"向银行进行贷款,用这笔资金购入农民出售的粮食,而农户也可将存粮进行质押,以获得贷款。同时"粮食银行"在丰收季节将农民的粮食统一储存,利用时间差,过了集中卖粮的时间再将粮食卖出。

（三）三业融合的"太仓模式"

2006 年江苏省太仓市开创的"粮食银行"与追求利润最大化的其他模式不同,它将为农服务、提高农户收入作为关键目标。该模式融入了商业银行的发展理念,同时也充分运用了现代化的网络平台。

"太仓模式"主要有三项业务:①"口粮银行"储存业务。太仓市"粮食银行"正是从"口粮银行"发展而来的。农户在收获季节把不急于出售的预留的口粮部分储存到"粮食银行",减少了农户存粮的损耗。②"土地流转费银行"储存业务。土地转让后农户得到的经济补偿即为土地流转费。在农户自愿的基础上,村委会将部分流转费转存进"粮食银行"账户,之后再存入全市统一的专用账户中,同时农户可以领取"粮食银行存折"。凭借此存折到相应服务点则可换取米、面粉等粮油产品,农户虽然失去土地但口粮可以得到保证。③"商品粮储存业务"。对于商品粮的质量,"粮食银行"会经过严格把关,该业务主要针对粮食生产大户和专业合作社，这些储户在与粮食企业交易时，若储存粮食达到 3 个月，"粮食银行"将支付其利息（一般定为本年农发行贷款基准利率）。若存粮 6 个月以上，还可获得"粮食银行"经营所得利润分成。在"粮食银行"运作经营期间发生的亏损由风险基金抵扣，储户不承担风险。

（四）政府背书的"凤台模式"

安徽省凤台县"粮食银行"业务起步较晚，2013 年才选择部分乡镇进行试点，但却是在几大模式中创新做得最好的。与其他模式很大的不同在于，它的安全性更高，"凤台模式"由凤台县政府背书，得到了政府相关部门的大力支持。且该模式采用市场化模式进行运作，主动吸收农户手中的余粮，与中证期货公司合作，进行套期保值业务，利用期货对冲现货市场价格波动风险，并与国元农业保险公司进行合作，最大程度地规避了存粮风险。

凤台县"粮食银行"严格秉承"政府主导、群众自愿、市场运作、稳步推进"的运作原则，农户存粮之后，可凭存粮折到当地相关部门规定的服务网点消费、兑换各类粮食物品，还能获得农业社会化服务；可到银行网点提取现金或将现金转化为粮食，也可将存粮作为质押物获得贷款。

（五）"粮食银行 +"的中粮模式

中粮集团自 2016 年起，在东北等产粮大省构建"粮食银行 +"平台，将"粮食银行"与农业综合服务结合。农户可获得烘干、储粮、多批次结算、资金支持等多项服务。

该模式的创新之处在于，中粮集团利用自身优势，延伸"粮食银行"产业链条，使农业生产直接连通流通、加工等环节，解决了小农户与大市场的矛盾。同时与互联网、金融等第三方合作，开发"粮食银行 +"生态圈，共同为农户提供服务。

## 四、"粮食银行"的主要风险类型

经过几十年的发展，"粮食银行"在带动农民增收方面发挥了重要作用，但是，随着社会经济环境的变化，"粮食银行"的风险也不容忽视。

（一）"粮食银行"的经营风险

"粮食银行"采用与银行相似的运作模式，对农户存入的粮食进行市场化运作，拥有粮食的经营权和融资质押权。但是"粮食银行"不是真正意义上的银行，它不受银监会监督。还没有相关机构对"粮食银行"进行监督和管理，企业的设立和运营不规范，没有明晰且稳定的盈利模式，因此它在经营上存在很大的风险。

首先，中国大部分地区的"粮食银行"局限性较大，由于"粮食银行"的性质是企业，存在发展限制，覆盖范围有限，不能发挥应有的作用，面对由粮价波动带来的经营风险无能为力。其次，"粮食银行"面临收益率低下所导致的不可持续经营风险，"粮食银行"的收入来源存在很大的不确定性：① 粮食仓储和保管的费率费用较低；② 商品粮经营中的价差不确定，价格波动可能造成损失；③ "粮食银行"多为传统业务，粮食流通中的增值服务较少。再次，"粮食银行"的长期经营和发展需要拓展服务网点和提高仓储条件，形成规模效应，而这要求"粮食银行"具有雄厚的资本实力。当"粮食银行"面对以上问题时，其经营者容易做出较为激进的决策，可能会导致风险进一步加大。

（二）"粮食银行"的市场风险

"粮食银行"的主要运作模式是代农储粮，在这种模式下，农户应承担的市场风险转移到了"粮食银行"身上，主要包括粮食的管理风险和价格波动风险。企业面临较大风险敞口，处理不慎可能导致资金链断裂甚至破产。

对于商业银行而言，主要利润为存贷款业务的利差，并通过专业的风险管理手段来控制风险。而"粮食银行"与之类似，其利润主要来自于将农户的储粮贷给粮食加工企业以赚取价差。但货币与粮食有很大的差别，由于农业的周期性和季节性，粮食类产品的价格会随市场具体情况而不断波动，如果在"粮食银行"的运营过程中对粮食价格做出了错误的预测，在市场价格不断上涨的过程中就会出现低价收储、高价填库的现象；一般情况下，"粮食银行"会根据储粮时的市价规定最低价格，并以不低于此价格进行结算，在市场价格下跌时，这会对"粮食银行"造成极大的资金压力和经营压力。且"粮食银行"管理人员对市场信息掌握不够全面，市场风险意识较低，没有建立适当的风险防控机制，对风险储备粮比率没有清晰的认知，国家优惠政策也没有良好利用起来。

（三）"粮食银行"的法律风险

"粮食银行"在中国有较好的发展潜力，但是"粮食银行"的本质是企业，是一种市场化组织。《中华人民共和国商业银行法》第十一条明确规定："未经国务院银行业监督管理机构批准，任何单位和个人不得从事吸收公众存款等商业银行业务，任何单位不得在名称中使用'银行'字样"，因而对于"粮食银行"的表达，必须加引号进行区别。中国各地"粮食银行"鱼龙混杂，质量参差不齐，缺乏对"粮食银行"的立法规制，现有的仅为一些规范性文件，如2014年国家粮食局以国粮财〔2014〕128号文件下发的《国家粮食局关于积极稳妥推进"粮食银行"健康发展的意见》。

在这样的政策环境下，中国"粮食银行"的经营管理以及与农户的交易中存在较大法律风险。有"粮食银行"负责人说"粮食银行"无法到工商部门注册，随时可能被关停，且"粮食银行"无具体单位进行监管，出现风险无人兜底。

（四）"粮食银行"的信用风险

企业信用是在长期守信的基础上建立起来的，而中国大多数"粮食银行"尚未建立良好的信用保障机制，随着中国粮食产业的持续发展，市场、技术和资金等生产要素发挥着越来越重要的作用，"粮食银行"的信用问题逐渐浮出水面，有些企业甚至还造成了极坏的社会影响。

中国的"粮食银行"的发展还属于早期阶段，大多为自发建立、分散经营，没有足够的专业人才和知识储备，可能滥用"信用创造"功能，过度经营储备粮食，将过量的粮食投入市场运作，且有的企业没有足够的存粮和雄厚的资金实力，当粮食价格上涨时，可能无法满足储户提现的要求。在现实中，有些"粮食银行"甚至出现资金链断裂、卷款潜逃的现象。

"粮食银行"信用不高，运作不规范，曾出现过多起非法集资行为。2014 年 5 月，"粮食银行"被纳入云南、广西等各省开展的非法集资风险专项排查范围。且天津滨海新区金融办在下发的《关于关注部分企业假借保障房、"粮食银行"等名义涉嫌非法集资风险的通知》中指出："个别企业以为农民提供粮食储存、销售和兑换服务等名义设立'粮食银行'，向售粮农户和其他社会人员进行非法集资。这些非法集资活动假借公益之名误导群众，欺骗性和隐蔽性更强，社会危害更为严重。"[1]

### 五、"粮食银行"风险防控措施

针对"粮食银行"可能出现的各类风险，需要采取必要的防控措施，以避免和化解风险。

（一）明确"粮食银行"的盈利模式，确保可持续经营

第一，健全及创新"粮食银行"的盈利模式，提高收益率。针对中国"粮食银行"面临着收益率低下所导致的不可持续经营风险、盈利无法保障的现状，应积极拓展"粮食银行"的功能，进行综合化、多样化合作，在确保粮食安全的前提之下，推进企业与专业大户、家庭农场、农业合作社等新型农业经营主体进行合作，建立新型粮食合作组织。为提高收益率，应紧跟市场发展趋势，引入"新零售"概念，由"粮食银行"牵头，引导农户利用互联网、电商平台，实现线上线下结合发展。

第二，完善及延伸产业链条，确保经营可持续性。与商业银行吸纳存款的经营模式相似，"粮食银行"从农户那里获取低成本原粮，但粮食与可任意贷放的资金不同，粮食的运用受到多重限制。为确保"粮食

---

[1]　参见《全国开展非法集资专项排查 粮食银行等新型诈骗被纳入》，2014 年 5 月 23 日，见 http: //money. hexun. com/2014 - 05 -23/165094056. html。

银行"经营的可持续性,应完善其产业链,大体上保障原粮转化成商品粮过程中的销量与收益能够稳定,发展产销协作新模式,如:"粮食企业+合作农场+订单收购+粮食银行",延伸产业链条,发展"产、购、储、加、销"一体化经营格局。各地"粮食银行"应整合当地优势资源,发展特色品种,提升"粮食银行"品牌附加值,并带动当地经济发展,助力农户增收。

（二）运用各类金融手段削弱市场风险

对于"粮食银行"而言,最大的市场风险为粮食价格波动风险。适当的期货交易与农产品价格保险,能够降低粮食现货的价格风险。通过粮食期权、期货交易,进行套期保值,可以对冲粮食现货价格波动所带来的损失,保住利润。凤台县"粮食银行"的运作模式值得借鉴:粮食现货的价格风险,通过和中证期货公司的合作来对冲。同时借助"粮食银行"及产业园优势,建立郑州商品交易所凤台粮食交割库。

而农产品价格保险是一种新型农业保险产品,也是农业保险新的发展趋向,当粮食价格跌至合同所规定的价格以下时,农户可以得到赔偿。中航安盟保险公司推出了一个较为典型的项目,这个项目方案由中航安盟保险公司、中粮集团和大连商品交易所三方协作制定,企业或农户依照"粮食银行"发放的凭据上显示的数量向保险公司投保,基础价格根据玉米的期货价格而定,结算时,若玉米价格下跌,农户或者企业可以得到相应赔付。同时,保险公司会买进看跌期权,以减少玉米价格下跌时的损失。一个完善的价格波动风险防控体系就此形成。

（三）通过法律规定、制度设计降低法律风险

中国人口众多,粮食安全问题十分重要。"粮食银行"无人管控,游走于"灰色地带",从法律、制度层面对"粮食银行"进行规范十分有必要。

第一,应加强政府对"粮食银行"的监管。有学者指出,应从省级开始,并逐级在各市、县建立粮食银行监督委员会。也可从中央到地方建立垂直化的"粮食银行"监管体系,在国家粮食局下设专门的"粮食

银行"监管司,严格监控"粮食银行"的仓储率、风险率等各项指标,监督"粮食银行"投融资活动,并对"粮食银行"的非法集资行为进行严惩。

第二,应出台相应法律法规,从法律上对企业和农户进行规范和保护。有学者建议,在将要出台的《中华人民共和国粮食法》中,应为"粮食银行"制定完善的规章制度,另外还应颁布符合中国国情的管理条例。

第三,应促进"粮食银行"行业自律。中国"粮食银行"所处的发展阶段难以实现行业自律和社会化服务,中国应借鉴银行业协会、证券业协会的运作方式,创立"粮食银行"行业协会,加强行业监督、促进行业交流、提供行业指导,且"粮食银行"的经营人员须通过统一考试,取得行业协会颁发的执业证。

(四)制定"粮食银行"市场准入标准,健全规章制度以缩小信用风险

由于粮食具有准公共产品属性,且"粮食银行"质量参差不齐,信用问题日趋严重,建立"粮食银行"市场准入制度成为必然。"粮食银行"监管部门需对申请者的资本数额、场所设施、仓储条件、加工能力和人员配备等进行审查,设定各层级"粮食银行"的准入条件,只有达到准入标准,才能申请开办"粮食银行"。

为应对"粮食银行"滥用"信用创造",过度经营储备粮食,应健全相应规章制度:①建立"粮食银行"备付粮制度,由"粮食银行"按照规定比例向国家管理部门定期存入粮食,以应对农户大量提取存粮;②建立"粮食银行"风险准备金制度,企业必须保障一定比例的风险准备金并进行单独核算,当企业发生信用挤兑风险时,用风险准备金先行赔偿农户损失;③规定"粮食银行"资本充足率最低限额,国家相应管理部门应按照这一限额对"粮食银行"进行严格监控,防止企业过度投机、滥用"信用创造",确保企业保持适当的资金水平。

# 第五章 改革开放 40 年中国粮食流通 体制改革与发展

粮食流通是商品流通的一种具体表现形式和重要组成部分，是指粮食商品生产出来以后通过以货币为媒介的交换方式实现由生产领域向消费领域（包括生产消费和个人消费）转移的全过程，是由粮食收购、储存、运输、加工、销售等环节组成的连续过程、产业链条，还包括与粮食流转、加工等活动相关的商业服务、现代物流与配送等内容。通俗地讲，粮食流通就是要把粮食从生产者顺利送到消费者手中，具体包括区际间的粮食流通和小区域内的粮食流通。区际间的粮食流通主要是从产区运往销区；小区域内的粮食流通主要是由粮食加工企业将原粮加工成贸易粮后通过市场销售到消费者手中。

## 第一节 中国粮食流通体制改革的历程及成效

改革开放 40 年来，粮食流通体制改革作为农产品流通体制改革最重要的内容之一，始终坚持了市场导向、循序渐进的改革方向和原则。首先，粮食流通体制改革遵循了市场化的要求。从粮食的生产格局到流通渠道，从粮食的价格形成机制到宏观调控手段，市场在资源配置中的作用日益重要。其次，粮食流通体制改革走了一条渐进化的道路。由于粮食商品的特殊性，粮食流通体制改革要兼顾到生产者、消费者、经营者和政府之间的相互利益，要保证社会的稳定和国民经济其他方面改革的顺利进行，改革的步伐始终是稳中有进。虽然改革开放 40 年中各个时期粮食购销政策的内容及其侧重点有所不同，但市场导向无疑是贯穿其中的主线。

## 一、中国粮食流通体制改革的历程

粮食流通体制改革是经济体制改革的重要组成部分。改革开放以来，粮食统购统销制度逐步被打破，市场化改革不断深化，并逐步建立起适应社会主义市场经济要求的粮食流通新体制和运行机制。

（一）改革开放前的粮食流通体制

中华人民共和国成立之初，粮食市场上多种经济成分并存，既有个体、私营粮商，也有国营商业，实行的是自由粮食购销体制，粮食价格由市场供求决定，政府主要通过制定粮食流通的各项交易规则，防止粮食价格出现剧烈震荡。并且政府在对全国的粮食流通体系形成有效控制的同时，也充分考虑到私营粮商的生存与发展，使其也能有合理的利润收入。

1. 粮食行政管理机构的成立

1950—1953 年，刚刚成立的中华人民共和国经济基础薄弱，粮食供给趋紧，而且国营粮食企业也处于刚刚起步阶段，私营粮食企业的粮食流通总量仍占据首要位置，但国营粮食销售份额增长较快。国营粮食企业的销售量从 1950 年的 465.00 万吨增加到 1953 年的 1 025.00 万吨，增长了 1.20 倍；国营粮食企业的销售份额从 31.60% 增长到 43.00%，增加了 11.40 个百分点；见表 5 - 1。

表 5 - 1　1950—1953 年中国粮食市场份额表

| 年份 | 市场交易量（万吨） | 国营粮食企业销售量（万吨） | 私营和农民销售量（万吨） | 国营粮食销售份额（%） |
|---|---|---|---|---|
| 1950 | 1 470.00 | 465.00 | 1 005.00 | 31.60 |
| 1952 | 2 160.00 | 845.00 | 1 315.00 | 39.10 |
| 1953 | 2 500.00 | 1 025.00 | 1 425.00 | 43.00 |

资料来源：参见商业部当代中国粮食工作编辑部编：《当代中国粮食工作史料》（上卷），当代中国粮食工作编辑部 1989 年版，第 23 页；农牧渔业部计划司编：《农业经济资料（1949—1983）》，农业出版社 1983 年版，第 339 页。

当时，由于公有制经济处于刚刚起步阶段，非公有制粮食企业的投机经营、囤积居奇、哄抬粮价行为曾造成粮食市场的混乱与不稳定，流通秩序十分混乱。于是，国家建立了一整套的粮食管理组织体系，并大力加强国有粮食机构与企业的建设。1950年3月1日，中央贸易部所属中国粮食公司正式成立，各大行政区的区公司和省、市公司，以及省、市以下的分、支公司也相继成立。1950年10月1日，中央财政部在原粮食处的基础上正式成立了粮食管理总局。1952年9月1日，为了统一领导、统一计划、统一调度，加强全国粮食的掌握和运用，以迎接大规模有计划的经济建设，中央决定在中国粮食公司和粮食管理总局合并的基础上，正式成立中央人民政府粮食部，各大行政区设粮食管理局。各省、自治区、直辖市设粮食厅（局），专区设粮食局（处），县设粮食局（科），都作为同级政府的组成部分，实行双重领导。至此，全国健全和完善了上自中央、下至县一级的各级粮食行政管理机构，代表同级政府行使对粮食工作的管理职能。

2. 统购统销制度的实施

中华人民共和国成立初期，百废待兴，粮食生产相对于全社会的消费需求仍然紧缺，政府需要用计划配置的方式代替市场调节的职能，对稀缺资源实行统制。1953年6月15日中央政治局会议讨论通过了党的过渡时期总路线（以下简称总路线），总路线的主要任务是"一化三改"，即要在一个相当长的时期内逐步实现国家的社会主义工业化，并逐步实现国家对农业、手工业和资本主义工商业的社会主义改造。为贯彻总路线，国家大规模经济建设全面展开，工业、城镇人口增加较快，粮食销量大增。这样一来，粮食生产的产需矛盾，市场供求矛盾就更加突出了。为了配合国家大规模经济建设和稳定粮食市场，1953年10月16日，中共中央出台了《关于实行粮食的计划收购与计划供应的决议》，同年11月，政务院又出台了《关于实行粮食的计划收购与计划供应的命令》。两个文件的主要内容是：① 对农村余粮户实行计划收购（简称统购），要求"生产粮食的农民应按国家规定的收购粮种、收购价格和计划收购的分配数量，将余粮售给国家"；② 对城市居民和农村缺粮农民，实行粮食计划供应（简称统销），这一政策是在人均粮食水平低和供求矛盾紧张条件下，为保证人民生活的基本需要而对粮食消费采取的适当节制政策；③ 由国家严格控制粮食市场，对私营粮食工商业进行严格管理，严禁私营商业自由经营粮食；④ 在中央统一管理下由中央与地方分工负责粮食管理。从此开始，中国政府开始实行长达 31 年的粮食统购统销制度。

由上述四条组合形成的粮食政策，是相互关联、紧密联系、缺一不可的。只实行计划收购，不实行计划供应，就难以控制市场的销量，而若只实行计划供应，不实行计划收购，也无法取得足够的商品粮食。此外，如果不严格控制粮食市场和加强中央的统一管理，就不可能限制投机商人的非法活动，不可能保证粮食的合理调度，计划收购和计划供应的工作也就无法落实与实施。由此可见，这四条基本政策是一个密不可分的整体，只有全面贯彻才能发挥整体作用，收到明显效果。[①]

1955 年 8 月国务院发布了《农村粮食统购统销暂行办法》和《市镇粮食定量供应暂行办法》，以法令的形式颁布和执行农村粮食的定产、定购和定销"三定"政策，确定了不同的对象，核定了不同的标准，消除了农民"购销无底"的疑虑，从而一定程度地提高了农民生产粮食的积极性，基本实现了社会粮食的收支平衡和分配的大体合理。1956 年国家又实行了 3 种具体的粮食统销管理制度，即"粮证管理制度、居民口粮供应标准变更和迁居转移供应关系等管理制度以及粮票管理制度"。[②] 尤其是粮票制度的建立，标志着粮食统购统销制度的进一步完善与巩固。这一时期粮食流通仅仅执行的是分配的职能，"特别是从 1962 年开始，

---

① 参见上官周平、彭珂珊、张俊飙等著：《中国粮食问题观察》，陕西人民出版社 1998 年版，第 116 页。

② 参见张培刚、廖丹清著：《二十世纪中国粮食经济》，华中科技大学出版社 2002 年版，第 498 页。

中央进一步加强了对粮食管理的集中统一，不仅实行统购统销，还实行统一调拨和分级管理的模式，在分级管理模式下中央有权对各省区的粮食征购、销售、调拨指标进行调整。"[1] 这一措施更加强化了中央的集权管理模式。

粮食统购统销的流通体制自1953年确定以后，虽然随着社会经济的发展与变化以及粮食供求因素的条件变化，做了许多方面的调整，但是调整的范围往往局限于量的方面。例如，"大跃进"时期的高征购，国民经济调整时期的少购少销，"文化大革命"时期的整顿统销，严格控制城市人口，等等，但统购统销的原则和做法并未改变。

这一时期，中国对粮食流通实行的是高度集权、高度计划的管理体制。由中央统一组织、调度和平衡，粮食的购销价格也由中央统一规定，粮食的流通则由国营粮食企业独家承担、垄断经营，形成了各级粮食部门既是管理者，又是经营者的政企合一的特殊的粮食商业组织机构。这种中央集中统一管理和掌握粮权的管理体制，在粮食供求矛盾尖锐的条件下，有利于把有限的粮食资源集中起来，平衡余缺和公平分配，保证国计民生对粮食的基本需要，从而尽可能地减少社会动荡。但是，随着生产的发展和粮食状况的逐步改观，这种高度集权的管理体制就逐渐与商品经济发展的要求越来越不适应，而暴露出各种各样的问题，尤其是粮食价格偏低和长期冻结价格的做法，严重挫伤了农民生产粮食的积极性，并由此而影响到粮食的供给和粮食生产的进一步发展以及国民经济的整体繁荣。

（二）改革开放后粮食流通体制的演变

1978年12月，中共中央召开了具有伟大历史意义的十一届三中全会，从此中国进入了改革开放的新时期。在其后的几十年中，中国粮食流通体制主要围绕着粮食供给和补贴问题逐步推进，两大问题以稳定市场粮食价格为中心，以调节粮食生产、调整流通主体、平衡粮食供求、

---

[1] 参见张培刚、廖丹清著：《二十世纪中国粮食经济》，华中科技大学出版社2002年版，第507页。

维持经济稳定为重点，朝着社会主义市场经济方向进行了积极探索。40
年间，粮食流通体制改革大体经历了六个阶段。

1. 粮食流通市场化改革起步阶段（1978—1984 年）

这个阶段的粮食流通体制改革，主要是调整粮食价格政策，增加粮
食供给，但改革还没有触及统购统销本身。

随着十一届三中全会的召开，全国经济体制改革的序幕也从农村拉
开，家庭联产承包责任制得到中央的认可并在全国范围内推开，农民种
粮的积极性高涨。这一时期，国家延续了粮食统购统销政策，但是，大
幅度提高了粮食统购价格。中央允许在完成征购任务后进行粮食集市贸
易和议价经营，统购统销政策有所松动，粮食流通市场化改革开始萌动。
这一时期的粮食流通政策主要包括三个方面：大幅度提高粮食统购价格，
逐步减少统购粮食数量；实行购销调拨包干；实行多渠道经营，恢复和
发展粮食集市贸易。

（1）缩小农产品统购派购的品种范围

这一阶段，国家逐步减少了统购统销和限售的品种和数量，缩小国
家收购农产品的范围。其中，国家统派购的一、二类农副产品[①]由 1981
年的 113 种减少到 1984 年的 60 种。在较长的时间内，全国粮食征购指
标继续稳定在 1971—1975 年的"一定 5 年"的基础上，并且从 1979 年
起减少统购 25 亿千克，以减轻农民负担，发展农业生产。

（2）提高农副产品收购价格

从 1979 年夏粮上市起，全国平均提高统购价格 20.00%。农村人
民公社生产队[②]在完成统购粮食任务以后，超计划出售给国家的那一部
分粮食，在提价 20.00% 的基础上再加价 50.00%。不同地区和不同的

---

① 中国按照农副产品关系国计民生的重要程度和国家商业部门对农副产品的收购方式而划分
的类别。一类是关系国计民生重大的由国家实行统购的农副产品。例如：粮食、棉花、油
料等。二类是关系国计民生较大的、由国家实行派购的农副产品。例如：烤烟、黄麻、丝、
茶等主要经济作物和生猪、牛羊（牧区）、鲜蛋等畜产品以及毛竹、中药土特产品。三类是
一、二类以外的农副产品。

② 1979 年国家仍然实行的是农村人民公社体制，农村的基本核算单位是生产队。

粮食品种，提价的幅度有所不同。当年中央掌握的 6 种粮食（小麦、稻谷、大豆、玉米、高粱、谷子）每 50 千克加权平均统购价格由 10.64 元提高到 12.86 元。由于超购加价粮食比例上升，当年全国粮食收购价格指数上升 30.50%。在此后几年中，陆续开放了农村粮食初级市场，允许农民在完成国家征购任务后，实行政府和农民间的议价交易。

（3）实行"粮食征购、销售、调拨包干"

为了更好地搞好粮食的供求平衡，扩大地方和企业的自主权，中央决定从 1982 年粮食年度起，在坚持粮食统购统销的前提下，对各省（自治区、直辖市）实行"粮食征购、销售、调拨包干一定 3 年"的粮食管理办法，并明确了发展粮食生产与发展多种经营的关系、粮食生产与消费的关系、中央与地方的关系等几大关系的处理。同时按照责权利结合的原则落实粮食的购销工作，从而在宏观上加强了粮食工作的计划指导性。

（4）适当放宽了粮食集市贸易

1983 年 1 月，中共中央在《关于当前农村经济政策的若干问题的通知》中指出，除了对关系国计民生的少数重要农产品继续实行统购派购外，对于农民完成统购统销任务后的农产品（包括粮食）和非统购派购产品，应当允许多渠道流通。国营商业积极开展议购议销业务，参与市场调节；供销社和农村其他合作商业组织，可以灵活购销；农民个人也可以经营，可以进城或出县、出省。以公社为单位，在完成国家征购、超购任务之后，允许社员个人上市出售余粮，价格随行就市。由此粮食价格一改过去长期固定不变的僵局，开始呈现波动态势。据统计，1984 年与 1978 年相比，全国 3 种粮食（小麦、稻谷、玉米）平均收购价格上升了 57.30%。从粮食的相对价格来看，1978—1984 年全国粮食收购价格指数分别上升了 0.70%、30.50%、7.90%、9.70%、3.80%、10.30% 和 12.00%，平均每年递升 10.40%。除 1979 年由于政府调整粮食价格力度较大，粮食收购价格指数上升 30.50% 外，其余年份粮食收购价格指数的上升幅度在 10% 左右。[①] 价格的提高极大地调动了农民生产粮食的积极性，为粮食的增产创造了良好的政策条件。但是，由于购价提高而销价未动，从而形成购销价格倒挂，增加了国家财政补贴的负担。与此同时，为了减轻农民负担和增加农民收入，对原有的粮食征购基数做了适当核减，对农民完成统派购任务后的剩余粮食，政策规定可以上市，允许多渠道经营。粮食集市贸易恢复后，中国集市粮食成交量由 1978 年的 250.00 万吨上升到 1984 年的 835.00 万吨，议购议销 6 年平均分别比 1978 年增加了 2.00 倍和 20.60 倍。由于多种因素的综合影响，这一时期粮食生产连年丰收，1984 年，中国的粮食产量达到 40 730.50 万吨，人均粮食占有量达到 390.30 千克，达到历史最高水平，极大地改善了粮食供求关系，并使粮食领域一定程度地出现了对流通体制进一步改革的新要求。

总体来看，这一时期的粮食流通体制改革主要是调整粮食价格，逐步搞活粮食流通，虽然并没有触及粮食统购统销制度本身，但这一系列提高粮食价格和培育粮食市场的措施，同家庭联产承包责任制有机结合在一起，大大刺激了农民生产粮食的积极性，粮食产量迅速提升。然而，在通过低价格、低福利、低工资、高积累的方式支撑工业化优先发展战略的背景下，粮食销售价格并没有随着收购价格同步提高，从而出现了粮食购销价格倒挂、财政补贴大幅度增加、粮食部门仓库粮满为患与农民"卖粮难"并存的局面，于是，新的粮食政策应运而生。

2. 以双轨制为特征的市场化转轨阶段（1985—1993 年）

这个阶段的改革，主要是通过价格"双轨制"的确立，废除了粮食统购派购制度，实行合同定购方式，扩大了市场对生产的调节，逐步搞活粮食流通。

---

① 参见戴春芳、贺小斌、冷崇总：《改革开放以来中国粮食价格波动分析》，《价格月刊》2008 年第 6 期。

（1）价格"双轨制"的确立与反复

1984 年全国粮食丰收，粮食供求形势明显好转，但很快出现了改革开放以来第一次"卖粮难"，粮食价格有所下降，而且生产资料价格不断上涨，粮食生产出现徘徊。

在粮食产量连年增长和部分农产品已经逐步放开的基础上，1985 年 1 月 1 日，中发〔1985〕1 号文件《中共中央、国务院关于进一步活跃农村经济的十项政策》中指出：除个别品种外，国家不再向农民下达农产品统购派购任务，按照不同情况，分别实行合同定购和市场收购。粮食取消统购，改为合同定购。由商业部门在播种季节前与农民协商，签订定购合同。定购的粮食，国家确定按"倒三七"比例计价（即三成按原统购价，七成按原超购价）。定购以外的粮食可以自由上市。如果市场粮价低于原统购价，国家仍按原统购价敞开收购，保护农民的利益。这意味着实行了 31 年的农产品统购派购制度正式取消，代之而行的是国家合同定购与市场收购并存的"双轨制"。

"双轨制"的实行，政府一方面仍然保留了部分指令性计划，以保证国家的粮食所需，但缩小了农产品统购派购的品种范围、减少了粮食统购数量；另一方面有计划地缩小指令性计划的范围，提高农副产品收购价格，放大自由购销，以充分发挥市场调节的作用。

但是，随着粮食购销形势的变化，合同定购并没有很顺利地实施。1985 年粮食总产量比 1984 年减少 2 819.70 万吨，减幅 6.90%，粮食市场出现供给紧张局面，市场粮价迅速回升。到 1985 年末，市场粮价比上年同期上涨了 10.00%，高于合同定购价，国家无力提高粮食合同定购价格，农民参与国家合同定购的积极性降低。由于改革对销售制度触动很小，为了保证平价粮供应，国家又必须收购足够数量的粮食。为保证国家对粮食资源的控制，许多地方不得已而使用强制性的行政手段来落实定购合同，用封锁市场等办法来保证合同实现。在这种背景下，政府在 1985 年底重新赋予合同定购以"国家任务"的性质，并提出了"逐步缩小合同定购数量，扩大市场议购"的方针。1986 年对签订合同的农民按平价供应一定数量的化肥，给予优先贷款。1987 年 1 月 22 日中央通过的《把农村改革引向深入》中规定："合同定购部分作为农民向国家的交售任务，要保证完成。"为了调动农民种粮的积极性，1987 年 6 月 25 日，国务院以国发〔1987〕60 号文件发出《国务院关于坚决落实粮食合同定购"三挂钩"政策的紧急通知》，决定实行粮食合同定购与供应平价化肥、柴油、发放预购定金挂钩的政策。

　　1988 年，由于各种原因而使粮食减产，导致市场粮价大幅度上涨，同时发生了严重的通货膨胀。为了稳定经济发展，中央采取了"治理整顿"的措施，在粮食生产领域，为了保证定购任务的完成，国家一方面调减了定购基数，提高了定购价格，另一方面继续实行合同定购与平价化肥、柴油和预约定金"三挂钩"① 政策，同时采取生产资料专营制度，对大米一度采取由粮食部门统一调拨并封闭市场的管理办法。据统计，1988 年和 1989 年全国 3 种粮食（稻谷、小麦、玉米）每 50 千克平均收购价格为 24.31 元和 28.98 元，分别比 1987 年上升 17.50% 和 19.20%；粮食收购价格指数分别上升 14.60% 和 26.90%。粮食收购价格上涨和一系列措施的出台，使粮食生产有所增长。1989 年粮食总产量再次突破 40 000.00 万吨大关，达到 40 754.90 万吨，比上年增产 1 346.80 万吨，增幅 3.42%。1990 年粮食再度丰收，总产量超过 1984 年的纪录达到 44 624.30 万吨，比上年增产 3 869.40 万吨，增幅 9.49%。但是，随着国民经济进入改革以来最为严峻的紧缩调整期，第二次"卖粮难"随即出现。与 1984 年相比，这次卖粮难的特点有：① 波及的范围越来越广。第一次"卖粮难"主要是南方几个省（直辖市）的大米和吉林省的玉米；第二次"卖粮难"时，还扩大到河南省等小麦主产区甚至主销区的一些生产基地（如福建省建阳县、建瓯县）。② 积压的总量越来越大。例如，大米主产省湖南第一次"卖粮难"时实际积压量不过 15.00 亿千

---

① 自 1985 年国家取消粮食、棉花统购改为合同定购以后，国家与农民签订粮棉定购合同时采取了挂钩供应一定数量的平价化肥、柴油，按标准挂钩发放粮棉定金，即粮棉定购"三挂钩"政策。

克，第二次"卖粮难"时已4倍于此数。①

（2）粮食统销制度的解体

1990年9月，为了解决农民"卖粮难"问题，保护农民的种粮积极性，同时增强国家宏观调控能力，搞好丰歉调剂，保证粮食市场供应和粮价的基本稳定，国务院决定建立国家专项粮食储备制度，同时成立国家粮食储备局，负责国家粮食储备管理工作。为了强化政府的宏观调控，并使政策性粮食走向市场，通过集中公开交易和平等竞争形成真实价格，1990年10月，经国务院批准，以现货为基础，逐步引入期货交易机制，作为中国第一家国家级、规范化的粮食批发市场——郑州粮食批发市场正式成立，标志着中国粮食市场建设进入了一个新阶段。

1991年10月，《国务院关于进一步搞活农产品流通的通知》（以下简称《通知》）中指出："遵循计划经济与市场调节相结合的原则，国家对农产品流通问题，总的要求是：随着农村商品经济的发展，适当缩小指令性计划管理，完善指导性计划管理，更多地发挥市场机制的作用。""粮食，在保证完成国家定购任务的前提下，长年放开经营。取消'大米由粮食部门统一收购，其他部门、单位和个人不得经营'的规定。"《通知》同时指出："为了建立全国统一的农产品市场，保证农产品流通的正常秩序，国务院重申：严禁地区封锁，任何部门和地方不得干预流通部门执行国家计划和合法的经营活动；对放开经营的农产品外运，任何地区和部门都不得加以限制"。并进一步强调要继续发挥供销合作社和国营商业在农产品流通中的主渠道作用，"供销合作社和国营商业是国家农产品流通计划的主要执行者，是稳定和繁荣城乡市场的主导力量。要继续深化改革，完善企业经营机制，增强企业自我发展的能力。要逐步实现政府调控职能与经营职能的分离，除政策性经营亏损由国家补贴外，均应实行自主经营、自负盈亏。"

1992年，党的十四大提出建立社会主义市场经济体制的目标，进一

---

① 参见詹武：《在社会主义市场经济下体制下要着力解决农产品"买难""卖难"问题》，《农业经济问题》1994年第2期。

步加快了粮食流通体制改革的步伐。为了解决长期的购销价格倒挂问题，从1992年4月1日起，国家在全国范围内对粮食实行了"购销同价"政策。同年9月，《国务院关于发展高产优质高效农业的决定》（以下简称《决定》）中指出："八十年代中期以来，我国已经相继放开了水产、水果、蔬菜、畜禽、蛋奶等大多数农产品，促使这些产品的产量大幅度上升，优质高效比重不断扩大。"要"抓紧当前有利时机，加快粮食购销体制改革，进一步向粮食商品化、经营市场化的方向推进。根据各地不同情况，因地制宜，分散决策，在考虑各方面承受能力和各项保证措施配套的前提下，凡是有条件放开的省、自治区、直辖市，可以提出实施方案，报国务院批准。一般是继续保留定购数量，放开购销价格，实行随行就市。在市价低于保护价时按保护价收购。有条件的地方，也可以实行定购数量和购销价格一起放开。对放开的省份，中央在几年内继续保留财政补贴和粮食定购'三挂钩'优惠，逐年减少，以支持改革顺利实施。通过放开粮食购销价格，调动粮农尤其是主产区发展优质粮的积极性，充分发挥这些地区的粮食生产优势，形成合理的区域分工。"为落实《通知》要求，国务院决定部分省、自治区开始实行放开粮食购销和价格的试点工作。

为了进一步搞活粮食流通，推进粮食市场化改革，国家在1991年和1992年先后两次提高了冻结26年之久的粮食销售价格，达到了购销同价，解决了由于不断提高收购价格而销售价格不动从而使国家财政负担不断加重的问题，粮票也随之消失。至此，经过十多年的改革，粮食统购统销体制已经结束，适应市场经济要求的购销体制正在形成。

（3）"保量放价"政策的出台

1993年2月，《国务院关于加快粮食流通体制改革的通知》中提出："粮食流通体制改革要把握时机，在国家宏观调控下放开价格，放开经营，增强粮食企业活力，减轻国家财政负担，进一步向粮食商品化、经营市场化方向推进。"在粮食收购方面，实行"保量放价"，即政府向农民收购5 000万吨合同定购粮的数量不变，但收购价格随行就市；继续实行和改进粮食定购"三挂钩"。在粮食销售方面，全国范围内取消了粮食统销，取消了口粮供应定量办法，销售价格也随行就市。这次改革，主要是针对实行粮食市场双轨制以来出现的种种问题，要求在保证完成国家定购任务的情况下，对粮食实行长年放开经营政策，通过购销同价和"保量放价"的政策安排，废除了粮食的统销制度，试图让市场在调节产销上发挥主要作用。至此，全国的粮食销售价格基本全部放开，实行了40年的城镇居民粮食供应制度（即统销制度）被取消。同年4月，全国95%以上的县、市都放开了粮食价格和经营。截至1993年底，除了云南、甘肃两省的25个县以外，全国98%以上的县（市）都基本放开了粮食价格和经营。至此，长达40年之久的粮食统销制度彻底废止，粮食价格随行就市。

但在1993年，粮食市场行情又发生了较大变化。1990年3月至1993年6月发生了"卖粮难"问题，粮食价格较低。在粮食价格经历疲软后，尽管1993年粮食大丰收，但由于需求增长较快，再加上政策对粮食销售价格放开，1993年末粮食市场价格开始上涨，并在经济过热的推动下引发了全国范围内严重的通货膨胀。1993年和1994年全国粮食收购价格分别比上年上涨16.70%和46.60%。这次涨价也产生了极大的社会影响，不仅影响到了一部分居民日常生活，也影响到国家各项重大改革措施的出台。[①] 在此背景下，国家再次恢复并加强了对粮食购销、价格和市场等方面的控制和干预。

1993年2月，《国务院关于建立粮食收购保护价格制度的通知》（以下简称《通知》）中指出："为了保护农民种粮的积极性，促进粮食生产的稳定增长，国务院决定建立粮食收购保护价格制度。""粮食收购保护价格的制定要以补偿生产成本并有适当利润，有利于优化品种结构，并考虑国家财政承受能力为原则。随着国家财力的增强，要逐步提高保护价格水平，在条件具备时向支持性价格过渡。""为了既保护农民利益，

---

① 参见上官周平、彭珂珊、张俊飙等著：《中国粮食问题观察》，陕西人民出版社1998年版，第120页。

又不过多增加财政负担，保护价的实施范围限于原国家定购和专项储备的粮食。"《通知》还对制定粮食收购保护价格的权限和程序、粮食收购保护价格的品种及标准进行了规定。同时，从 1994 年起配套建立中央和省（自治区、直辖市）两级粮食风险基金制度，用以平抑粮食市场价格，在粮食市价低于保护价时，按保护价收购；在粮食市价上涨过多时，按较低价格出售。

总体来看，这一时期的粮食流通体制改革是自实行粮食统购统销制度以来的一次重大改革，在引入了市场机制后实现了粮食流通的"双轨"运行，有效地保持了粮食流通运行的稳定。然而，粮食收购体系的主渠道仍然是国家控制下的由各级国有粮食企业和管理机构组成的国有收购体系，国有粮食企业在粮食经营中占主导地位。虽然粮食可以通过市场进行自由交易，但自由粮食市场体系主要是以农村初级市场为主，其形成的价格只是对整个粮食流通体系的运行起补充作用。国家层面基本上不存在跨区域的粮食流通现象，省（自治区、直辖市）之间的粮食流通是以国家调拨的形式来实现的。直到 1990 年中国跨区域粮食流通大市场的建设进入了规范化的发展阶段，省（自治区、直辖市）之间的跨区域粮食流通才得以实现。

3. 粮食价格和经营"两条线"运行时期（1994—1997 年）

这个阶段的改革，主要是国家试图通过建立宏观调控手段，保证粮食生产在国民经济发展中的稳定器作用和农民收入的调节作用。

（1）价格"双轨制"的回归

1993 年底，市场粮价出现明显上涨，1994 年粮食供需缺口扩大并引发粮价大幅度上涨，导致粮食政策的市场化改革进程受阻，原计划于1994 年实行的"保量放价"政策并没有得到落实。1994 年 5 月，《国务院关于深化粮食购销体制改革的通知》（以下简称《通知》）中指出，国家掌握必要的粮源是稳定粮食市场、安定大局的重要物质基础。并要求："根据近年来中国粮食市场供求情况，粮食部门必须收购社会商品粮的70%—80%，即 900 亿公斤左右（贸易粮）。其中：500 亿公斤为国家下达的任务（含农业税征实），也是农民应尽的义务。各级政府要落实到生产单位和农户，确保完成。收购价格由国家根据粮食市场的供求情况和按照既能调动农民种粮的积极性、缩小工农产品的剪刀差，城镇居民又能承受的原则，合理确定；允许各省、自治区、直辖市适度浮动，形成合理的地区差价、品种差价、季节差价和质量差价。其余 400 亿公斤由各省、自治区、直辖市政府按照价格随行就市的原则组织收购。各级政府和粮食部门要加强对粮食市场的管理和调控，运用经济手段，确保粮食市场价格的基本稳定。"同时，强调必须加强国家对粮食市场的宏观调控，粮食从收购到批发恢复由国有粮食部门统一经营，粮食销售价格实行最高限价。这意味着，"保量放价"刚刚启动又恢复了定购政策，也就是说又回归到了"双轨制"。同时，《通知》中还规定，在粮食行政管理部门的统一领导下，粮食经营实行政策性业务和商业性经营两条线运行机制，业务、机构、人员彻底分开。主要目的是深化国有粮食企业改革，通过"两条线"运行，分开核算，严格审核，以此推动国有粮食企业转换经营机制，成为真正的市场运行主体。然而，在"双轨制"的运行方式下国有粮食企业是独立的利益主体，既要通过市场竞争实现自身的利益最大化，又要承担国家维护粮食市场稳定的重任，这本身就是一个矛盾。有时国有粮食企业通过市场的垄断地位谋取垄断利益，这更加加剧了粮食市场的波动。

（2）粮食风险基金的建立

为完善中国农村金融服务体系，更好地贯彻落实国家产业政策和区域发展政策，促进农业和农村经济的进一步发展，1994 年 4 月，国务院批准组建了政策性金融机构——中国农业发展银行，对粮食收购资金实行封闭式管理。同时，为了用经济手段稳定粮食市场，防止粮食价格大幅度波动，保护生产者和消费者的利益，促进粮食生产稳定增长和粮食流通体制改革，1994 年 5 月国务院以国发〔1994〕31 号文件下发了《国务院关于印发〈粮食风险基金实施意见〉的通知》（以下简称《通知》），《通知》指出："粮食专项储备制度和粮食风险基金制度是政府对粮食进行宏观调控的最重要的经济手段。经过近几年的努力，粮食专项储备制度已经初步建立起来了，今后还需要进一步完善。当务之急是尽快把粮食风险基金制度建立起来。""粮食风险基金是中央和地方政府用于平抑粮食市场价格，补贴部分吃返销粮农民因粮食销价提高而增加的开支，促进粮食生产稳定增长，维护粮食正常流通秩序，实施经济调控的专项资金。这是我国针对关系国计民生的重要商品而建立的第一个专项宏观调控基金。"并决定："从 1994 粮食年度起，中央和各省、自治区、直辖市都必须建立足够的粮食风险基金。"1995 年 2 月 27 日，时任国务院副总理的朱镕基在中央农村工作会议上的讲话中指出："粮食购销体制改革有一个很重要的精神，也可以说是它的灵魂，就是粮食的定价要符合价值规律。""定购粮的定价原则有三条：一是要有利于调动农民的生产积极性，二是要有利于缩小工农业产品的价格剪刀差，三是要让城市人民能够承受得了。"

（3）"米袋子"省长负责制的实施

在 1995 年的全国"两会"上，"米袋子"省长负责制的内容第一次写入政府工作报告，主要目的就是要通过落实责任制，由各省一把手亲自抓粮食问题，促进区域粮食生产，实现粮食地区平衡。这是涉及粮食生产、流通和宏观调控在内的又一重大决策。"米袋子"省长负责制，就是要求省一级政府把当地粮食平衡的责任担当起来，实现区域粮食平衡。省级政府应对当地的粮食生产、收购、销售以及市场管理、储备等各个方面全面负起责任，保证粮食的正常供应和价格稳定。"米袋子"省长负责制的主要内容：① 保证稳定粮田面积；② 提高粮食单产，增加粮食总产；③ 负责掌握 70%—80% 的商品粮源；④ 建立和管理地方粮食储备；⑤ 建立和管理粮食风险基金；⑥ 负责完成地方进出口任务；⑦ 安排好当地粮食市场，确保供应，稳定粮价；⑧ 负责组织省间粮食调剂。而中央政府则集中主要力量搞好全国粮食市场的宏观调控，对全国粮食总量平衡负责：首先，管好国家储备粮，主要用于解决按规定认可的重大自然灾害和平抑全国性的市场粮价波动；其次，控制和管理粮食进出口；再次，协调组织和帮助各省进行余缺调剂。

（4）保护价政策的出台

1995 年，由于粮食丰收和进口粮增加，国内粮食库存充足，从 9 月后粮价开始下跌，使得国家的定购粮价高于市场价，再一次形成了定购价与议购价倒挂，既影响了收购，也影响了购销的畅通。1996 年 5 月，国务院以国发〔1996〕17 号文件印发了《国务院关于调整粮食销售价格的通知》，决定从当年新粮上市时开始将粮食定购价格提高 40% 以上。粮食定购价格的提高对粮食增产起到了极大的刺激作用，1996 年粮食产量达到 50 453.50 万吨，比上年增产 3 791.70 万吨，增幅 8.13%。以此为标志，粮食供求关系按照它重复展示的周期变动程序拉开了第三次市场过剩序幕，并于 1997—1998 年直奔高潮。[①]

为了保护农民的粮食生产积极性，1997 年 8 月，《国务院关于按保护价敞开收购议购粮的通知》明确规定："定购粮食价格，按上年的定购价执行，一律不得降低。在定购粮收购任务完成以后，要按保护价敞开收购议购粮。议购粮收购保护价按定购基准价执行；对质量较差、不适销对路的早籼稻和春小麦的某些品种，其保护价可以比基准价略低，但下浮幅度一般不得超过 5%，具体价格水平由省级人民政府确定。""粮食部门必须坚决执行按保护价敞开收购议购粮的政策。国有粮食企业要在各级政府的领导和支持下，充分发挥粮食购销主渠道作用和市场粮价形成的主导作用。对农民留足口粮、种子粮、饲料粮和必要的储备粮以外的余粮，要坚决做到按保护价敞开收购，不拒收、不限收、不停收、不打白条，并不得代扣各项提留款。要在粮食收购站（库）张榜公布定购价和保护价，挂牌收购。要坚持按质论价，不得压价。"所有这些措施极大地促进了中国粮食生产的大发展，继 1996 年中国粮食生产总量突破 5.00 亿吨大关之后，1997 年和 1998 年中国粮食总量分别达到 49 417.10 万吨和 51 229.50 万吨，充分满足了中国粮食市场

---

① 参见卢峰：《三次粮食过剩（1984—1998）——中国粮食流通政策演变的备择解释》，北京大学中国经济研究中心讨论稿，1999 年 2 月，第 29 页。

的需求。

　　这一时期，国家多次提高了粮食定购价格，并出台了按保护价敞开收购议购粮的政策。但是，在定购价不断提高而销售价不变的情况下，购销价格长期倒挂，新增粮食财务挂账等贷款大幅度攀升。

　　4. 放开销区、保护产区，粮食购销市场化改革阶段（1998—2003 年）

　　这一时期，国家在粮食供求格局根本改善的前提下，试图通过对粮食购销体制的全面改革，建立适应社会主义市场经济体制要求、适合中国国情的粮食流通体制。

　　（1）"四分开、一完善"

　　长期以来，尽管中国粮食流通体制经历了一系列市场化改革措施，但行政化取向仍占主导地位，市场机制在资源配置中的基础性作用还未形成。在不断提高的粮食收购价的刺激下，中国粮食产量不断增长，粮食安全的保障程度不断提高，为抑制通货膨胀和保持宏观经济稳定做出了重要贡献。然而，粮食丰收带来的是粮价持续低迷、仓储容量紧张、国有粮食企业大面积亏损、农民种粮积极性严重受挫。国有粮食企业因为长期身兼两种职能，政策性亏损和经营性亏损纠缠不分，亏损挂账严重，国家财政负担也因此日益沉重。相关数据显示：1997 年，仅粮食一项，通过补贴专储粮的利息费用、补贴地方风险基金、补贴过去老账挂销的利息等，一共是 290 多亿元。与此同时，补贴中国农业发展银行亏损 127 亿元，几项加起来达到了 420 亿元。此外，地方财政也补贴粮食业务 200 多亿元，[①] 一些粮食主产区如黑龙江、吉林、内蒙古等地方财政困境尤为突出。此外，中央和地方粮食调控职责不明晰，在调控过程中行动不一，地方政府出于自身利益考虑，不能按照中央调控目标严格执行相关政策，往往在粮食丰收时尽量少收购，甚至还主动抛售，等待粮价进一步下跌再买进，以赚取利润。进出口管理上的问题是"政出多门、条块分割、行业垄断"，致使决策部门对粮食供求形势把握不准确，决策滞后，加之垄断企业受优惠政策（如出口退税、进口免增值税）驱动，

---

① 参见马九杰：《粮食流通体制改革》，广东经济出版社 1999 年版，第 280 页。

进出口贸易时常出现逆向调节的怪象。这些问题驱使政府再次探索粮食流通体制的改革。从 1998 年开始，中国粮食流通体制进入购销市场化改革阶段。

1998 年 5 月，国务院以国发〔1998〕15 号文件下发了《国务院关于进一步深化粮食流通体制改革的决定》（以下简称《决定》），发起了新一轮粮食流通体制改革。改革的基本原则是"四分开、一完善"，即实行政企分开、粮食储备和经营分开、中央与地方的粮食责权分开、新老财务账目分开，完善粮食价格形成机制。主要要求如下：

第一，实行政企分开。就是要把政府粮食行政主管部门和国有粮食企业各自的职责界定清楚，明确分开。《决定》指出："粮食行政主管部门代表政府应对全社会粮食流通进行管理，要与粮食企业在人、财、物等方面彻底脱钩，不参与粮食经营，不直接干预企业自主的经营活动。"国有粮食企业（包括乡镇粮库）不再承担政府行政管理职能，要切实转换经营机制，面向市场，实行独立核算，成为自主经营、自负盈亏、自我约束、自我发展的经济实体。

第二，实行中央与地方责任分开。合理划分中央和地方的粮食责权，全面落实"米袋子"省长负责制。《决定》指出："国务院负责粮食的宏观调控，主要责任是：制定中长期粮食发展规划；搞好全国粮食总量平衡，对粮食进出口实行统一管理；确定全国粮食购销政策和价格政策；负责中央储备粮的管理并承担利息与费用补贴，以及中央直属粮食储备库建设；在发生特大自然灾害或特大丰收，导致全国性的粮价大幅度波动时，及时采取必要的措施，主要通过中央储备粮的抛售或增储等经济手段稳定市场粮价。"各省、自治区、直辖市政府要对本地区粮食生产和流通全面负责，稳定粮食购销价格，建立和完善省级粮食储备制度，搞好省际间粮食调剂，保证市场供应。

第三，实行储备与经营分开。要加快完善中央和地方两级粮食储备体系，建立健全储备粮管理制度，储备粮和粮食企业的经营周转粮要在管理上分开。《决定》指出："中央储备粮实行垂直管理体制。各地区要根据国家的要求逐步建立省级粮食储备，粮权属省级政府。"国家根据宏观调控的需要和财政承受能力确定中央储备粮的规模和品种，要真正做到储得进、调得动、用得上。

第四，实行新老财务账目分开。消化国有粮食企业亏损新老挂账，由中央和地方合理分担、限期归还。

第五，完善粮食价格机制，培育粮食市场体系。完善粮食收购保护价制度，政府运用粮食风险基金支持国有购销企业按保护价敞开收购农民余粮；转变政府对粮食价格的调控方式，主要通过储备粮吞吐和粮食进出口等经济手段调节市场供求，稳定粮价；明确中央和地方在粮食价格方面的管理权限。进一步健全粮食市场体系建设，加强粮食流通体系建设，坚持全国粮食市场的统一性。

（2）"三项政策，一项改革"

1998年6月，国务院召开了粮食购销工作电视电话会议，主要是就进一步贯彻《国务院关于进一步深化粮食流通体制改革的决定》，对粮食流通体制改革和粮食购销工作做出安排和部署，并强调深化粮食流通体制改革的重点是实行"三项政策，一项改革"，即国有粮食购销企业按保护价敞开收购农民余粮，粮食收储企业实行顺价销售，中国农业发展银行收购资金封闭运行，加快国有粮食企业自身改革。为保证改革的成功，国务院分别于1998年6月和8月发布《粮食收购条例》和《粮食购销违法行为处罚办法》，只允许国有粮食部门一家从事粮食收购活动，其他私商和主体无权向生产者购买粮食，使得粮食收购重新回到统购派购体制时代。同年10月，为落实好"三项政策，一项改革"，国务院又以国发〔1998〕35号文件印发了《当前推进粮食流通体制改革的意见》。

"三项政策，一项改革"是这次推进粮改和做好粮食购销工作的重点，具体内容是：

第一，按保护价敞开收购农民余粮。这是国家保护和支持农业的一项重大政策，实行这一政策，是保护农民积极性，确保粮食综合生产能力和国家粮食安全的需要。

第二，坚持实行顺价销售。这是保证国有粮食购销企业不再发生新的亏损，逐步做到消化过去亏损挂账的重要措施。顺价销售的价格以原粮购进价为基础，加上当期合理费用和最低利润确定。国有粮食购销企业出售的原粮及其加工的成品粮，必须按照保本微利的原则顺价销售，不得以任何形式向任何单位和个人低价或变相低价亏本销售。

第三，粮食收购资金实行封闭运行。对粮食收购资金，中国农业发展银行要严格按照"库贷挂钩"①"钱随粮走"②的办法供应和管理，以保证及时足额供应收购资金，确保粮食收购不打"白条"，监督国有粮食购销企业执行国家的购销政策，防止发生新的亏损挂账和挤占挪用。

第四，国有粮食企业必须加快自身改革，切实转换经营机制，真正面向市场，做到自负盈亏。这是贯彻粮改"三项政策"的重要保证，也是国有粮食企业求生存、求发展的根本出路。国有粮食企业改革的核心是明确国有企业的法人主体地位。要面向市场，成为实行独立核算、自主经营、自负盈亏、自我约束、自我发展的经济实体。

然而，在粮食生产过剩、国家经济体制改革正向市场化推进的背景下，"三项政策"实施效果没能够完全达到预期目标。"三项政策，一项改革"方案本身具有明显的针对性和逻辑性，但是，由于保护价高于市场价，导致保护价和顺价销售无法实行，造成粮食收储企业库存的大量积压，也加重了国家的财政负担。而且，国家按保护价敞开收购农民余粮的同时，不允许私商和其他主体从事粮食收购活动，从而使得粮食收购带有了垄断的色彩。在 1998 年粮食全面过剩，仓储爆满的情况下，反而也要实行统购。这种逆向操作加大了国家对粮食市场的控制，私商不能进入市场从事粮食贸易，在市场化改革场景下，削弱了市场调节的力

① "库贷挂钩"是指粮食收购资金封闭运行管理的每个环节都要保证粮食库存价值与其占用的收购资金贷款相一致。
② "钱随粮走"即收多少粮食给多少粮食的钱的收购资金封闭运行办法。

量。"从某种程度上说，这项改革是向计划经济体制的复归，是市场化体制进程中的倒退。"①

（3）保护价收购政策的调整

1999 年 5 月，国务院以国发〔1999〕11 号文件发出《国务院关于进一步完善粮食流通体制改革政策措施的通知》（以下简称《通知》），《通知》明确规定："黑龙江、吉林、辽宁省以及内蒙古自治区东部、河北省北部、山西省北部的春小麦和南方早籼稻、江南小麦，从 2000 年新粮上市起退出保护价收购范围"，这是国务院针对粮食生产和流通中出现的新情况做出的重要决策。2000 年 2 月，国务院办公厅以国办发〔2000〕7 号文件发出《国务院办公厅关于部分粮食品种退出保护价收购范围有关问题的通知》（以下简称《通知》），决定继续调整保护价收购范围。《通知》指出："长江流域及其以南的省、自治区、直辖市，由于玉米产量和商品量都比较少，主要是农民自产自用，同时南方气候条件较好，除种植玉米外，还适宜种植其他多种农作物。将这些地区的玉米退出保护价收购范围，有利于促进农民调整和优化农业和粮食生产结构，发展其他粮食品种或经济作物；有利于东北、华北等玉米主产区充分发挥地区比较优势，优化全国粮食生产布局；有利于保护农民的长远利益，提高收入水平。"同年 6 月，国务院又以国发〔2000〕12 号文件发出《国务院关于进一步完善粮食生产和流通有关政策措施的通知》（以下简称《通知》），进一步缩小了保护价收购范围。《通知》规定，从 2001 年新粮上市起，晋、冀、鲁、豫等地区的玉米、稻谷，可退出保护价收购范围，具体由各有关省级人民政府根据实际情况研究确定，并报国务院备案。至此，实际上仅有粮食主产区的重要粮食品种——主要是南方的中、晚稻，东北地区和内蒙古东部的玉米、稻谷，黄淮海和西北地区的小麦继续列入保护价收购范围，按保护价敞开收购。其他地区的其他品种均退出保护价收购范围。

---

① 参见李成贵：《中国的粮食问题（二）——粮改的弯路》，《粮油加工与食品机械》2005 年第 6 期。

（4）中国储备粮管理总公司成立

2000 年，党中央、国务院决定对中央储备粮管理体制进行重大改革，组建中国储备粮管理总公司（以下简称中储粮），对中央储备粮实行垂直管理、政企分开，建立企业化市场化运作，同时各地方政府也成立了相应的粮食储备企业。2000 年以前，中央储备粮分级管理于各级地方企业手中，政企不分、责任不清，导致储备粮数量不实、质量不保、调动困难、巨额亏损挂账等问题。组建中国储备粮管理总公司，对中央储备粮实行垂直管理，以增强政府对粮食市场宏观调控能力，标志着国家储备粮管理进入一个新的发展阶段。中储粮承担中央储备粮的调运、轮换、仓储管理、进出口等职能。财政部承担粮食风险基金的拨付与管理职能。中国农业发展银行负责粮食收购资金的发放与管理。

（5）放开销区、保护产区

2001 年 3 月，经国务院批准，浙江省率先实行粮食购销市场化改革试点。7 月 31 日，国务院以国发〔2001〕28 号文件出台了《国务院关于进一步深化粮食流通体制改革的意见》，将改革范围扩大至全国，重点是浙江、上海、广东、福建、海南、江苏、北京、天津 8 省（直辖市）。以放开粮食购销为特点的新一轮粮食流通体制改革由此启动。

深化粮食流通体制改革的总体目标是：在国家宏观调控下，充分发挥市场机制对粮食购销和价格形成的作用，完善粮食价格形成机制，稳定粮食生产能力，建立完善的国家粮食储备体系和粮食市场体系，逐步建立适应社会主义市场经济发展要求和中国国情的粮食流通体制。改革的重点是：为促进农业和粮食生产结构调整，充分发挥粮食产区和销区的各自优势，粮食主销区要加快粮食购销市场化改革，放开粮食收购，粮食价格由市场供求形成；完善国家储备粮垂直管理体系，适当扩大中央储备粮规模，增强国家宏观调控能力；中央财政将粮食风险基金补贴完全包干给地方，真正建立起粮食生产和流通的省长负责制；粮食主产区要继续发展粮食生产，在继续实行"三项政策、一项改革"的前提下，赋予省级人民政府自主决策的权力，切实保护农民种粮积极性；加快国有粮食购销企业改革,切实做到自主经营、自负盈亏。

国家关于粮食流通体制改革的基本思路可以概括为"放开销区、保护产区、省长负责、加强调控",具体来讲,改革的主要内容包括:① 取消定购任务。取消强制性的粮食生产计划和定购计划,将其改为指导性计划,作为粮食供需平衡的决策参考。充分尊重农民的生产经营自主权,鼓励农民按照市场需求调整农业结构,发展优质高效农业和创汇农业,提高农业生产效益。② 放开粮食购销价格。粮食购销价格由市场供求决定,生产者和经营者按市场经济规律自由买卖、自主经营、自负盈亏。为了平抑市场价格波动,在市场粮价过低时,政府通过增加储备等保护性收购,防止粮价过度下跌,保护农民利益。在粮食售价过高时,政府通过抛售储备粮来调节粮食供求,保持粮食市场稳定,保护消费者利益。对一时难以调整种植结构的种粮大户,政府采取适当措施给予补贴。③ 放开粮食市场经营。取消粮食经营主体限制,鼓励和引导多种经济成分、多种经营渠道、多种经营形式参与粮食收购和销售业务,实现粮食经营主体多元化。将粮食收购准入的审批权下放到县级工商部门,允许和鼓励各类粮食购销企业、加工企业、用粮企业、农业产业化龙头企业、农民经济组织,以及各类符合规定的企业、个人经工商部门核准登记后从事粮食购销业务。向省外开放粮食市场,鼓励粮食加工、流通企业在粮食主产区建立原料基地,形成稳定的粮食产销关系。"放开销区、保护产区"新的粮食流通体制改革方案,意味着粮食主销区的全部粮食品种退出保护价收购范围。

从 2002 年 4 月 1 日起,产销平衡地区的云南、贵州、广西、重庆等4 个省(自治区、直辖市)也逐步实行了粮食购销市场化。粮食主产区继续坚持"三项政策、一项改革",坚持按保护价敞开收购农民余粮政策,切实保护农民利益,充分发挥粮食生产的比较优势。2003 年 5 月,新一轮粮食流通体制改革的试点工作在粮食主产区的吉林和安徽两省展开(包括吉林的东丰县,安徽的来安和天长 3 个县)。这次改革的核心是将国家按保护价收购农民余粮的政策调整为以现金的形式直接补贴给农民。

2002—2003 年，粮食流通体制改革在分散决策、逐步推进的原则下，进一步向市场体制迈进，全国大多数地区的大多数粮食品种实际上已经基本放开了购销和价格。不过这期间粮食产量连续 5 年下滑，2003年总产量下降到 43 069.50 万吨，较 1998 年的 51 229.50 万吨减少了8 160.00 万吨，减少了 16.93%。

这一时期，在粮食购销市场化改革进程中，国有粮食购销企业在粮食收购等环节仍然发挥了主渠道作用。随着粮食购销市场化改革步伐加快，部分国有粮食企业通过改制，成功实现了产权多元化。2000 年国务院对严格执行的粮食收购政策进行了部分松动，允许省级工商行政管理部门审核批准的粮食经营企业可以直接到农村收粮。并且允许经过批准的大型用粮企业可以跨区到主产区直接收购。多元化市场主体大量涌现并积极参与粮食流通。福建、浙江等沿海主销区的非国有粮食购销企业在粮食批发、加工等环节发挥了较大作用。1998—2003 年，国有粮食企业数量呈持续递减的趋势，见表 5-2。

表 5-2　1998—2003 年国有粮食企业数量

单位：个

| 年份 | 国有粮食企业 | 含：国有粮食购销企业 |
|------|------------|-------------------|
| 1998 | 53 240 | 30 434 |
| 1999 | 51 807 | 27 033 |
| 2000 | 48 203 | 26 010 |
| 2001 | 45 686 | 25 077 |
| 2002 | 42 485 | 23 429 |
| 2003 | 39 395 | 22 345 |

资料来源：参见丁声俊、金松亭著：《中国有能力养活自己》，中国农业出版社 2009 年版，第 42 页。

5. 粮食流通体制全面市场化阶段（2004—2013 年）

这一时期，粮食购销市场化改革的基本思路是，全面放开购销市场，直接补贴粮农，转换企业机制，维护市场制度，加强宏观调控。对那些符合市场经济要求的行之有效的政策以《粮食流通管理条例》的形式明确下来,如粮食储备制度、粮食风险基金制度等。同时又增加了一些新内容,如建立粮食监测预警体系、建立突发事件的粮食应急体系、对短缺的重点粮食品种在主产区实行最低收购价格制度等。

(1)粮食补贴机制的建立

2004 年 2 月,《中共中央国务院关于促进农民增加收入若干政策的意见》作为中央 1 号文件(以下简称《文件》)发布,体现了中央将"三农"问题作为全党工作重中之重的战略意图。《文件》要求,要调整农业结构,扩大农民就业,加快科技进步,深化农村改革,增加农业投入,强化对农业支持保护,力争实现农民收入较快增长,尽快扭转城乡居民收入差距不断扩大的趋势。5 月,国务院提出了粮食流通体制改革的总体目标,即在国家宏观调控下,充分发挥市场机制在配置资源中的基础性作用,实现粮食购销市场化和市场主体多元化;建立对种粮农民的直补机制,保护粮食主产区和种粮农民利益,加强粮食综合生产能力建设;深化国有粮食购销企业改革,切实转换经营机制,发挥国有粮食购销企业的主渠道作用;加强粮食市场管理,维护粮食正常流通秩序;加强粮食工作省长负责制,建立健全适应社会主义市场经济发展要求和符合中国国情的粮食流通体制,确保国家粮食安全。主要的政策内容包括放开粮食收购和价格,健全粮食市场体系,确定了一般情况下,粮食收购价格由市场供求决定,国家只是在宏观调控的基础上实行价格导向的作用。同时,进一步全面实行对种粮农民的直补机制,补贴资金从粮食风险基金里优先安排。对于国有粮食购销企业的改革,集中在政企分开、转换经营机制以及提高企业的竞争力上。此外,国家还着力加大对粮食市场的监管和调控力度,在改善宏观调控的同时,确保国家粮食安全。

(2)粮食流通体制的法律规范

为了保护粮食生产者的积极性,促进粮食生产,维护经营者、消费者的合法权益、保障国家粮食安全和维护粮食流通秩序,2004 年 5 月 26

日，国务院颁布了《粮食流通管理条例》（以下简称《条例》），赋予了粮食行政管理部门管理全社会的粮食流通和对市场主体准入资格审查的职能。《条例》明确规定：粮食价格主要由市场供求形成；国家加强粮食流通管理，增强对粮食市场的调控能力；鼓励多种所有制市场主体从事粮食经营活动，促进公平竞争；依法从事的粮食经营活动受国家法律保护；实行粮食收购资格准入制度；规范粮食销售、储存、运输、加工等环节；严禁非法手段阻碍粮食自由流通。国有粮食购销企业应当转变经营机制，提高市场竞争能力，在粮食流通中发挥主渠道作用，带头执行国家粮食政策。粮食经营活动应当遵循自愿、公平、诚实信用的原则，不得损害粮食生产者、消费者的合法权益，不得损害国家利益和社会公共利益。《条例》还规定：国务院发展改革部门及国家粮食行政管理部门负责中国粮食的总量平衡、宏观调控和重要粮食品种的结构调整以及粮食流通的中长期规划；国家粮食行政管理部门负责粮食流通的行政管理、行业指导，监督有关粮食流通的法律、法规、政策及各项规章制度的执行。这标志着中国粮食流通体制改革朝着市场化的方向迈出了具有决定意义的步伐。为贯彻落实《条例》，5 月 31 日国务院召开全国粮食流通体制改革工作会议，并以国发〔2004〕17 号文件发布了《国务院关于进一步深化粮食流通体制改革的意见》，明确宣布，2004 年全面放开粮食收购市场，实行"放开收购市场，直接补贴粮农，转换企业机制，维护市场秩序，加强宏观调控"的政策。并且明确指出深化粮食流通体制改革的总体目标是：在国家宏观调控下，充分发挥市场机制在配置粮食资源中的基础性作用，实现粮食购销市场化和市场主体多元化；建立对种粮农民直接补贴的机制，保护粮食主产区和种粮农民的利益，加强粮食综合生产能力建设；深化国有粮食购销企业改革，切实转换经营机制，发挥国有粮食购销企业的主渠道作用；加强粮食市场管理，维护粮食政策流通秩序；加强粮食工作省长负责制，建立健全适应社会主义市场经济发展要求和符合中国国情的粮食流通体制，确保国家粮食安全。此外，国家从 2004 年起对重点地区、重点粮食品种实行最低收购价政策，逐步在全国范围内取消除烟叶以外的农业特产税、牧业税、农业税、屠宰税，还对种粮农民实行粮食直补、良种推广补贴、农机具购置补贴、农资增支综合直补等。在强大的惠农政策的激励下，当年粮食生产便获得丰收，止住了连续 5 年的下滑态势。

然而，在农产品价格逐渐放开后，随着粮食连年丰收，粮食价格下行压力较大。政府为了保护广大农民利益，在放开市场的同时，也建立了粮食宏观调控体系，并分别在 2005 年和 2006 年，先后对水稻和小麦实行最低收购价政策。从 2006 年开始又在"三补贴"①的基础上增加了农资综合补贴，以弥补生产资料价格上涨带来的不利影响，从而形成了"四补贴"②。

（3）粮食购销市场的全面放开

2006 年 5 月，为妥善解决改革中出现的新问题，以科学发展观为统领，坚持既定的粮食流通体制改革总体目标和基本思路，国务院以国发〔2006〕16 号文件下发了《国务院关于完善粮食流通体制改革政策措施的意见》（以下简称《意见》），《意见》从规范政府调控与企业经营关系、加快国有粮食购销企业组织结构创新、发展粮食产业化经营、解决国有粮食企业历史包袱、培育和规范粮食市场、建立产销区之间利益协调机制、完善最低收购价政策和直接补贴政策、健全粮食宏观调控体系等方面，进一步完善政策措施，健全体制机制，保证粮食流通体制改革的顺利推进。这一步粮食流通体制改革，从真正意义上全面放开了粮食购销市场和价格，标志着粮食流通体制完全迈上了社会主义市场经济的轨道。

2007 年 1 月 29 日，中央 1 号文件《中共中央国务院关于积极发展现代农业扎实推进社会主义新农村建设的若干意见》明确要求：发展现代农业是社会主义新农村建设的首要任务，要用现代物质条件装备农业，

---

① "三补贴"指政府对种粮农民提供的粮食直接补贴、农作物良种补贴和农机具购置补贴。
② "四补贴"指政府对种粮农民提供的粮食直接补贴、农作物良种补贴、农机具购置补贴和农资综合补贴。

用现代科学技术改造农业，用现代产业体系提升农业，用现代经营形式推进农业，用现代发展理念引领农业，用培养新型农民发展农业，提高农业水利化、机械化和信息化水平，提高土地产出率、资源利用率和农业劳动生产率，提高农业素质、效益和竞争力。2007年中央财政在继续保持2006年120亿元农资综合直补资金不变的基础上，新增156亿元农资综合直补资金。同时，2007年粮食直补资金也比上年增加约9亿元，增长到151亿元以上，对种粮农民的两项直接补贴总额达到427亿元，较上年增加165亿元，增长63％。此外，国家还及早公布了继续实行小麦最低收购价政策，并明确了最低收购价不低于去年水平，有力地保护和调动了农民的种粮积极性。

这一轮粮食流通体制改革的核心是放开粮食购销，进一步改革国有粮食企业，逐步减少对流通环节的间接补贴，实施对种粮农民的直接补贴。这标志着中国粮食流通体制改革取得了新突破，迈上了市场经济的轨道。

6. 粮食收储制度改革深化阶段（2014年以来）

党的十八大以来，中国粮食流通体制改革的力度不断加大，主要表现在完善了粮食等重要农产品价格形成机制、健全农产品市场调控制度、合理利用国际农产品市场、强化农产品质量和食品安全监管、完善农业补贴政策、加快建设利益补偿机制、加强农产品市场体系建设等一系列的政策措施。

（1）建立和完善粮食价格形成机制

2014年，国家提出要坚持"以我为主、立足国内、确保产能、适度进口、科技支撑"的国家粮食安全新战略，以确保"谷物基本自给、口粮绝对安全"，并开始根据不同粮食品种的供需状况采取分类调整的政策。① 调整稻谷、小麦的收购价水平和玉米的临时收储价格水平。2014年中央1号文件《中共中央国务院关于全面深化农村改革加快推进农业现代化的若干意见》中提出："继续执行稻谷、小麦最低收购价政策和玉米、油菜籽、食糖临时收储政策。"从2014年开始，小麦最低收购价格并没有继续上调，改变了收购价格"只升不降"的做法。2015 年，玉米收储价格首次降低，各产区收购价则统一为 2 000.00 元/吨，下调约 12.00%。2016 年每 50 千克早籼稻最低收购价下调 2.00 元，2017 年早籼稻、中晚籼稻和粳籼稻价格每 50 千克又分别下调 3.00 元、2.00 元、5.00 元，为 130.00 元、136.00 元、150.00 元。收购价格的下降有效引导了市场预期。[①] ② 启动大豆、棉花的目标价格改革试点。2014 年中央 1 号文件首次提出"启动东北和内蒙古大豆、新疆棉花目标价格补贴试点"。大豆、棉花市场价格由供求决定，政府不干预，开始探索推进农产品价格形成机制与政府补贴分离的路子。③ 2015 年取消菜籽油的临时收储政策，通过鼓励加工企业收购、补贴种植大户、推广高产优质及品牌化生产经营等方式，促进收购的市场化。

（2）"粮食安全省长责任制"的确立

2015 年 1 月 22 日，国务院正式印发了国发〔2014〕69 号文件《国务院关于建立健全粮食安全省长责任制的若干意见》（以下简称《意见》），《意见》从粮食生产、流通、消费等各环节，进一步明确了各省级人民政府在维护国家粮食安全方面的事权与责任，对建立健全"粮食安全省长责任制"做出全面部署。同年 11 月，国务院办公厅以国办发〔2015〕80 号文件发了《粮食安全省长责任制考核办法》（以下简称《考核办法》），从增强粮食可持续生产能力、保护种粮积极性、增强地方粮食储备能力、保障粮食市场供应、确保粮食质量安全、落实保障措施等六个方面明确了考核内容。《考核办法》的出台，体现了新形势下党中央、国务院对维护国家粮食安全的坚定决心，释放出了稳定粮食生产的强烈信号。这次《意见》和《考核办法》的出台与之前的"米袋子"省长负责制相比，有了许多新的变化。

第一，从"抓产量"到既"抓产量"又"抓产能"，更加突出增强粮食可持续生产能力。习近平总书记强调，中国人的饭碗任何时候都要牢牢端在自己手上，饭碗里必须主要装中国粮。粮食产量可根据市场需

---

① 参见陈锡文、罗丹、张征著：《中国农村改革 40 年》，人民出版社 2018 年版，第 335 页。

求调节，但粮食产能必须确保巩固提升。《考核办法》中，增强粮食可持续生产能力是六项考核内容里分值最高的一项，权重高达 30%—40%，考核指标包括坚决守住耕地红线、加快建设高标准农田、提高粮食生产科技水平等 8 小类内容，通过"藏粮于地、藏粮于技"，确保"谷物基本自给、口粮绝对安全"。

第二，从"靠产区"到既"靠产区"也"靠销区"，更加突出各省（自治区、直辖市）保障粮食安全主体责任的均衡性。过去，粮食主销区由于没有生产刚性任务和硬性要求，主观上缺乏粮食生产的积极性，一些地方存在放松粮食生产、忽视粮食流通、过度依靠中央的现象。《考核办法》规定，各省级人民政府必须切实承担起保障本地区粮食安全的主体责任，全面加强粮食生产、储备和流通能力建设。这是国务院办公厅第一次以专门文件明确考核省级人民政府的粮食安全责任，充分表明党中央、国务院对保障国家粮食安全的高度重视。

第三，从"重数量"到既"重数量"也"重质量和生态安全"，更加突出强化粮食质量安全和农业生态环境治理。《考核办法》提出从源头上防治粮食污染，土壤受污染严重地区要采取耕地土壤修复、调整种植结构、划定粮食生产禁止区等措施；加强对农药残留、重金属、真菌毒素超标粮食的管控，建立超标粮食处置长效机制；严格实行粮食质量安全监管责任制和责任追究制度，落实地方政府属地管理和生产经营主体责任。这些都是在新形势下，维护国家粮食安全的新要求，更加符合保障粮食安全的现实需要。

第四，从"常提醒"到既"常提醒"又"明奖惩"，更加突出监督考核的严肃性。过去，国务院在政府工作报告中常常提醒各级政府要把"米袋子"省长负责制放在"更加重要的位置"，而没有强有力的可操作性的奖惩手段。现在《考核办法》明确规定，考核结果要交由中央干部主管部门，作为对各省（自治区、直辖市）人民政府主要负责人和领导班子综合考核评价的重要参考。对考核结果为优秀的省（自治区、直辖市）人民政府给予表扬，有关部门在相关项目资金安排和粮食专项扶持政策上优先予以考虑。对于考核结果不合格的，要在考核结果通报后一个月内，向国务院做出书面报告，提出整改措施与时限；逾期整改不到位的，由有关部门约谈该省（自治区、直辖市）人民政府有关负责人，必要时由国务院领导同志约谈该省（自治区、直辖市）人民政府主要负责人。对因不履行职责、存在重大工作失误等对粮食市场及社会稳定造成严重影响的，要依法依纪追究相关责任人的责任。

（3）"市场定价、价补分离"政策的实施

2016 年，针对中国粮食产量、进口量、库存量"三量"齐增现象，国家进一步加大了粮食流通体制改革的力度，突出表现就是取消了玉米临时收储政策，这是粮食收购市场化的突破性进展。2016 年中央在 1 号文件《中共中央国务院关于落实发展新理念加快农业现代化实现全面小康目标的若干意见》中提出："改革完善粮食等重要农产品价格形成机制和收储制度。坚持市场化改革取向与保护农民利益并重，采取'分品种施策、渐进式推进'的办法，完善农产品市场调控制度。继续执行并完善稻谷、小麦最低收购价政策。深入推进新疆棉花、东北地区大豆目标价格改革试点。按照市场定价、价补分离的原则，积极稳妥推进玉米收储制度改革，在使玉米价格反映市场供求关系的同时，综合考虑农民合理收益、财政承受能力、产业链协调发展等因素，建立玉米生产者补贴制度。按照政策性职能和经营性职能分离的原则，改革完善中央储备粮管理体制。深化国有粮食企业改革，发展多元化市场购销主体。科学确定粮食等重要农产品国家储备规模，完善吞吐调节机制。"

按照中央 1 号文件的要求，将东北三省和内蒙古自治区的玉米临时收储政策调整为"市场化收购"加"补贴"的新机制。这项政策最主要的内容就是，国家不再公布临时收储价格，玉米价格主要由市场自然形成，各市场主体随行就市收购玉米，不存在国家干预市场价格的问题。如果出现了卖粮难，国家将在一定范围内启动托底收购，但预案没有提前向社会公布，以防止对市场价格形成干扰。与此同时，对于农民因玉米价格下跌所带来的种植损失，由国家提供的种植者补贴给予补偿。这样，既能让市场形成价格，又通过价外补贴的形式弥补农户收益，对农户的种粮积极性不产生太大的冲击。当然，为了激活多元市场主体入市收购，2016年9月19日，国家粮食局等6部门联合发出了《关于切实做好今年东北地区玉米收购工作的通知》（以下简称《通知》），要求相关地区采取有效措施，统筹组织辖区内中央企业分支机构和地方骨干粮食企业带头入市收购，鼓励引导多元市场主体积极入市，做好当年东北地区玉米收购工作。《通知》鼓励粮食企业通过订单收购、预约收购等方式，与种粮大户、家庭农场、农民合作社等新型经营主体建立长期稳定的合作关系。中储粮总公司要在新粮上市后有序轮入中央储备和国家一次性储备玉米。中粮集团等有关中央企业要充分利用自身渠道和优势开展市场化收购，力争不低于去年政策性收购量，发挥好引领带动作用。

玉米临时收储政策改革，更多地采用了市场而不是行政办法来调节粮食供求，使中国的粮食购销向市场化又前进了一大步。从取得的成效看，实现了农产品价格形成机制的重大转变，扭转了玉米价格不断提高、库存不断增多、补贴和亏损不断增加的局面。① 实现了玉米价格的市场形成机制，使国内外价差明显缩小，各市场主体随行就市收购玉米。② 激活了各类市场主体。由于市场自发形成了合理的区域差价、品质差价，促使多元主体入市收购，实现了玉米从"本地储"向"全国销"的转变。③ 理顺了上下游关系。玉米价格的市场化搞活了产业链，深加工企业成本降低，企业开工率持续回升，同时，玉米市场价格也与国际市场接轨，玉米及替代品进口明显减少。①

2016年2月，国务院发布了新修订的《粮食流通管理条例》，其中，修订中做的"两改一删除"条款，对提升粮食管理部门职能，强化粮食流通监管具有重要意义。"两改一删除"：① 将粮食收购资格的"前置许可审批"改为"后置许可审批"。原《粮食流通管理条例》中第九条第一款规定："取得粮食收购资格，并依照《中华人民共和国公司登记管

---

① 参见陈锡文、罗丹、张征著：《中国农村改革40年》，人民出版社2018年版，第337页。

理条例》等规定办理登记的经营者，方可从事粮食收购活动。"修改为："依照《中华人民共和国公司登记管理条例》等规定办理登记的经营者，取得粮食收购资格后，方可从事粮食收购活动。"同时，删去第十条"取得粮食行政管理部门粮食收购资格许可的，应当依法向工商行政管理部门办理设立登记，在经营范围中注明粮食收购；已在工商行政管理部门登记的，从事粮食收购活动也应当取得粮食行政管理部门的粮食收购资格许可，并依法向工商行政管理部门办理变更经营范围登记，在经营范围中注明粮食收购。"② 将粮食收购活动中的监管执法主体由"工商行政管理部门"改为"粮食行政管理部门"，强化了监管部门在行政审批项目取消调整以后对从事有关活动的监管。

2016 年 5 月，财政部、农业部印发了财农〔2016〕26 号文件《关于全面推开农业"三项补贴"改革工作的通知》，将种粮农民直接补贴、农作物良种补贴和农资综合补贴合并为农业支持保护补贴，政策目标调整为支持耕地地力保护和粮食适度规模经营。耕地地力保护补贴对象原则上为拥有耕地承包权的种地农民；粮食适度规模经营，支持对象重点向种粮大户、家庭农场、农民合作社和农业社会化服务组织等新型经营主体倾斜。

2017 年，粮食收储制度改革和库存消化取得新的成效，全年共收购粮食 4 250 亿千克，消化政策性粮食库存 845 亿千克，政策性玉米库存比历史最高点下降 28%。2018 年，国家继续在稻谷和小麦主产区实行最低收购价政策，收购价格继续下调。继续下行的价格信号意味着国家的最低收购价将进一步市场化，粮食购销市场化改革的力度将进一步加快。

## 二、中国粮食流通体制改革的成效

改革开放 40 年来，粮食流通实现了从计划经济向社会主义市场经济的历史性变化，促进了粮食生产，搞活了粮食流通，粮食供给由长期短缺到总量基本平衡、丰年有余的历史性转变，人民生活水平得到了明显的改善和提高。

（一）粮食购销市场全面放开，实现了粮食购销体制从统购统销到购销市场化的根本性转变

粮食购销市场化改革促进了粮食购销市场主体多元化的形成，全面实现了市场放开、购销放开和价格放开。

1. 形成了国有粮食企业为主渠道、市场主体多元化的新格局

2016 年，全国各类取得粮食收购资格的市场主体达到 8 万多家，其中多元主体占到 75% 左右，保持了连续 3 年的增长态势。2016 年全国各类粮食企业累计收购粮食 46 000.00 万吨，其中国有粮食企业收购 20 679.80 万吨，其他多元主体收购 25 320.20 万吨，分别占总收购量的 45% 和 55%。

2. 建立健全了粮食市场体系和调控体系

经过 40 年的发展，中国初步形成了粮食收购市场、批发市场、零售市场、期货市场等多层次的统一开放、竞争有序的市场体系，国有、股份制、民营、个体等不同所有制性质市场主体从事粮食生产经营活动，灵活采用协商交易、竞价交易、网上交易等多种交易方式，在配置粮食资源、提高流通效率、调节粮食供求、保证市场供应、保护种粮农民利益等方面发挥了积极作用。粮食市场调控体系不断健全，逐步建立和完善了国家粮食储备制度、粮食风险基金、最低粮食收购价制度、粮食进出口体系等，以及出台了《中央储备粮管理条例》《粮食流通管理条例》《期货交易管理条例》等法律法规，实现了粮食市场调控方式由计划调控向市场调控转变，调控手段由传统单一的行政手段向市场经济条件下的经济手段、法律手段以及辅以必要的行政手段转变，在国家宏观调控下市场机制配置粮食资源的作用不断增强。

3. 粮食价格形成机制逐步完善

正常情况下，粮食价格主要由市场供求形成，各类粮食市场主体随行就市收购、销售粮食。开通全国粮油市场信息系统，建立全国主要粮食品种市场行情和价格监测体系。为保护种粮农民利益和种粮积极性，

稳定市场粮价，国家通过对重点地区、重点粮食品种实行最低收购价政策和粮食储备吞吐调节等手段，及时加强对市场的调控，保证了国内粮食市场和价格的基本稳定，保护了粮食生产者和消费者利益。

4. 对种粮农民直接补贴机制初步建立

为保护种粮农民利益，国家把通过流通环节的间接补贴改为对农民的直接补贴，并从粮食风险基金中安排一半以上资金用于对种粮农民直接补贴，这一举措实现了对农民由"取"向"予"的重大转变。

（二）粮食宏观调控能力不断增强，初步实现了粮食管理体制从过去高度集中的计划管理向国家宏观调控下的"粮食安全省长负责制"的转变

通过粮食流通体制改革，明确了中央和地方的粮食管理事权，逐步健全了粮食储备体系，政府调控粮食市场的能力不断增强。

1. 合理划分中央和地方粮食管理事权，发挥中央和地方两个积极性

中央政府主要负责制定粮食流通的中长期规划、搞好全国粮食总量平衡、确定粮食购销和价格政策、管理中央储备粮和粮食进出口以及应对全国性粮食市场波动等宏观调控，支持主产区粮食生产；各省级政府对本区域粮食生产、流通和安全全面负责。

2. 逐步健全粮食储备体系，夯实粮食宏观调控的物质基础

改革开放 40 年来，中国已经建立健全了中央、省（自治区、直辖市）、市（县）三级粮食储备体系。历次粮油价格大幅波动时，中央和地方都及时动用储备粮油，为应对自然灾害和突发事件、保障军需民食、平抑市场粮价、促进粮食生产、确保粮食安全发挥了重要作用。1990 年国家建立专项粮食储备制度，此后不断增加中央储备规模，逐步调整储备粮布局，并建立中央储备粮垂直管理体制，加强对中央储备粮的管理，确保中央储备粮数量真实、质量良好、储存安全，确保需要时调得动、用得上。同时，各地按照"米袋子"省长负责制的要求，建立和充实了地方粮食储备。中国粮食库存消费比例大大高于国际公认的安全线，为国家宏观调控提供了雄厚的物质基础。1998 年发生特大水灾、历次粮油

价格较大幅度上涨以及 2008 年抗冰雪灾害、四川汶川特大地震时，中央和地方储备粮油发挥了重要作用。

3. 利用国际国内两个市场、两种资源，调剂国内粮食供求余缺

改革开放 40 年来，国内外粮食市场联动性逐步增强，粮食生产、贸易、投资等双边、多边和区域合作不断深化。中国政府充分利用国际国内两个市场、两种资源，通过"走出去"和"引进来"，促进了粮食进口来源、渠道和结构多元化，增强了国家粮食安全保障能力。

（三）国有粮食购销企业改革不断深化，初步实现了国有粮食购销企业从"计划主渠道"向"市场主渠道"的转变

国有粮食企业通过建立现代企业制度，实现了产权结构调整，市场活力明显增强，经济效益明显提高。

1. 国有粮食企业的活力明显增强

统购统销时期，国有粮食购销企业接受粮食行政管理部门的购销调拨指令，按国家计划收购、销售和调拨粮食。购销、价格"双轨制"时期，国有粮食购销企业仍由粮食行政管理部门直接管理，承担了部分政府职能，发挥着"计划主渠道"作用。全面放开粮食购销市场后，粮食行政管理部门切实转变职能，与粮食企业"人、财、物"完全分开。国有粮食企业通过战略性改组，调整产权结构，转换经营机制，基本解除了"三老"（老人、老粮、老账）历史包袱，建立现代企业制度，成为自主经营、自我约束、自负盈亏、自我发展的市场主体，活力明显增强。到 2016 年 11 月底，全国国有粮食企业总数 18 989 个，其中购销企业 13 562 个，分别比上年减少 11.40% 和 8.20%；国有粮食企业职工 69.90 万人，其中购销企业职工 51.60 万人。

2. 国有粮食企业的效益不断提高

在粮食购销市场全面放开的新形势下，国有粮食企业继续发挥在粮食流通和宏观调控中的主渠道作用，同时企业经济效益不断提高。据统计，2016 年全国国有粮食企业实现统算盈利 115.00 亿元，比 2008 年的 20.90 亿元增加了 4.50 倍。

（四）粮油政策法规体系逐步健全，初步实现了粮食流通管理手段从过去的行政手段直接管理国有粮食企业向依法管理全社会粮食流通的转变

依法管理粮油是历史发展的趋势，是社会文明进步的标志。依靠法律武器构筑粮油食品安全的法律屏障，能够为提高中国粮油食品安全整体水平提供可靠保证。

1. 加强粮食管理法制建设

长期以来，国家对粮食流通的管理，主要依靠行政手段直接管理国有粮食购销企业。2003 年、2004 年，国务院先后颁布了《中央储备粮管理条例》《粮食流通管理条例》。在此基础上，国家有关部门先后制定实施了一系列配套行政规章制度，实现了粮食流通管理有法可依。

2. 建立粮油质量标准体系

优化粮油产品国家标准，建立了粮油质量标准体系，粮油产品质量安全限量标准和检验方法标准与国际标准和发达国家标准基本一致。中国粮食流通、粮食应急和粮油质量管理逐步走上法制化、规范化、科学化的轨道。

（五）粮食流通体系建设逐步加强，初步实现了粮食流通发展方式从传统的粮食流通业向现代粮食流通产业的转变

通过粮食流通体制改革，初步形成了比较合理的现代粮食仓储体系和物流体系，提高了粮食流通效率，粮食科技创新能力显著增强，粮食产业化经营也得以稳步推进。

1. 初步形成了比较合理的现代粮食仓储体系和物流体系

粮食现代物流体系建设实现了从单纯依靠政府投资向多元化投资模式的转变。改革开放 40 年来，中国构建起了以大连北良港、广东新沙港、上海民生港、浙江宁波舟山港等粮食物流基地为枢纽，以各级粮食中心库为节点，以遍布全国的粮库为基础的现代粮食仓储物流体系。粮食运输已经实现了铁路、公路、水路联运。东北的铁路散粮专列可实现"四散化"① 运输。辽宁锦州港、营口港等 6 大港口，与山东日照港、浙

———————
① "四散化" 即粮食流通过程中的散装、散运、散卸、散储。

江宁波舟山港、福建漳州招商局码头、广东黄埔港等港口遥相呼应。粮食仓储设施焕然一新，布局不断优化，为确保粮食储存安全提供了技术保障。20 世纪 60 年代以前的落后仓型已全部退出历史舞台，现代化的粮库遍布各地，高大平房仓、浅圆仓、立筒仓成为主流仓型。粮库 80% 以上能够满足"四散化"作业需要，78% 以上装备了机械通风系统，57% 以上装备了计算机粮情测控系统，41% 以上装备了环流熏蒸系统，仓储物流作业机械化程度显著提高。绿色储藏、智能仓储、电子信息、快速检测、新能源利用和生物杀虫技术等新技术得到广泛应用，推动中国粮食仓储向"绿色、生态、智能、高效"的生态储粮阶段转型发展。

2. 粮食科技创新能力显著增强

在国家粮食局科学研究院、河南工业大学、中储粮成都粮食储藏科学研究所等 9 个单位建立了国家粮食局工程技术研究中心。粮食数量动态检测、快速品质检测仪器、植物源杀虫剂新剂型、低温准低温储粮示范等研究取得阶段性成果。在全国继续成功举办粮食科技活动周，积极倡导科学膳食，推动主食工业化，促进居民科学健康消费粮油食品。

3. 粮食产业化经营稳步推进

结合推进国有粮食企业改革，以资本为纽带，开展跨地区兼并联合重组，主动向粮食生产和加工转化领域延伸，发展粮食产业化经营。江苏、安徽、湖北等地将粮食产业发展纳入地方经济发展规划，安排专项资金对粮油精深加工和产业化项目予以贴息。积极争取对重点粮食产业化企业的贷款支持，截至 2016 年 11 月底，国家粮食局和中国农业发展银行重点支持的粮食产业化龙头企业 1 684 家，在粮食收购、技术改造、基地建设等方面获得贷款 997.70 亿元。

## 第二节　国有粮食企业改革与发展状况

国有粮食购销企业是指专门从事粮食收购、储存和销售，组织粮食流通，实现粮食从生产领域转移到消费领域的国有企业，包括直接向种粮农民或者其他粮食生产者批量购买粮食、储存和销售粮食的购销公司、储备库、粮站、粮库、粮管所等。改革开放 40 年来，国有粮食企业一直是政府处理粮食生产与消费关系、实现国家政策目标的重要载体，它对保障粮食供给、维护粮食市场稳定起到了很重要的作用。

## 一、国有粮食购销企业改革与发展的历史回顾

自 1956 年中国基本上完成了生产资料的社会主义改造以后，对国有企业，国家实行高度集中的指令性计划经济体制。企业只是完成指令性计划指标的生产单位（工厂或车间）。1978 年改革开放以后，国有企业开始了历史性的变革，逐步步入市场化取向的改革之路。

（一）改革开放前国有粮食企业的建立与发展

在 1949—1952 年的国民经济恢复时期，国内粮食产需、供求矛盾十分尖锐，市场物价剧烈波动。面对严峻的粮食形势，政府在发展粮食生产的同时，对粮食流通实行了国营商业领导下的自由购销政策，粮食在市场上自由流通。政府建立中央、省、地、县各级国有粮食公司和国家公粮库。国营经济对粮食市场着重从以下几个方面进行领导：

第一，通过国有粮食企业，把关系国计民生的粮食掌握在国家手里。① 建立和完善各级粮食部门的组织机构，确定人员编制，健全粮食经营管理体制；② 保证粮食总量平衡，以保障军需、民用，稳定市场物价，促进生产发展，巩固工农联盟。

第二，通过国有粮食购销企业适时吞吐粮食调节市场物价。1950—1952 年，中央人民政府通过向市场抛售粮食，平抑了 4 次物价上涨风波，所抛售粮食占市场交易量的 30.00%—40.00%，使 1952 年的粮价只比 1950 年上升了 2.80%。

第三，征收公粮，增加以粮食为标志的财政收入。1950 年在国家财政收入中，粮食收入占 41.40%，居各种收入首位。

第四，正确地制定粮食价格，稳定市场物价。党和政府制定合理的购销差价、季节差价、批零差价、地区差价、质量差价等各种差价，通

过粮食企业执行，并运用粮食销售中的各种差价维持了市场正常运转。

1952年9月，中央决定将中国粮食公司和粮食管理总局合并，在此基础上成立中央人民政府粮食部，实行政企合一的经营管理体制，这在当时粮食供求形势紧张而粮食市场又相当混乱的情况下，强化了政府掌握粮源、控制市场的能力。

从1953年开始，中国开始实行以工业化为重点的第一个五年计划，五年计划期间的主要任务：① 集中力量进行工业化建设；② 加快推进各经济领域的社会主义改造。随着五年计划的展开，国家的经济建设事业蓬勃发展，商品粮食的需求也不断增加，粮食购销差额不断扩大。1952年，国家收购和征收量比1951年仅增加14.64%，而销售量却增加了44.73%。为了配合国家大规模经济建设和稳定粮食市场，1953年10月16日，中共中央发出了《关于实行粮食的计划收购与计划供应的决议》，从此，国家开始实行长达31年的粮食统购统销政策。

为了保证粮食统购统销政策的顺利推进，1953年11月，《政务院关于实行粮食的计划收购和计划供应的命令》决定："一切有关粮食经营和粮食加工的国营、地方国营、公私合营、合作社经营的粮店和工厂，统一归当地粮食部门领导。""所有私营粮商一律不许私自经营粮食，但得在国家严格监督和管理下，由国家粮食部门委托代理销售粮食。"由此形成了国有粮食企业垄断经营的局面。应当肯定，在计划经济体制下，国有粮食购销企业作为执行粮食统购统销政策的工具，通过垄断经营，对粮食合理分配，在物资短缺情况下满足了城乡人民生活的基本需求，稳定了市场粮价，保障了社会安定，巩固了国家政权。

（二）改革开放后的国有粮食企业改革

改革开放40年来，国有粮食企业的改革和发展大致经历了四个主要阶段：

1. 统购统销时期国有粮食企业的运行（1978—1984年）

改革开放初期，中国对粮食仍实行统购统销政策，国家严格控制粮食市场，对粮食实行统一管理。国有粮食企业严格按照国家粮食购销政策对粮食进行独家垄断经营，即计划收购、计划供应。经营粮食发生的亏损，由国家给予财政补贴。

为保证粮食民用军需，国有粮食企业在农村设立乡镇粮管所（站），负责国家粮油收购、储存、救灾用粮和水库移民口粮供应等政策性业务。在交通便利的地方设立粮库，主要从事粮油仓储、批发、调运等政策性业务，同时建立粮油加工企业、运输企业，从事粮油的加工、运输业务。在城镇、厂矿企业、大专院校设立粮店（粮油零售企业），主要负责以城镇居民口粮供应为主的业务。设立军供站，负责军队、武警部队的粮油供应。当时，采取一业（政策性粮油业务）为主、多种经营的方式。截至1978年底，全国国有粮食企业总数33 555个，职工总数131万人。

党的十一届三中全会后，粮食的集市贸易和议价经营逐步恢复和发展。根据国务院有关规定，当时经营议价粮食的原则是：坚持计划收购、计划供应为主，市场调节为辅；兼顾生产者和消费者的利益，合理确定粮食议购议销价格；议价粮和平价粮严格分清，分别经营，分别核算，在发挥国有粮食企业主渠道作用的同时，实行多渠道经营。1979年以后，全国有20多个省（自治区、直辖市）建立了粮食议购议销公司。同时，为满足城乡人民日益提高食品消费水平的需要，大力发展粮油食品工业，兴建了一批粮油食品和饲料加工厂。1979—1984年，全国国有粮食企业经营议价粮食利润近41亿元，减轻了国家财政对平价粮食的购销价格补贴。

2. "双轨制"时期国有粮食企业的初步改革（1985—1991年）

随着计划经济向市场经济的转变，多渠道经营粮食的局面开始逐步形成。1985年，根据粮食总量收支平衡有余的新形势，为解决农民"卖粮难"问题，国务院决定粮食流通体制实行"双轨制"，即取消粮食统购，改为合同定购，合同定购以外的粮食，由市场调节供求，实行议购议销。在"双轨制"推动下，国有粮食企业按照市场经济规律要求开展多种经营，既减轻了国家财政负担，又搞活了粮食流通，促进了国有粮食企业较快发展。截至1986年底，全国国有粮食企业总数55 916

个，职工总数 252.50 万人。同时，为了消化较多库存粮食，鼓励各地大力开展多种经营，投资兴办企业，促进粮食加工转化增值，企业总数增长较快。到 1988 年底，全国国有粮食企业总数 60 590 个，职工总数 276.40 万人。

在实行"双轨制"过程中，为了逐步把政府行为与企业行为分开，鼓励企业改善经营管理，调动企业和职工经营积极性，各地从实际出发，探索了许多改革模式和经验，其中"天津模式"是较为典型的经验模式之一。其主要做法是：对政策性粮食实行统一经营，亏损集中管理，将粮食政策性亏损同企业正常经营盈亏划分开来，使基层国有粮食企业卸掉长期亏损的包袱，强化企业内部考核，增强职工勤俭节约、增收节支的责任感，为企业转换经营机制、参与市场竞争创造了一个宽松的环境。

3. 加快转换企业经营机制时期（1992—2001 年）

1992 年，为了扩大市场调节范围，国家对粮食统购统销进行了改革，即放开粮食销售价格和销售市场，对粮食流通环节的补贴改为对消费者的直接补贴，国有粮食企业成为自主经营、自负盈亏的市场主体。1994 年，为加强粮食宏观调控，更好地发挥财政补贴作用，保证政策性收购资金不被商业性经营业务所占用，粮食部门实行"两条线运行"改革，即政策性业务和商业性经营分开，建立两条线运行机制，业务、机构、人员彻底分开。国有粮食企业承担的政策性业务实行财务分开、核算分开。通过分开核算，严格划分政策性业务费用和商业性业务费用，防止互相挤占。开展多种经营和附营业务占用的资金由中国农业发展银行划转有关商业银行。

1997 年以前，国有粮食企业全部是国有或集体性质，改革并没有触动企业产权。国有粮食企业改革主要措施是转换机制，搞活企业；粮食政策性、经营性挂账分开，丢掉企业 500 多亿元粮食财务挂账包袱，本业为主，开展多种经营；发挥粮油行业整体优势，走向联合。截至 1997 年底，全国国有粮食企业总数 55 221 个，职工总数 344.70 万人。

1998 年，针对当时粮食流通体制仍然存在政企不分，国有粮食企业经营管理粗放、富余人员较多，同时又挤占挪用粮食收购资金，形成大量经营亏损和财务挂账，增加国家财政负担等问题，国家实行了以"四分开、一完善"为重点的粮食流通体制改革，即实行政企分开、中央与地方责任分开、储备与经营分开、新老财务账目分开，完善粮食价格机制。重点推进了"三项政策，一项改革"，即按保护价敞开收购农民余粮、粮食收储企业实行顺价销售、粮食收购资金封闭运行，加快国有粮食企业自身改革。实行政企分开，就是粮食行政管理部门代表政府对全社会粮食流通进行管理，不参与粮食经营；所有国有粮食企业（包括乡镇粮库）面向市场，成为经济实体，不承担粮食行政管理职能。新老账目分开，就是对 1992 年 3 月 31 日以前的粮食财务挂账，继续按照国务院的国发〔1994〕62 号文件①规定执行，地方政府要多渠道筹集消化挂账的资金；对 1992 年 4 月 1 日至 1998 年 5 月 31 日国有粮食企业新增财务挂账和其他不合理占用贷款，由各地按照国家有关部门规定的清理办法，进行清理，经审核、确认纳入消化方案的亏损挂账从 1998 年 7 月 1 日起由中国农业发展银行对粮食企业实行停息。完善粮食价格机制，就是在正常情况下，粮食价格主要由市场供求决定；为保护生产者的利益，政府制定主要粮食品种的收购保护价。在推进国有粮食企业改革中，重点是实行国有粮食收储企业的主营业务与附营业务分开以及富余职工下岗分流。通过采取以上一系列的改革政策和措施，国有粮食企业的亏损挂账得到了遏制，企业包袱有所减轻，为粮食企业适应购销市场化改革奠定了基础。

从 1998 年开始，国家财政体制、金融体制也进行改革，这对国有粮食企业改革影响深远。财政体制改革的方向是建立公共财政体制，财政不再安排用于补充国有企业资本金性质的支出，也不再安排资金弥补企业的经营性亏损。金融体制改革的方向是国有银行的商业化。加之 1998

---

① 国发〔1994〕62 号文件即《国务院批转财政部等部门关于粮食政策性财务挂账停息报告的通知》（简称《通知》）。《通知》规定：对 1991 年粮食年度末的粮食政策性挂账实行停息必须坚持 3 个条件：一是当年不挂新账；二是在 5 年内按规定比例消化老挂账；三是粮食企业政策性业务要与经营性业务分开。达不到上述 3 个条件者，不予停息。对 1992 年以来新增的粮食财务挂账，由各地人民政府负责清理，在 3 年内消化解决。

年为应对亚洲金融危机，银行出台了一系列防范金融风险的措施，银行依据企业资信情况择优贷款。粮食流通、财政、金融体制这三项改革的实施，从体制机制上改变了政府和财政、金融部门与国有粮食企业的关系，促使国有粮食企业成为市场的主体。但是，改革是非常艰难的，因为国有粮食企业改革面临全新的市场环境：内部长期积累的问题要解决，外部要全新适应。由于粮食政策性业务减少，粮食经营性业务实行多渠道经营，经营总量下降，国有粮食企业改革和发展面临着一些新困难和问题：粮食财务挂账多，资产负债率高；政策性业务粮食库存量大、价格高，难以顺价销售；企业布局要进行战略性调整，总量要大幅减少，富余职工分流安置任务重等。

1998 年，各地粮食部门认真落实党中央、国务院的按保护价敞开收购农民余粮、粮食收储企业实行顺价销售、粮食收购资金封闭运行"三项政策"和加快国有粮食企业自身改革的政策，各地结合实际，制定了实施办法，国有粮食企业改革力度加大、步伐加快。

1999 年 11 月，经国务院批准，决定在原国家粮食储备局的基础上成立了国家粮食局。2000 年 3 月国家粮食局正式成立，主要职责是粮食宏观调控、行业指导和中央储备粮的行政管理，与原国家粮食直属储备库脱钩，不直接管理企业。同年，组建了中国储备粮管理总公司，通过中央储备粮垂直管理体系，具体负责中央储备粮的经营与管理。中国储备粮管理总公司在粮食主产省（自治区）和主销省（直辖市）组建了 22 个分公司，并对分公司的人、财、物实行垂直管理，还划转上收了一部分粮库作为中国储备粮管理总公司的直属库，由分公司直接管理。2000 年 10 月，中央储备粮的管理业务已全部从各省（自治区、直辖市）粮食局移交给中国储备粮管理总公司各分公司。经过 3 年多的运行，国家粮食局与中国储备粮管理总公司做到政企分设，政府行政管理与企业经营活动基本分开。

各省级粮食行政管理部门大多数与原直属企业脱钩，按照"米袋子"省长负责制的要求，一部分省（自治区、直辖市）也成立了地方储备粮管理公司，上收了一批省级粮食储备直属库。市、县级粮食行政管理部门在政企分开方面也进行了有益探索，一些市、县级粮食行政管理部门采取了粮食行政管理部门与国有粮食购销公司分设等形式。

4. 国有粮食企业市场化改革时期（2001 年以来）

2001 年，国务院下发了《关于进一步深化粮食流通体制改革的意见》，决定在北京、上海、天津、浙江、江苏、福建、广东、海南 8 个粮食主销省（直辖市）实行粮食购销市场化改革。2002 年 5 月，原国家计委、国家粮食局等 8 部门又下发了《关于加快国有粮食购销企业改革和发展的意见》（以下简称《意见》），《意见》指出，国有粮食购销企业总体改革的目标是："从不同地区实际出发，充分发挥市场机制配置资源的基础性作用，基本完成国有粮食购销企业战略性调整和改组，形成比较合理的布局和结构，建立比较完善的现代企业制度，使企业真正成为适应社会主义市场经济发展要求的市场主体。"当前改革的重点是："根据粮食产销区的特点，切实做到政企分开，实行减员增效；积极推进企业战略性改组，加快组织形式创新和产权制度改革；全面加强企业管理，完善经营机制。通过改革，使国有粮食购销企业经济效益明显提高，市场竞争能力和抗御风险能力逐步增强，在粮食宏观调控中发挥主导作用。"《意见》针对不同地区、不同类别国有粮食企业改革的特点提出了分类指导意见：① 实行粮食购销市场化改革的粮食主销省（直辖市），根据经济相对比较发达、市场发育程度较高的特点，加快国有粮食购销企业战略性改组，合理调整企业的区域布局和组织结构。积极引导和培育一批适应社会主义市场经济要求的多种所有制形式的综合性骨干粮食企业，参与地方粮食流通，为搞好地方粮食流通服务。② 粮食主产省（自治区）把实行政企分开、减员增效和加快企业组织形式创新作为改革的重点，积极推进企业经营机制转换和管理体制创新。③ 9 个粮食产销平衡省（自治区、直辖市）① 按照"米袋子"省长负责制的要求，从本地区的实际出发，结合粮食主产省（自治区）或主销省（直辖市）粮

---

① 9 个粮食产销平衡省（自治区、直辖市）包括山西、宁夏、青海、甘肃、西藏、云南、贵州、重庆、广西。

食企业改革的情况，研究并制定本地区国有粮食购销企业改革的措施和办法。④中央和地方所属的储备粮公司积极推进现代企业制度建设，建立各负其责、协调运转、有效制衡的运行机制，完善企业内部管理，提高企业的储备粮管理水平和调控效率，降低粮食储备管理成本，使其成为适应社会主义市场经济要求和粮食宏观调控需要的市场主体。

到 2003 年，全国的粮食储备与经营基本分开。在粮食经营上，放开了粮食收购价格和收购市场，对农民实行直接补贴制度，国有粮食企业走向市场，逐步成为自主经营的市场主体。截至 2003 年底，全国国有粮食企业总数 39 495 个，与 1998 年相比减少了 26.20%，其中改制企业数占企业总数的 32.40%。①按照建立和完善中央储备粮垂直管理体系的要求，中国储备粮管理总公司以国有独资形式直接掌握了一批中央储备粮直属库，负责中央储备粮的管理和轮换，作为国家粮食宏观调控的主要力量。②国有粮食购销企业按照"有进有退"的原则进行布局调整。粮食主产省（自治区）掌握和扶持了一批基层国有粮食购销企业，发挥他们搞活粮食流通、为农民服务等方面的积极作用。同时还结合地方县乡（镇）机构改革撤乡并镇，撤并了一部分国有粮食购销企业；粮食购销业务量不大或小杂粮产区以及山区、边远地区等网点分散的基层国有粮食购销企业，实行了兼并和租赁。③国有粮食附营企业积极推进产权制度改革。已经从国有粮食购销企业分离出来的附营企业实行独立核算、自负盈亏，加快了投资主体多元化的步伐。粮食加工、饲料、零售等国有粮食附营企业通过采取改组联合、整体转制、股份合作、分离重组、国有民营等多种形式，优化产权结构，实现了投资主体多元化。截至 2003 年底，全国国有粮食附营企业数 17 150 个，与 1998 年相比减少了 28.30%，其中改制企业数占企业总数的 50.90%。

2004 年，国发〔2004〕17 号文件《国务院关于进一步深化粮食流通体制改革的意见》（以下简称《意见》）明确了粮食流通体制改革的总体目标、基本思路和主要任务，就是要放开购销市场，直接补贴粮农，转换企业机制，维护市场秩序，加强宏观调控。这一重大政策的调整，推进了国有粮食企业进一步走向市场。因此，建立现代企业制度是国有粮食企业改革的方向。《意见》指出，对库存中以往按保护价（含定购价）收购的粮食，采取"新老划断、分步销售"解决办法，规定这部分粮食按计划销售发生的价差亏损可以实行挂账，利息从粮食风险基金中列支。这样规定，既有利于把过高的粮食库存逐步调减下来，又有利于腾出原来国家补贴在粮食储存环节的费用和利息，用于直接补贴粮食生产环节。同时，也为各地推进国有粮食企业改革创造了条件。加上市场粮价的回升，市场粮价已接近或超过老库存粮食成本，除少数地方的库存陈化粮和个别品质较差的老库存粮食还会发生一些价差亏损外，大部分老库存粮食能够顺价销售。为了适应改革需要，国家有关部门出台了一系列支持国有粮食购销企业改革的政策措施。2004 年 9 月，国家发展和改革委员会、国家粮食局等 5 部门下发了《关于印发进一步深化国有粮食购销企业改革的指导意见的通知》，提出了企业改革的重点是：妥善解决企业历史包袱，推进企业产权制度改革，大力开展粮食产业化经营，继续发挥国有粮食购销企业主渠道作用。

2004 年的粮改赋予了国有粮食企业更大的改革空间。这次粮改在国有粮食企业改革特别是产权制度改革方面迈出了较大步伐，提出以现有仓储设施为依托，改造和重组国有独资或国有控股的粮食购销企业；小型国有粮食购销企业可以实行改组、改造、兼并，或租赁、出售、转制；发展粮食收购、储藏、加工、运输一体化经营。这次粮改，中央还出台了消化"老人、老粮、老账"的相关政策，以消除历史包袱。通过改革，力争逐步形成若干个具有竞争力的国有大型粮食企业集团。

建立现代企业制度，是发展社会化大生产和市场经济的必然要求，是国有企业改革的方向。国有粮食企业经过"组织创新，两线运行"①以后要按产权清晰、权责明确、政企分开、管理科学的原则和要求建立

---

① 所谓"组织创新，两线运行"，是国有粮食企业在转变观念，转换机制的基础上，在粮食行政管理部门的统一领导下，粮食经营实行政策性业务和商业性经营两条线运行机制，将业务、机构、人员彻底分开。

起与社会主义市场经济相适应的现代企业制度。

所谓现代企业制度,主要包括三方面的内容:① 企业法人制度。关键是要使企业对国家承担资产保值增值的责任。② 有限责任制度。即企业以全部法人资产为限,对其债务承担有限责任;出资者只以其投入企业的出资额为限,对企业债务承担有限责任。③ 科学的企业组织制度。通过规范组织制度,使企业的权力机构、监督机构、决策机构、执行机构之间相互独立、权责明确,形成制约关系。

中国传统的国有粮食企业制度是为适应高度集中的统购统销体制的计划经济而建立起来的,由此带来的缺陷是:企业行政机构化,产业封闭化,组织形式非法人化,外部管理非法制化,收入分配平均化。经过不断改革,国有粮食企业先后采取利改税,党政分开,扩大企业自主权,放权让利,改革经营方式等措施,增强了企业的活力,也结束了统购统销的历史,为企业进入市场奠定了基础,但这些改革并没有触动粮食传统企业制度本身。事实证明,要深化改革国有粮食企业,不解决企业制度创新问题,企业的经营机制是很难发生根本性转变的。

2005 年,财政部、国家发展和改革委员会等 5 部门发出的《关于做好国有粮食购销企业政策性粮食财务挂账从企业剥离工作的通知》规定:经省级人民政府认定的政策性粮食财务挂账从企业剥离,上划到县以上(含县级)粮食行政管理部门管理。对企业经营性粮食财务挂账,按照债随资产走和不逃废银行债务原则,指导各地结合企业改革,对经营性粮食财务挂账实行有效管理。

积极推进企业产权制度改革,转换了企业经营管理体制。各地通过兼并重组、拍卖出售、股份制改造、整体转制等多种形式,推进国有粮食购销企业产权制度改革。大部分地方以县为单位,组建一个或几个粮食公司,对原国有粮食购销企业进行重组和整合等,使国有粮食购销企业的布局和结构得到合理调整,竞争力明显加强。对国有粮食附营企业,各地加快了改制步伐,实现投资主体多元化。截至 2005 年底,全国国有粮食企业总数 27 831 个,其中购销企业 17 714 个,分别与 1998 年底相比减少

25 409 个、12 720 个，减幅为 48%、42%。2005 年国有粮食企业改制数达 16 837 个，占企业总数的 60%。其中购销企业改制数 10 852 个，占购销企业总数的 61%；附营企业改制数 5 985 个，占附营企业总数的 59%。

2006 年 5 月，为进一步完善粮食流通体制，《国务院关于完善粮食流通体制改革政策措施的意见》决定，加快清理和剥离国有粮食企业财务挂账，抓紧将国有粮食购销企业政策性粮食财务挂账剥离到县以上粮食行政部门集中管理；按照省级人民政府统筹考虑和多渠道筹集的原则，切实解决好国有粮食购销企业分流安置职工和离退休人员所需资金；对现有库存中按保护价（含定购价）收购的高价位粮食，继续实行"新老划断、分步销售"。2006 年 8 月，国家发展和改革委员会、国家粮食局等 6 部门也出台了《关于进一步推进国有粮食企业改革和发展的意见》，明确提出继续加快国有粮食企业改革、促进企业发展、更好地发挥国有粮食企业主渠道作用。

党的十八大以来，全国各级粮食部门认真落实新时期国家粮食安全新战略和党中央、国务院关于深化国有企业改革的决策部署，结合本地实际积极推进国有粮食企业改革，强化对企业经营管理的指导，国有粮食企业在抓收购促增收、保供应稳市场、强产业促发展等方面继续发挥着重要作用。

## 二、国有粮食企业改革的成效

改革开放以来，各地根据党中央、国务院的统一部署，在地方党委、政府领导下，结合当地实际，制定了粮食流通体制改革的具体目标和实施方案，加快推进国有粮食企业改革，取得了显著成效。

（一）实行了政企分开，企业成为自主经营、自负盈亏的市场主体

中央和省级粮食行政管理部门基本上与原直属企业脱钩，不直接管理企业。按照"米袋子"省长负责制的要求，一部分省（自治区、直辖市）也成立了地方储备粮管理公司，上收了一批省级粮食储备直属库。市县级粮食行政管理部门在政企分开方面进行了有益探索，一些市县级

粮食行政管理部门采取了粮食局与国有粮食购销公司分设等形式。特别是全国放开粮食收购价格和收购市场后，对农民实行直接补贴制度，国有粮食企业走向市场，已成为自主经营、自负盈亏的市场主体。

（二）大力推进国有粮食企业改革、改组和改造，调整国有粮食企业布局和结构

第一，按照建立和完善中央储备粮垂直管理体系的要求，中国储备粮管理总公司以国有独资形式直接掌握了一批中央储备粮直属库，负责中央储备粮的管理和轮换，成为国家粮食宏观调控的主要力量。第二，国有粮食购销企业按照"有进有退"的原则进行布局调整。粮食主产省（自治区）掌握和扶持了一批基层国有粮食购销企业，发挥搞活粮食流通、为农民服务等方面的积极作用。同时还结合地方县乡（镇）机构改革撤乡并镇，撤并了一部分国有粮食购销企业；粮食购销业务量不大或小杂粮产区以及山区、边远地区等网点分散的基层国有粮食购销企业，实行了兼并和租赁。第三，国有粮食附营企业积极推进产权制度改革。已经从国有粮食购销企业分离出来的附营企业实行独立核算、自负盈亏，加快了投资主体多元化的步伐。粮食加工、饲料、零售等国有粮食附营企业通过采取改组联合、整体转制、股份合作、分离重组、国有民营等多种形式，优化产权结构，实现了投资主体多元化。第四，大力推进"一县一企、一企多点"改革。粮食购销市场化改革前，中国粮食主产省（自治区）的每个乡镇都设有收粮库点，点多面广、数量庞大，但市场经营能力不足。国家粮食局通过持续大力推进县级国有粮食企业重组，以优势骨干粮库为主体，对分散的库点资产进行整合，实行统一财务核算、经营管理和制度管控，企业资产实力和经营能力明显提高。截至2016年底，全国大部分省份实现了"一县一企、一企多点"。湖北、安徽、江苏、陕西等省把县级粮食企业整合与土地确权变性、做强做优做大结合起来。

（三）粮食产业化经营取得新进展，增强了企业经营活力

各地国有粮食购销企业适应粮食购销市场化需要，从传统的"收原粮、卖原粮"的经营方式，主动向粮食生产和加工转化领域延伸，实现

了多元化经营。① 通过"订单农业""公司加农户"等形式，建立订单粮食生产基地，既从"根"上掌握粮源，又减少了粮食生产经营风险，增加农民收入。国家粮食局积极鼓励骨干国有粮食企业向产业链上下游延伸，与各类市场主体构建多种形式的粮食产业联盟，实现优势互补，发挥骨干粮食企业龙头带动作用，丰富了产品品种，提升了质量档次，满足了市场需求，增强了企业经济效益。山东省滨州市是小麦主产区，通过粮食产业化发展，实现了"吃干榨净、循环发展"，产品向高端延伸、产业向绿色循环延伸，构建起"产、购、储、加、销"一体发展、三次产业融合共赢的格局。据统计，2016 年全国粮食加工业总产值 27 853.00 亿元，同比增加 13.30%，利润总额 1 321.00 亿元，同比增加 68.70%，供给侧结构性改革取得了明显成效。② 通过加工转化增值，提高粮食商品的市场竞争力。与此同时，积极培育产业化龙头企业，组成集科研、生产、收购、加工和销售一体化的经济实体，大力开展粮食产业化经营。通过粮食产业化经营，涌现出了一批粮食产业化龙头企业。国有粮食购销企业与加工企业联营，向粮食生产、加工转化延伸，使粮食产业链条有机连接和延伸，实现了优势互补，出现了国有粮食购销企业与农民"双赢"的良好局面。③ 着力打造跨区域骨干粮食企业集团。由于历史原因，国有粮食企业多数是按照行政区划建立，隶属于不同层级的政府部门，资产资源流动性不足，管理体制僵化，企业没有活力。各级粮食部门通过推动以资本为纽带，实现不同层级的国有粮食企业优势互补、强强联合，打造骨干粮食企业集团。同时，各地还以骨干国有粮食企业为基础，组建发展了一批跨区域集团公司，承担粮食跨省流通任务，成为落实粮食安全省长责任制、促进粮食产销协作和保障区域粮食安全的重要载体。2014 年，浙江省政府对浙江省农发集团增资 2.50 亿元用于并购黑龙江省一家粮食企业共同组建了绿农集团。绿农集团拥有 107.40 万吨仓容。

（四）积极稳妥发展混合所有制粮食经济，加强国有粮食企业的多元治理

各级粮食部门在坚持积极稳妥、加强监管和防止国有资产流失的同

时，鼓励粮食产业化龙头企业、新型粮食生产经营主体等多元市场主体参与国有粮食企业改革，稳妥发展混合所有制粮食经济，完善公司治理结构，建立完善现代企业制度，提高了企业活力和市场竞争力，放大了国有资本功能。江苏宝粮集团 2012 年通过股份制改造、引进战略投资，形成了国有资本占 65.00%、社会资本占 25.00%、企业管理层占10.00% 的股权结构，激发了内生活力，企业经营管理加强、经济效益提升。集团投资新建 20.00 多万吨现代化粮仓，通过土地流转及与种粮大户签订产销合作协议等，建立了 1.00 万公顷的原粮基地，粮食收储能力大幅度提高，2016 年集团实现主营业务收入 15.30 亿元，利润 1 700.00 万元。

# 第三节　粮食物流体系建设

粮食物流是指粮食在生产、收购、储存、运输、加工和销售服务整个过程中的实体运动以及在流通环节的一切增值活动。它包含粮食运输、仓储、装卸、包装、配送、加工和信息应用，是一条完整的环节链。

## 一、中国粮食物流发展历程

中国作为农业大国，粮食物流健康发展不仅在社会经济发展中具有重要地位，而且在社会稳定方面也起着关键作用。长期以来，中国粮食物流发展迟缓。提高粮食物流的关键是要科学、合理、系统地组织粮食物流，以实现粮食流通现代化。

（一）粮食合理运输阶段（1953—1984 年）

中华人民共和国成立初期，为解决粮食短缺问题，国家开始于 1953年实行粮食统购统销政策，粮食的生产、收购、运输、保管和销售由中央集中统一管理，除国有粮食企业外，任何单位和个人都不能经营粮食。在这种体制下，粮食部门为节约国家运力和费用，积极开展了粮食合理运输，构建了中国粮食物流的雏形。粮食合理运输主要经历了四个阶段：

第一个阶段是 20 世纪 50 年代初期在铁路干线推行粮食合理运输。

随着国民经济的恢复和发展，各种物资对运输的要求不断提高，原东北人民计划经济委员会组织有关部门从 1951 年 5 月起，先后对粮食、煤炭、木材、水泥等主要物资，采取规定合理流向与流运范围的办法，限制过远和对流等不合理运输。根据粮食运输发、到站点多面广量大而又按行政区划实行分级管理的特点，在铁路干线开展了粮食合理运输，创造了集体汇编、图上作业等有效方法，使粮食运输工作的质量有了很大提高，加快了粮食运输的速度，降低了运输费用开支。

第二个阶段是在全国实行分区产销平衡粮食合理运输。粮食部门通过总结东北地区采取的粮食近产近销，分区平衡办法和经验，从 1956 年 3 月开始在全国范围内的主要交通干线试行 10 个品种的粮食分区产销平衡合理运输。具体的讲，就是根据中国当时粮食的地理分布和各地区粮食的生产、消费情况，在产销平衡的基础上按照粮食的具体品种选择最经济、最合理的运输路线，在全国范围内划分若干个产销区和合理运输的基本流向加以固定，并绘制成流向图。按照流向图所规定的分区范围和基本流向来进行粮食调拨和运输。

第三个阶段是开展基层粮食合理运输。包括农村粮食征购入库合理分布和市镇粮食合理运输两部分。农村粮食征购入库，实行"按计划当地供应的留下来，运出（或运入）的按流向一边倒"[1] 的原则，做到结合入库合理分布，减少或消灭再次集并；市镇粮食合理运输按照计划做到就车站、码头直拨直运，仓、厂、站、店之间适当固定调拨对象，定点定线运输。在总结经验的基础上，国家粮食部于 1963 年正式公布了《基层合理运输试行办法（草案）》，在全国推行了基层粮食合理运输。

第四个阶段是按经济区域组织粮食商品流通。商品粮食由于调剂产销余缺的需要以及交通条件、消费习惯等因素，往往以一个城镇、一个地区的消费为中心，或以一个交通枢纽点为集散中心，而形成一个不受行政区划限制的经济区域。粮食企业按照这种自然形成的经济区域设置经营机构，并按照合理流向，采取最经济的方法进行粮食购销和调拨、运输等业务活

---

[1]　郭经田：《浅谈粮食物流的历史变革以及发展对策》，《中国粮食经济》2003 年第 10 期。

动，就是按经济区域组织粮食商品流通。1965 年，按照中央关于商业工作问题的决定精神，粮食部在全国推广了唐山专区按经济区域组织粮食商品流通的经验。至此，粮食合理运输在全国全面、系统的开展起来。

（二）粮食物流基础设施集中建设阶段（1985—2003 年）

随着粮食生产的发展和粮食供求关系的变化，粮食流通体制改革的逐步深入，粮食的流通打破了按经济区域形成的粮食合理流向，不可控因素变得复杂，科学组织粮食物流的难度越来越大，不合理运输越来越多，造成社会运力、费用的浪费。从粮食企业本身来讲可能是有利的，但从整个社会来讲却造成了一些不必要的费用支出。针对这种情况，国家粮食主管部门从宏观调控的角度出发，对粮食市场主体多元化情况下如何推进物流的科学运作进行了一系列有益探索，并运用行政职能，调整了一些大宗粮食的不合理运输。但随着粮食流通体制改革的不断深入，国家定购粮食数量的减少，以及企业现代制度的建立，企业实行法人治理结构，国家行政调控手段的作用逐步弱化，计划经济时期由国家统一调控的按经济区域实施的粮食物流被打破，随之逐步被以粮食企业为主体、以效益为中心的粮食物流所代替。

20 世纪 90 年代以来，中国集中进行了 3 次大规模的粮食物流基础设施建设，初步形成了收纳库、中转库、港口库和储备库的粮食仓储网络体系与东北、长江、西南与京津粮食走廊的雏形，中国粮食物流进入粮食物流基础设施集中建设阶段。① 18 个大型机械化骨干粮库建设。"八五"期间，在国家投资建设 500 万吨、地方投资建设 500 万吨粮库，利用中国农业发展银行贷款建设 1 500 万吨简易粮库的基础上，在粮食主产区和重点销区增建 18 个机械化骨干粮库①。18 个机械化骨干粮库建设

---

① 18 个机械化骨干粮库分别为中央储备粮三河直属库、四川彭山凤鸣国家粮食储备库、河北省粮食局直属机械化粮油储备库、大连南关岭国家粮食储备库、中央储备粮哈尔滨直属库、上海市第七粮库、安徽省机械化粮库、江西省昌北机械化粮库、济南国家机械化粮库、河南国家粮食储备库、长沙市芙蓉北路国家粮食储备库、中央储备粮广东新沙港直属库、陕西西安市白家口国家粮食储备库、北京通县机械化骨干粮库、天津市滨海粮库、沈阳市第一粮库、吉粮集团长春粮食中心库、中央储备粮荆门直属库。

总仓容为 100 万吨，其中房式仓 52 万吨、混凝土圆筒仓 37 万吨、钢板筒仓 3 万吨、楼房仓 5 万吨、砖固仓 2 万吨。② 利用世行贷款进行粮食流通设施建设。1994 年世行贷款粮食流通设施项目正式开工建设，项目系统的硬件由 281 个子项目组成，设计周转库容 484 万吨，新建和改造中转库 64 个；新建和改建后方收纳库 202 个；在大连、广西防城港和长江沿岸新建和长江沿岸新建和改扩建 8 个散粮专用码头和港口库，购置散粮专用火车皮 1 483 辆、散粮专用汽车 164 辆和专用散粮船 4 艘。项目系统在软件配套上，新建中国粮食物流研究培训中心、中国粮食流通管理培训中心和国家粮油信息中心，改造大连粮食现货交易市场和上海粮食远期交易市场。③ 利用国债资金进行中央储备粮库建设。1998 年开始分三批利用专项国债资金 343 亿元，建设 1 130 个粮库，形成 5 565 万吨仓容。这些粮库建设广泛应用了"四散化"粮食流通新技术，如环流熏蒸、粮情检测、低温储藏等高新技术，粮食储藏、装卸实现了自动化，使中国的粮食仓储设施水平明显提高。

这一时期粮食物流的特点表现为：① 国家对粮食物流的调控职能与以企业为主体的粮食物流同时并存，但粮食主管部门对粮食物流的调控逐步被削弱，国家和企业对粮食物流都存在一个重新认识和探讨的过程；② 以企业为主体的粮食物流开始显现，但规模比较小，社会效益不突出；③ 只注重实物的移动，没有从粮食的产、购、销、加工、电子商务等方面来统一考虑。总体来看，这一时期的粮食物流是多头的、无序的，原来的粮食物流定式被打破，新的物流模式处于起步阶段。

（三）粮食物流规划与实施阶段（2004 年以来）

随着改革开放的不断深入和市场经济体制的确立，国家对粮食的具体调控职能进一步弱化，粮食企业作为市场的主体在经济生活中发挥了主角作用。为适应社会主义市场经济体制的要求，这一时期粮食体制以"四分开、一完善"为改革原则、以"三项政策、一项改革"为主要内容。国家已不可能像计划经济时期那样包办粮食物流，也不可能像经济体制过渡时期粮食"双轨制"那样来调整部分不合理运输，而以单一企业为主搞粮食物流又有很大的局限性。

为了加快流通、减少费用、降低成本，国家和企业都在探索粮食大物流的模式，并采取了一系列措施：① 明确国家扶植的粮食品种按保护价收购，推动粮食种植结构调整，为粮食物流提供优质粮源保证。② 加大投资力度，新建了500多亿千克的新型仓房，并配备了先进技术设备和管理手段。同时，对一些旧的仓房进行了必要的改造，使物流作业衔接、配套，提高了粮食储运环节的机械化和自动化水平。③ 通过东北、长江、西南、京津四大走廊建设实现了公（路）铁（路）、水（路）铁（路）运输方式一体化，直接提高了粮食物流效率。④ 通过改组改制对粮食工业企业资源进行重组，淘汰落后的生产能力，使资源发挥最大的效率。⑤ 在继续推广深加工、精加工的基础上，加大对副产品的综合利用和新产品开发的研究，在粮食加工增值的同时，也做到了资源的合理利用。

与此同时，国外一些先进的物流概念和做法开始被逐步接受，并出现了以一些国内著名企业为主体的物流新模式，突破了企业单一以实物移动为主体的物流模式而向产、购、销、加工、电子商务为一体的物流转变，开始探索第三方物流模式。

2004年开始，中国粮食物流开始进入从计划经济体制向市场经济体制转变、粮食行政管理从直接管理国有企业向管理社会粮食流通转变、国有粮食购销企业从计划主渠道向市场主渠道转变阶段。中国粮食物流开始进入有序的规划和实施阶段：① 从国家到省、市各级政府都开始着手编制"十一五"期间《国家粮食现代物流发展规划》，这是粮食行业首次进行的五年规划，为粮食现代物流的下一步发展指明了方向。② 许多大型粮食加工和贸易企业（如中粮集团、中储粮总公司、东海粮油等）开始注重企业的物流发展战略。激烈的市场竞争环境使得物流在降低产品成本中发挥的作用越来越明显，许多大型粮食企业意识到物流发展对企业竞争力提升的作用，开始制定企业物流发展战略。③ 一些第三方粮食物流企业也开始编制粮食物流规划，尤其是港口第三方粮食物流企业。

## 二、中国粮食物流的特点

改革开放 40 年来，中国粮食物流发展水平快速提升，应用于粮食物流的基础设施越来越多，大幅度提高了粮食物流效率。从中国粮食物流发展的具体情况来看，表现出以下特点：

（一）形成了产销平衡下的八大主要粮食物流通道

当前中国粮食产区主要集中在东北地区、黄淮海地区和长江中下游地区，粮食消费相对集中在东南沿海经济发达地区和京津地区。东北粮食主产区主要品种为玉米、水稻、大豆；黄淮海粮食主产区为中国小麦主产地区，兼有部分玉米；长江中下游粮食主产区为稻谷主产区。据此形成了较为明显的八大粮食流通通道，主要包括：

第一，东北地区粮食流出通道，即东北三省和内蒙古东四盟（市）①的粮食由铁路运往大连方向，再由水路运到东南沿海及南方粮食主销区省份，或出口到韩国等国家，以及由铁路经山海关运往关内。

第二，黄淮海地区小麦流出通道，即河北、河南、山东及安徽北部地区输出的小麦主要通过铁路运往周边的省份和华东、华南、西南、西北省区，部分通过铁路运往周边省市。

第三，长江中下游稻谷流出通道，即长江中下游的湖北、湖南、安徽、江西和四川等 5 省输出的稻谷主要经铁路和公路干线运往东南沿海及西南地区。

第四，华东、华南沿海粮食流入通道，即东北粮食产区经海路运输的稻谷、玉米及从国外进口的粮食从东南沿海各省市港口流入，再经公路或内河转运。

第五，京津地区粮食流入通道，即东北粮食主产区的稻谷、玉米由

---

① 东北三省包括黑龙江省、吉林省和辽宁省；内蒙古东四盟（市）包括内蒙古自治区东部的赤峰市、通辽市、呼伦贝尔市和兴安盟。

铁路运输经过山海关运往北京、天津等销区省份以及国外进口粮食的流入。

第六，西南、西北粮食流入通道，即通过西南、西北地区粮食流入通道，发挥边境口岸和中心城市节点的集散功能，构建中国与东南亚、南亚、中亚国家的粮食流通走廊。

（二）跨区域粮食物流量巨大

中国粮食物流总量由 2011 年的 30 000 万吨增长到 2016 年的 36 500 万吨，其中省内粮食物流量由 15 000 万吨增长到 20 000 万吨，跨省粮食物流量由 15 000 万吨增长到 16 500 万吨。东北通道粮食年流出量约 5 000 万吨，主要品种是玉米、稻谷（大米），主要流向华东、华南、华北、西南和西北地区；黄淮海通道年流出量约 6 000 万吨，主要品种是小麦，主要流向华东、华南、西南和西北地区；长江中下游通道年流出量约 2 400 万吨，主要品种是稻谷（大米），主要流向华东、华南、西南地区；华东沿海、华南沿海通道年流入量约 4 900 万吨，京津通道年流入量约 905 万吨，西南通道年流入量约 2 900 万吨，西北通道年流入量约 1 800 万吨。东北地区成为中国最大的粮食流出地区，东南沿海成为最大的粮食流入地区，基本形成北粮南运的流通格局。

（三）"政府引导、市场运作"的粮食物流项目基本投资模式得到了初步确立

政府对重要基础性、公益性设施项目进行投资和审批，并鼓励不同所有制、不同运输方式企业之间的合理竞争，同时加强必要的宏观调控，避免重复建设。中央政府的投资主要起到引导支持的作用，政府投资包括直接投资、财政贴息、注入资本金、转贷、入股等多种方式。中央政府对粮食物流项目的投资方式主要是：中央政府资本金注入方式，主要是针对中央大型企业承建的试点项目；中央政府投资补助或贴息方式，主要是针对地方企业承建的试点项目。

（四）粮食大企业开始注重全国物流资源的战略部署

在市场竞争环境变化的压力下，许多大型粮食加工贸易企业为了提

高市场竞争力、增强服务水平也纷纷开始实施其全国性物流资源的战略部署，其主要方式是企业兼并及与地方政府或企业合资建立区域性物流中心。继 2005 年中粮集团和中谷集团合并组建中国粮油"航空母舰"后，2006 年 11 月 8 号由中储粮吉林分公司控股与吉林粮食局合作成立了吉林市汇江粮食有限公司，此外中粮集团与成都市武侯区签约投资 19 亿元用 4 年打造中国西南成都物流中心。

## 三、粮食物流存在的主要问题

国家发展与改革委员会 2007 年印发《粮食现代物流发展现划》以来，中国粮食物流的储运条件不断改善，粮食流通体制改革不断深化。国有粮食企业改革稳步推进，粮食产销衔接进一步发展，粮食物流体系实现了跨越式发展。但是总体上看，中国粮食物流发展速度相对滞后，物流成本高、效率低、损耗大的问题仍然比较突出，在布局规模、设施的机械化程度以及智能化管理等方面还存在许多问题。在一定程度上已经影响到中国粮食加工业的规模、档次和水平，制约着粮食生产、加工和流通的经济效益。就中国粮食物流体系建设现状而言，其面临的主要瓶颈大致归纳有以下几方面：

（一）粮食物流主体专业化、市场化程度低

粮食物流主体在粮食物流体系中具有重要作用，粮食物流企业主要有粮食生产企业（农场主、小农户或它们的联合体）、粮食加工企业、物流第三方供应商和粮食销售企业。粮食物流需求逐年增加与供给能力不足的矛盾说明现代粮食物流企业很少，粮食物流体系的核心主体缺位。这就使大量分散经营、组织化程度低的农户进入粮食流通市场，使龙头企业与农户难以实现有效对接，最终导致粮食流通不畅。

中国的粮食物流主体还主要是由购销主体来完成，以国有骨干粮库为主，除中谷粮油集团公司（中谷）、吉林粮食集团有限公司（吉粮）、中国储备粮管理集团有限公司（中储）等大型国有企业外，还有许多大大小小的粮库、个体经销商及民营企业等，而这些粮食物流企业呈现规模小、市场竞争力不强、组织化程度低等特点。全国的粮食第三方物流正处于初创和试运行阶段,物流企业的综合竞争能力低,还未形成有效的、专业化的物流市场供给主体。

粮食物流组织还存在不符合粮食现代物流专业化、集约化和社会化的要求,不能适应市场搞好粮食物流的要求。例如:物流组织者资源分散,物流企业单体规模偏小、档次较低、设施简陋、功能不全面;很多粮食批发交易市场仍停留在提供经营场地、出租摊位、自由成交和收取管理费的初级市场阶段。这种状况难以使粮食物流形成规模,也造成物流成本居高不下。据有关部门的调查显示,中国粮食物流成本为每吨300—400元,而发达国家粮食物流成本一般为每吨8—12美元,由此可见二者的差距。物流企业大都建立了货场、仓库、装卸搬运队伍、包装厂、铁路专用线自成体系,独立运作,缺乏横向联系,造成仓储资源没有按市场的要求进行彻底整合,造成资源的急缺与浪费并存。区域布局不够合理,流通设施设备很难得到充分利用。造成产品生产、流通企业力量分散、粗放式的经营状态。在企业规模、集约化程度、技术设备等方面的整体水平落后于发达国家15—20年。

(二)粮食运输效率低、成本高、损耗大

中国大多数粮食流通企业是由国有粮食企业转变而来,粮食运输设备陈旧,技术落后,机械化、自动化程度低。中国粮食运输仍主要采用传统的包粮运输方式,而"四散化"散粮运输方式的应用尚处于探索阶段,如全国跨省运输的粮食中采用包粮运输的约占到85%。粮食收购环节采用塑料编织袋包装,仓储环节采用拆包散储,中转和运输环节又转为包装形态,整个流通环节需要经过多次灌包、拆包,耗材大、损失多,掺杂现象普遍。粮食运费高、损耗大、效率低。粮食产区由于缺少散粮装卸设施,散粮装卸能力较弱,无法满足以机械化、自动化的方式进行散粮的装卸车作业。各粮食流通企业只是做到散储,无法进行散装、散卸、散运,专用散粮运输车数量有限,粮食散装机数量较少,还远远满足不了实际需要,影响了物流系统整体功能的发挥。大部分粮库粮食入仓的主要流程是火车运来包粮—包粮卸车—倒散—入仓，粮食出仓的主要流程是散粮灌包—装车。

另外，以人工拆包入库、灌包出库、人工装卸车为特征的包粮运输作业模式，不仅劳动强度高、作业环境差，而且效率低、粮食损耗高、作业费用高，增加了作业环节。根据实际运输情况统计：包粮经过多次装卸，缝口开裂、包装破损等原因造成粮食撒漏的损失非常大。据统计，中国每年粮食产后损失占粮食总产量的 12%—15%，中国粮食流通的费用占销售总成本的 35% 左右，而撒漏损失一般占流通费用的 3%—5%，而欧美国家最高流通费用率不超过 25%，撒漏损失不超过 1%。如能挽回此项损失的 50%，则可供 2 000 万人消费 4 年，相当于开发几百万公顷的"无形粮田"。并且在中转枢纽上还必须具备散粮与包粮两套装备，粮库中亦须增加计量打包机，形成不必要的浪费。

中国粮食运输体系主要包括铁路运输、公路运输、水路运输和各种多式联运，运输工具主要是汽车、火车和船舶，其中铁路运输和水路运输为主要运输方式，合计约占跨省运量的 90%。此外，集装箱粮食运输在中国尚处于起步阶段，仅有很小一部分粮食企业在生产应急或库存不足的情况下使用。具体而言，铁路运输方面，担负着绝大部分 500 千米以上距离的粮食陆路运输，中国只有东北等部分地区拥有铁路专用散装漏斗车进行散粮铁路运输，而绝大部分地区的散粮铁路运输仍然是采用通用棚车和敞车进行包粮铁路运输。公路运输方面，主要以短途、包装运输为主，大部分采用普通货运卡车并临时增加铺垫苫盖篷布进行包粮公路运输。水路运输方面，包括粮食海上运输和粮食内河运输，主要采用散粮船舶进行散粮水路运输。在中国国内，粮食外运主要靠铁路，受铁路运力和流向的影响，运力明显不足。铁路发展散粮运输存在诸多不利的因素：① 地处非铁路沿线的粮食收纳仓库没有专用大吨位散粮汽车进行集运，影响了粮食流通环节及时、有效的衔接。② 粮食散运专用车皮数量不足，社会上专用散粮汽车数量较少，这样就增加了不必要的装卸、倒袋等作业量，影响整体经济效益。即使利用社会现有各种可用散运车辆，但是因车辆达不到防爆、安全等要求，势必存在粮食库区安全问题隐患和粮食质量受损等问题。③ 散装粮食专用车购置成本高、利用率低，其运转周期长，使散粮专用车的使用效率低，严重打击了铁路部门的积极性。④ 较高的公路和铁路运费也抑制了粮食企业采用散粮作业的积极性。例如，铁路部门收取较高"空驶费"的现行政策、公路部门收取的过路费等也不利于发展散粮运输。①

（三）粮食物流信息化程度低

信息化是物流业的灵魂，企业物流信息系统是整个粮食物流运作和管理的需要，是企业资源计划和及时化生产等物流管理思想在企业信息化实施的良好表现，它源于企业自身的物流运作，又反过来作用于企业的物流运作，将使企业物流和供应链成本降低，使得企业物流运营高效率化和高效益化。但是，由于中国粮食现代物流业还处于起步阶段，对企业物流信息系统的研究还远远不够，特别是从粮食流通领域向生产领域渗透需要一定的时间，且受传统体制的束缚和思想认识不到位的约束，使得各类粮食企业对物流不够重视，最终造成粮食企业信息化程度普遍较低，粮食储运管理方式落后，信息化进程缓慢，渠道不通畅，难以建立现代化的粮食物流信息化管理。② 信息系统反应不及时，缺少科学的超前分析预测，使粮食经营企业无所适从。掌握不住经营的最佳时机，粮食流通带有很大的盲目性。信息化程度主要表现在以下三个方面：

1. 没有统一的粮食物流信息平台，导致信息失真

中国农业和粮食类的网站数量已经过万，但是像中华粮网、中华商务网以及中国金粮网等在行业内具有较大影响力的仍占少数。而且，粮

---

① 参见李维刚、逄艳波、隋晓冰著：《基于国家粮食安全战略视角下的粮食物流体系的完善》，复旦大学出版社 2013 年版，第 72—73 页。

② 参见张德贤、秦杰：《我国粮食现代物流信息化、网络化建设的现状与发展对策——建设基于互联网的覆盖全国的粮食物流信息系统》，《首届全国粮食物流产业发展论坛报告集》2007 年版，第 171—178 页。

食生产、加工、批发、物流等企业的物流信息系统基本缺失，使得中国粮食物流信息平台没有了基座。没有统一的粮食物流信息平台，导致信息失真，影响了粮食供应链整体效益和效率。信息资源不能共享，缺少一个将粮食批发市场、集贸市场、超市、粮食经营企业的粮食流通信息收集、共享的信息平台，致使当一个地方或一个城市出现粮食供求失衡导致危害社会稳定情况发生时，信息传递缓慢，不能做到快速反应。

2. 农业信息网络不健全，对农民的信息服务不到位

虽然农业部门建立了农业信息网络，但由于农户居住分散，沟通渠道不畅，网络在乡、村出现断层，不能快速收集、处理、传递市场供求信息，农户获得市场信息的成本偏高。少数物流企业只是在局部环节运用计算机管理，大多数企业还停留在手工操作阶段。

3. 缺乏对信息的分析、选择能力

缺乏对信息的分析、选择能力造成了农民生产和粮食物流的盲目性，难以应对市场需求的变化。进入 21 世纪以来，中国的主要粮食产区农业信息体系的建设虽取得了一定成绩，也基本构建了以国家公用网为主体、专用网为辅助的信息化网络结构，但粮食物流领域的信息化改造工作仍显落后。粮食价格监测与预警系统调节功能滞后，信息发布不及时，有关粮食批发市场的信息和粮食价格预测信息极少，粮食专业信息网数量有限，粮食信息资源整合困难，数据库系统开发缓慢，信息终端纵向延伸入户率低等。上述情况不仅造成粮食物流的盲目性，也在一定程度上降低了粮食物流的效率。

## 四、粮食物流建设的主要任务

根据国家发展与改革委员会、国家粮食局以发改经贸〔2017〕432号文件发布的《粮食物流业"十三五"发展规划》，粮食物流建设的主要任务是，围绕"一带一路"建设、京津冀协同发展、长江经济带发展三大战略，大力推进东北、黄淮海、长江中下游、华东沿海、华南沿海、

京津、西南和西北八大粮食物流通道建设，突出大节点，强化主线路，重点完善和发展"两横、六纵"① 八条粮食物流重点线路，重点布局50个左右一级节点，110个左右二级节点，推动火车散粮运输系统工程、港口散粮运输提升工程建设，形成节点层次清晰、线路结构优化、通道发展平衡的粮食现代物流格局。

（一）完善现有八大通道建设

充分整合利用八大通道现有资源，优化物流节点布局，推动粮食物流向主要线路和节点聚集，促进粮食物流规模化运营，实现公（路）、铁（路）、水（路）多式联运和多种装卸方式的无缝衔接，提升接发效率，深化产区与销区的对接。

东北通道重点以东北港口群、战略装车点为支撑，依托重点线路和优势产区（含加工集聚区），完善散粮集并发运设施和集装单元化装卸设施，着力提升铁路散粮（含集装单元化）入关外运能力。对接华南、华东、长江中下游地区，主要发展铁水联运、公水联运和铁路直达运输，对接西南、西北地区，主要推进铁路集装单元化运输。

黄淮海通道重点发展散粮火车、铁路集装单元化运输，完善铁路接卸设施，弥补粮食铁路运输短板，进一步推进汽车散粮运输和面粉散装运输，适度发展内河散粮运输，加强大型粮食加工企业物流设施建设，形成多元化运输格局。提升承东启西、连南贯北能力。对接京津地区，发展汽车散粮（含集装单元化）运输；对接西南、西北地区，发展铁路集装单元化运输；对接华东、华南地区，发展散粮火车、铁路集装单元化运输和内河散粮运输。

---

① "两横"即沿长江线路和沿陇海线路。沿长江线路连接华东沿海、长江中下游、西南三大通道；沿陇海线路连接黄淮海、西北两大通道。"六纵"即沿运河线路、沿海线路、沿京哈线路、沿京沪线路、沿京广线路和沿京昆线路。沿运河线路连接黄淮海、长江中下游、华东沿海三大通道，沿海线路连接东北、黄淮海、华东沿海、华南沿海四大通道，沿京哈线路连接东北、京津两大通道，沿京沪线路连接东北、京津、黄淮海、长江中下游、华东沿海五大通道，沿京广线路连接东北、京津、黄淮海、长江中下游、华南沿海五大通道，沿京昆线路连接东北、黄淮海、西北、西南、华南沿海五大通道。

长江中下游通道对接长江经济带发展战略，重点优化沿长江、沿运河节点布局，强化粮食集并能力、江海联运发运能力和海运来粮中转至长江流域的分拨对接能力，逐步推进内河散粮运输船只的标准化，提升水运接发设施的专业化、标准化、集约化水平，促进水水、公水、铁水联运无缝衔接。

西南、西北通道重点沿主要铁路干线打造省会城市和区域中心城市粮食物流节点，大力提升粮食接卸及分拨能力。优先发展公路、铁路集装单元化运输，适应多品种、小批量以及多种质量等级运输的要求；推动散粮火车的运行。

京津通道重点以京津冀协同发展为契机，以大型粮食企业集团及产业集群为基础，以津冀港口群及京沪、京广、京哈铁路为依托，以非首都功能的疏解及结构布局优化为核心，发展公路、铁路集装单元化运输等多元运输系统，打造区域粮食物流联盟，强化城市配送功能，合理布局城市近郊粮食批发市场，提升粮食应急保障能力。

华东沿海通道重点提升粮食海运接卸效率及对接能力，建设战略卸车点，提高散粮火车接卸效率；进一步完善港口接卸疏运系统，提升临港加工集聚区粮食快速疏运能力；推进供应链新型物流组织模式。

华南沿海通道重点提升粮食海运接卸效率及对接能力，建设战略卸车点，提高散粮火车接卸效率；发展水水、公水联运，完善珠江、西江等内河散粮疏运系统；推进供应链新型物流组织模式。

（二）打造"两横、六纵"重点线路

"两横、六纵"八条重点线路的流量约占全国跨省流量的 65%。在重点线路上，着力推进"点对点散粮物流行动"，建成一批重点项目和部分中转仓容，发挥集聚产业、稳定物流、带动示范的作用。

沿海线路：主要连接东北、黄淮海、华东沿海、华南沿海四大通道；主要粮食品种为玉米、稻谷（大米）；发展重点：依托大型沿海港口建设中转设施，发展散粮铁水联运对接；重点发展节点：盘锦、沧州、日照、连云港、盐城、南通、舟山、莆田、厦门、东莞、防城港等。

　　沿长江线路：主要连接华东沿海、长江中下游、西南三大通道；主要粮食品种为稻谷（大米）、玉米和大豆；发展重点：建设水水中转设施，发展散粮江海联运；重点发展节点：苏州、南通、南京、无锡、泰州、镇江、芜湖、武汉、岳阳、重庆、泸州等。

　　沿运河线路：主要连接黄淮海、长江中下游、华东沿海三大通道；主要粮食品种为稻谷、玉米、小麦；发展重点：依托沿运河码头，提升水运物流设施的现代化水平，发展散粮（集装箱）船舶运输；重点发展节点：济宁、徐州、淮安、宿迁、镇江、苏州、嘉兴、阜阳等。沿京哈线路：主要连接东北、京津两大通道；主要粮食品种为稻谷（大米）、玉米；发展重点：建设集装箱散粮发运接卸设施，发展公铁集装箱散粮联运和公路集装箱散粮运输；重点发展节点：佳木斯、齐齐哈尔、绥化、哈尔滨、白城、吉林、长春、通辽、四平、铁岭、抚顺、沈阳、阜新、鞍山、北京、天津等。

　　沿京沪线路：主要连接东北、京津、黄淮海、长江中下游、华东沿海五大通道；主要粮食品种为稻谷（大米）、玉米、小麦；发展重点：依托粮食流量较大的企业，建设"点对点"散粮火车发运接卸设施，逐步推广散粮火车运输；重点发展节点：滨州、济南、徐州、蚌埠、南京、上海等。

　　沿京广线路：主要连接东北、京津、黄淮海、长江中下游、华南沿海五大通道；主要粮食品种为稻谷（大米）、玉米、小麦（面粉）；发展重点：依托粮食流量较大的企业，建设"点对点"散粮火车发运接卸设施，逐步推广散粮火车运输，发展汽车散粮运输和汽车面粉散装运输；重点发展节点：郑州、漯河、荆门、长沙、衡阳、郴州等。

　　沿陇海线路：主要连接黄淮海、西北两大通道；主要粮食品种为大米、小麦（面粉）；发展重点：依托中转量集中的节点，建设集装箱散粮发运接卸设施，发展公铁集装箱散粮联运；重点发展节点：连云港、徐州、商丘、焦作、咸阳、天水、兰州、西宁、格尔木、乌鲁木齐、昌吉、伊宁等。

沿京昆线路：主要连接东北、黄淮海、西北、西南、华南沿海五大通道；主要粮食品种为大米、小麦（面粉）、玉米；发展重点：依托中转量集中的节点，建设集装箱散粮发运接卸设施，发展公铁集装箱散粮联运；重点发展节点：襄阳、重庆、广安、广元、德阳、成都、资阳、昆明、曲靖、贵阳、六盘水、南宁等。

（三）布局粮食物流进出口通道

充分统筹两个市场、两种资源，依托"一带一路"建设战略，推动粮食跨境物流的衔接与合作，逐步构建与八大粮食物流通道对接的粮食物流进出口通道。完善枢纽港口、铁路、公路等各类口岸粮食物流基础设施建设，逐步形成一批重要的进出口粮食物流节点。

东北方向，发展二连浩特、海拉尔、黑河、建三江、虎林、鸡西、牡丹江等东北亚沿边节点，形成面向俄罗斯、蒙古，连接东北亚及欧洲的粮食进出口通道。

沿海方向，发展环渤海、东南沿海等港口节点，提升沿海港口粮食集疏运能力，完善连接内陆的海上粮食进出口通道。

西北方向，发展塔城、吉木乃、阿勒泰、伊宁、喀什等节点，重点打造面向中亚、西亚的粮食进出口通道。

西南方向，发展保山、芒市、南宁等节点，重点打造面向南亚、东南亚的粮食进出口通道。

（四）提升区域粮食物流水平

优化粮食仓储设施布局。统筹粮食仓储物流设施建设，实现粮食仓储物流一体化融合发展。以优化布局、调整结构、提升功能为重点，结合粮食生产、流通形势和城镇规划，以及现有收储库点分布，合理改建、扩建和新建粮食仓储设施，将粮食收储能力保持在合理水平，实施收储能力优化工程和产后服务中心建设工程。产区重点完善收储网点、调整仓型结构、提高设施水平；产销平衡区重点提升收储网点的收购、储备、保供综合能力；销区重点加强储备库建设、提升应急保供能力。注重区域及单点仓储的经济规模，实现资源效益最大化。发展基于横向通风的平房仓配套快速进出仓技术，提高现有仓储设施的物流对接效率，实施平房仓物流功能提升工程和物流园区示范工程。加强粮食产后服务体系建设，鼓励粮食企业等多元主体建设产后服务中心，为新型粮食生产经营主体及农户提供"代清理、代烘干、代储存、代加工、代销售"等服务。

发展区域粮食快速物流。完善收储企业、加工企业、物流企业的散粮接发设施，支持标准化散粮（面粉）运输工具示范，引导和形成散粮运输的社会化服务，全面提升区域内粮食散装化对接水平，实施物流标准化和装备工程、应急保障工程；重点解决西南、西北区域内的散粮汽车运输短板，全面推广散粮运输。突出节点的物流集散优势，提供满足多元化、多层次需求的经济、高效、便捷物流服务。以物流为纽带，促进仓储企业与应急加工、配送、放心粮油企业开展合作，发展"原粮储存、成品粮轮出"的业务模式，逐步实现粮食"常储常新"，降低区域粮食物流成本。

服务粮食市场供应体系。完善批发市场的物流功能，推广应用"互联网＋"技术，全面提升粮食市场信息化水平，大力发展粮食电子商务，推动粮食流通方式创新发展。健全成品粮油配送中心，构建城乡粮食应急供应网络，形成覆盖城乡的物流配送体系。

提升粮食加工物流水平。支持大型加工企业完善散粮接收系统和面粉散运发放系统，提升散粮设施对接能力；应用现代化物流模式，发展多元化运输，完善产品配送系统；鼓励加工企业积极参与社会化、专业化分工，将物流业务外包给第三方物流企业。

培育第三方粮食物流企业。支持大型粮食企业加大资源整合和兼并重组力度，联合铁路、航运等企业优化粮食物流链。鼓励粮食产业化龙头企业进行物流业务重组，组建具有行业特色的第三方物流企业；鼓励有条件的大型粮食企业（集团）建立物流战略联盟；鼓励和支持粮食物流企业充分利用境内外资本市场多渠道融资，壮大企业实力。

（五）推广应用新技术新装备

实现粮食物流装备新突破。充分重视信息化与粮食物流装备工业化的融合发展，全面推进具有自主知识产权、核心技术的品牌装备的研究开发与推广应用，开发节能高效粮食物流装备，促进装备大型化、标准化、系列化、精细化发展；严把行业准入条件，鼓励跨行业大型装备制造企业进入粮食行业，带动粮食物流装备水平提升；鼓励企业加大粮食物流装备技术创新投入，提高企业自主创新能力；鼓励高校、科研院所与企业联合，推进以企业为主体的产、学、研、用深度合作，积极推动科技成果转化。

积极推广应用新技术。大力实施"降本提效行动"，支持和鼓励企业在粮食物流节点选用占地少、机械化和自动化程度高的快速中转新仓型，采用标准化、高效低耗新装备，提高粮食中转效率，减少粮食中转和运输损失。根据不同区域特点，推广采用绿色、先进适用的储粮技术；加强公、铁、水多式联运物流衔接技术及标准化内河散粮运输船只的研发与应用；推广集装单元化技术。

（六）完善粮食物流标准体系

推进"标准化建设行动"，完善粮食物流标准体系，加强粮食物流标准基础研究，优先制修订粮食行业急需物流标准。引导企业提高粮食物流标准化意识，逐步把支持和参与标准化工作作为增强企业核心竞争力的重要手段。加大粮食物流标准宣贯力度，全面开展解读、培训、试点示范和标准验证工作；鼓励物流企业实现建设、运营、管理全过程标准化运作；加强对粮食物流标准强制性条款的落实和监督。

（七）大力促进物流与信息化融合

发挥信息化对物流的支撑引领作用，促进粮食物流与信息化深度融合。推动粮食物流活动电子化、信息化，实现粮食物流活动各个层次、各个环节的信息采集全覆盖。推动不同企业间以及企业与政府间公共物流信息的互联互通和共享，利用信息化手段，提高粮食物流资源配置效率及组织化程度。利用物联网、大数据、云计算等先进信息技术，改造传统物流企业，重塑业务和管理流程，实现粮食物流各环节的无缝化衔接。

　　实施物流信息平台工程，建立全国和区域性粮食物流公共信息平台，形成物流信息化服务体系，提升粮食物流信息监管和共享水平。支持大型粮食企业建设粮食物流信息化服务平台，与国家粮食物流公共信息平台、国家交通运输物流公共信息平台等有效衔接；采集粮食物流相关信息，建立粮食物流数据库，实现与上下游企业共享；应用地理信息系统、传感技术，实时监控物流全过程，保证粮食数量真实和质量安全。

# 第六章 改革开放40年中国粮食进出口贸易格局变化

中华人民共和国成立以来，中国粮食进出口贸易一直由国家指定的国有粮食进出口公司垄断经营，粮食进出口数量由国家计划严格控制。从20世纪80年代开始，这种计划管理具体通过"许可证"办法来进行。20世纪90年代后又改为限量登记、配额管理办法。加入世界贸易组织后中国粮食贸易主要采取关税配额管理和自动许可证管理制度。

## 第一节 中国粮食进出口政策演变

改革开放40年来，中国粮食进出口贸易政策的演变可以划分为五个阶段：

### 一、高度垄断阶段（1978—1994年）

在计划经济时期，粮食作为国计民生的重要物资，由国家强力控制。国家指定中国粮油食品进出口总公司对粮食进出口贸易进行统一运营。每年的进出口数量都由国家计委根据国内粮食生产、供求情况来确定，然后分配给各省市，再由有粮食进出口经营权的企业对外签约履行。中国粮食进出口贸易政策的基本特征表现为鼓励出口、限制进口，主要采取进口配额、进出口许可证等非关税措施来控制粮食进出口。由于粮食贸易为国家贸易，所以能将国际价格与国内价格基本隔离，国际价格传递不到国内市场上。但是，这种粮食进出口与国内粮食丰歉的共振现象使中国粮食贸易具有明显大幅波动的特征，所以，并不能很好地起到调节国内粮食供求的作用。①

改革开放以后，尽管对外贸易体制进行了一系列的改革，包括外贸经营权的下放、经营权和所有权的分离、汇率并轨等措施，但是中国粮食对外贸易体制的改革严重滞后，粮食对外贸易仍处于高度垄断状态。粮食对外贸易按国家计划和国有粮食贸易企业专营来进行。粮食进出口配额对粮食进出口贸易起支配作用，关税与增值税对进出口数量的影响不大。

## 二、出口中断、进口增加阶段（1995—1996 年）

由于 1994 年国内粮食价格上涨幅度较大，国内通货膨胀严重，中国政府单方面毁约，停止了粮食出口，加大了粮食进口，造成了国内粮食价格的暴涨，同时也严重影响了中国的国际形象。② 这次贸易中断，对中国政府的负面影响是巨大的，除去国外意识形态因素对中国的攻击之外，对中国多年辛苦培养的贸易伙伴和贸易份额的努力也是一个致命的打击。说明这个时期中国政府还没有学会按国际规则和管理来对待粮食贸易，所得并不多，但损失却是严重的。

## 三、融入全球化阶段（1997—2003 年）

为了充分调动农民种粮的积极性，保障国家粮食安全，国内粮食经过几次大幅度提价，已经超过国际价格，但由于国内粮食的连续丰收，库容紧张，卖粮难问题也随即出现。为了缓解库存压力和增加农民收入，这个时期的出口量较大。为了弥补粮食出口企业亏损，增加出口竞争力，

---

① 参见瞿商：《中国粮食国际贸易和性质的历史分析》，《中国经济史研究》2006 年第 3 期。
② 参见王新华：《改革开放以来我国粮食贸易政策演变及启示》，《粮食科技与经济》2014 年第 4 期。

政府在 2002 年前实行了出口补贴措施。这一时期中国已经确定了市场经济体制的改革取向，在加入世界贸易组织前后，中国政府已经有意识地运用世界贸易规则来处理粮食贸易问题。所以，在加入世界贸易组织不能实施出口补贴后，中国又实行了减免大宗粮食品种的铁路建设基金、出口销项税，并实行出口退税。其中，中国自 2002 年 4 月 1 日对铁路运输的稻谷、小麦、大米、小麦粉、玉米、大豆等征收的铁路建设基金实行全额免征。当时规定减免措施执行期限暂定至 2005 年底，之后将不再出台类似减轻铁路建设基金的政策。国家免征的铁路建设基金占总运输费用的 30%—40%，此举使粮食从产区经铁路运往销区的运输成本平均降低了 40% 左右。另外，2002 年 4 月 1 日，国务院批准对大米、小麦和玉米实行零增值税税率政策，并且出口免征销项税。2005 年新的出口退税政策又补充规定，对小麦粉、玉米粉等农产品的加工产品提高了退税率，由 5% 提高到 13%。虽然这些措施也有可能引起贸易争端，但毕竟是在贸易规则的范围内，而且是可预期的，与第二阶段停止出口的做法相比，前进了一大步。

在加入世界贸易组织的谈判过程中，中国对粮食的进出口政策进行了一些调整，具体包括：① 1997 年 10 月降低关税税率，平均总水平降至 17%，其中农产品平均税率下降了 25 个百分点，降至 21.20%；② 1997 年起对小麦、大米、玉米、大豆等商品实行进口关税配额管理，配额内执行零关税或低关税，配额外征收普通关税或优惠关税；③ 1997 年 7 月 1 日起重要粮食的出口退税率为 5%，并由国家向出口企业提供出口信贷；另外，自 1993 年起各粮食品种实行出口配额管理，经营企业必须取得计划配额才能经营出口业务；④ 1993 年起国家改变了由国家制定进出口价格的做法，对大米、玉米、大豆等粮食的出口价格由有出口经营权的进出口企业在配额内统一制定；进口配额内的粮食价格由进出口企业收取代理费、国内企业制定销售价格的方式进行。

加入世界贸易组织，中国对粮食贸易做出的承诺是：① 对粮食出口不实行出口补贴。② 对粮食进口实行关税配额制度。对小麦、玉米和大米 3 种主要粮食规定了配额数量和配额内外的关税水平，即对配额数量内进口的粮食实行 1% 的关税，而对超过配额进口的粮食实行 65% 的关税。中国承诺每年进口粮食配额的上限为小麦 963.60 万吨、玉米 720.00 万吨、大米 532.00 万吨。而对于大豆和大麦等进口实行自由贸易，只征收 3% 的进口关税。③ 在国内支持政策方面，中国承诺对粮食的黄箱补贴①幅度不超过 8.50%。在入世承诺的约束下，中国取消了粮食的出口补贴，代之而起的是另外两项相关政策：① 取消铁路建设基金。2002 年 4 月 1 日起对铁路运输的稻谷、小麦、大米、小麦粉、玉米、大豆等征收的铁路建设基金实行全额免征。② 出口退税。2002 年 4 月 1 日起中国对大米、小麦和玉米实行零增值税政策，并且出口免征销项税。

## 四、粮食进口规模不断扩大阶段（2003 年以来）

由于 1999—2003 年连续 4 年的粮食减产，导致从 2003 年下半年开始国内粮食价格上升，粮食安全问题受到重视。为了保证国内供应、平抑粮价，从 2003 年底开始，国家改变了补贴出口或鼓励出口的政策，政府对粮食的出口进行配额管理，同时逐步取消了一切鼓励出口的措施，包括出口补贴、出口退税等。这个时期对粮食开始了限制出口。

2007 年底，国际粮价上涨迅速，而且全球石油价格的上涨使得美国提出生物能源计划，从而带动国际粮价的进一步上涨。为了防止由粮价的上涨演变成全面的通货膨胀，确保国内食品供应，中国政府认为必须遏制粮食出口增长。2007 年 12 月 18 日，政府决定从 2007 年 12 月 20 日

---

① 世界贸易组织要求各国作削减和约束承诺的国内农业支持与补贴措施，主要指的是那些容易引起农产品贸易扭曲的政策措施，包括政府对农产品的直接价格干预和补贴，种子、肥料、灌溉等农业投入品补贴、农产品营销贷款补贴、休耕补贴等，一般称黄箱政策。属于黄箱政策范围的农业补贴，叫黄箱补贴。

起取消粮食出口退税，其中取消了小麦、稻谷、大米、玉米、大豆等原粮及其制粉 84 种农产品 13% 的出口退税。2008 年延续了 2007 年的调控政策，还对小麦、玉米、稻谷、大米、大豆等粮食产品征收 5%—25% 的出口暂定关税。加工玉米、大米以及大豆制成品的出口关税为 10%；未加工玉米、大米以及大豆的出口关税为 5%。2008 年 1 月 2 日，中国政府又宣布从 2008 年 1 月 1 日起对小麦、玉米以及大米粉的出口实施配额制度。这一系列措施使得中国粮食出口的大门几乎又重新关闭。2004 年以来，国内粮食连续丰收，为了调整出口结构，自 2009 年 7 月 1 日起中国调整了部分产品的出口关税，小麦、大米、大豆 3%—8% 的暂定关税被取消。

## 第二节 中国粮食进出口贸易的总体状况与品种结构变化

粮食进口是调剂国内粮食余缺的重要手段，虽然 2004—2017 年中国粮食产量连年增加，但粮食进口量也持续增加。中国粮食的进出口贸易情况在经历了世界贸易组织的过渡期以及 2007—2008 年爆发的粮食危机后，使得粮食贸易格局由贸易顺差变为贸易逆差，2012 年中国谷物粮食的贸易逆差为 41.93 亿美元，2015 年达到 89.96 亿美元，创下历史新高。2016 年有所下降，主要是由于 2016 年玉米收储制度改革取得重大突破，由临储收购变为市场购销，生产者随行就市出售玉米，多元化市场主体自主入市收购，国内玉米价格同比大幅度下跌，国内外玉米及玉米替代品价格差缩小。总体上来看，中国粮食贸易规模与贸易逆差不断扩大。

### 一、中国粮食进出口贸易的总体变化

如图 6-1 所示，根据中国改革开放 40 年来的粮食进出口量变化情况，可以将粮食进出口贸易大致分为三个阶段：

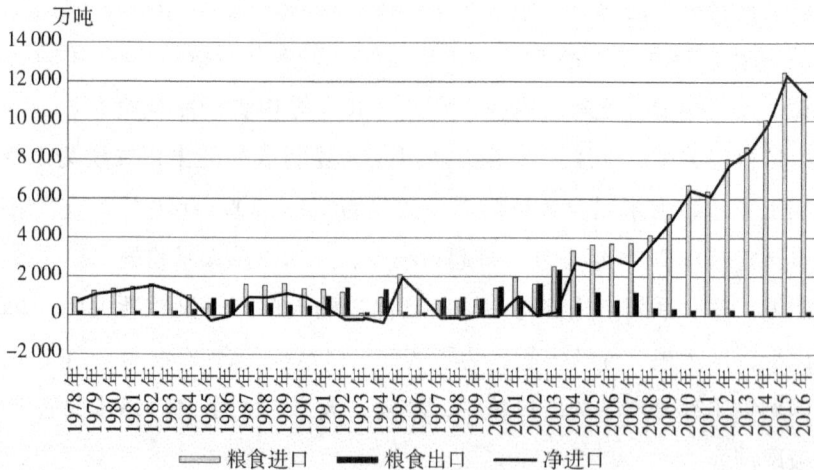

**图 6-1  1978—2016 年中国粮食进出口状况**

资料来源：根据历年《中国粮食年鉴》整理。

第一个阶段是 1978—1992 年，这一阶段中国的粮食进出口贸易主要表现为净进口，仅 1985 年和 1986 年为净出口。改革开放初期，中国经济发展缓慢，农业生产能力落后，为缓解农村粮食供给短缺，国家减少了粮食征购基数，但也因此导致了城市粮食供给不足的问题，因此 1978—1982 年间粮食进口量逐渐增加，到 1982 年粮食净进口量达到 1 507.70 万吨。此后几年，由于家庭联产承包责任制的推广实施，农村生产活力增强，粮食产量大幅度增加，1984 年中国粮食产量超过 4.00 亿吨，粮食进口量减少，出口量增加。1985 年还出口了 848.30 万吨粮食，1986 年出口了 795.80 万吨。随着粮食总产量的不断增加，粮食价格下降，农民种粮积极性受到打击，粮食播种面积减少，粮食进口量又开始增加，1987—1991 年间每年进口量都超过 1 000.00 万吨。

第二个阶段是 1993—2003 年，这一阶段中国粮食进出口贸易情况出现较大波动。整体上看这 10 年间中国的粮食有 6 年为净出口，仅 1995 年、1996 年、2001 年、2003 年这 4 年为净进口，其中出现较大波动的是

1995—1996 年和 2001 年。1992—1994 年中国粮食进出口贸易表现为净出口，3 年累计出口 725.10 万吨。原因在于 20 世纪 90 年代初期中国粮食丰产，国内供给远大于需求，故粮食出口量增加，使前几年大量进口粮食的局面得到改善。1994 年由于国内发生通货膨胀，为缓解通货膨胀带来的粮价上涨，又大量进口粮食，因为 1995 和 1996 年中国的粮食进口量激增，尤其是 1995 年中国粮食进口量达 2 082.50 万吨，净进口量达 1 920.30 万吨，是改革开放至 2002 年粮食进口量和净进口量的最高值。1996—1999 年，中国粮食总产量一直维持在 5.00 亿吨左右，国内粮食供给相对充裕，粮食进口量逐渐减少，同时国家又鼓励出口，实行出口补贴，因此 1997—2000 年间中国粮食进口量减少，出口量增加，总体表现为净出口。2001 年中国正式加入世界贸易组织，同时又加大了陈粮轮换的力度，因此 2001 年到 2003 年中国粮食出口量逐渐增加，进口量依然保持在较高水平。

第三个阶段为 2004—2016 年，这一阶段中国完全成为粮食净进口国，且粮食进口量逐年增加，出口量逐年下降，进出口贸易差额逐年增大。虽然中国粮食总产量从 2004 年起呈逐年增加趋势，但粮食进口量也逐年增加，从 2004 年起至 2016 年一直处于粮食净进口状态，且进口量连年大幅度增加。2004 年中国粮食进口量为 3 351.00 万吨，到 2015 年已高达 1.25 亿吨，是中国改革开放以来粮食进口量的最高值。2004 年中国实施农产品进口鼓励政策，并减少了农产品出口配额，但因国内农产品价格上涨，农产品价格在国际上不具备优势，因而出口量大幅度减少，进口量增加。2007 年末国际粮食出口价格大幅上涨，2008 年又爆发了全球粮食危机，同期中国又取消了粮食出口退税，故粮食出口量又大幅度下降。

中国粮食进口量增加的主要原因在于国内粮食价格偏高，进口粮食相对便宜。2011—2014 年，联合国粮农组织食品价格指数从 229.90 点降低到 201.80 点，下降了 28.10 个点，年均下降幅度为 4.44%。与此相反，同期国内粮食价格却不断上涨。1990—2016 年，中国粮食价格经历了"先上升后下降再上升"的变化过程。自 2002 年开始,在粮食生产成本推动和政策导向下,除大豆价格在波动中上涨外,稻谷、小麦、玉米三大主粮每 50 千克出售价格均持续上涨,2016 年分别达到 136.79 元、111.63 元和 76.99 元,分别比 2002 年上涨 166.19%、117.81% 和 68.84%,如图 6-2 所示。国际粮食价格下降和国内粮食价格上涨并行发展,使国内粮食价格高于国际市场价格,加大了用粮企业的粮食进口动机。

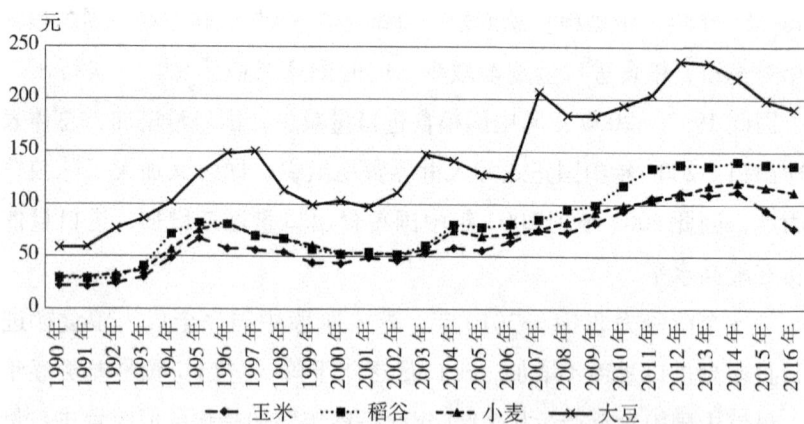

图 6-2  1990—2016 年中国四大主要粮食品种每 50 千克出售价格

资料来源:根据美国农业部(USDA)数据库(https://apps.fas.usda.gov/psdonline/app/index.html#)、中华人民共和国《全国农产品成本收益资料汇编》提供的数据整理。

自 2008 年中国实行玉米临时收储政策以来,玉米平均收储价格快速上涨,从 2008 年的 1 500.00 元/吨上涨至 2014 年的 2 000.00 元/吨。2015 年和 2016 年,在粮食产量、进口量、储备量"三量齐增"的情况下,稻谷、小麦、玉米、大豆四大主粮价格普遍走低,玉米价格更是断崖式下跌,玉米期货价格一度从 2 268.44 元/吨的最高处跌至 1 600.10 元/吨的最低处,但仍高于进口玉米到岸完税价格。中国玉米收购平均价格与进口玉米到岸完税价格的价差在 300.00 元/吨左右。玉米价格大幅度下跌的原因:① 国际市场石油价格大幅度下跌,从 2008 年最高时的 138.00 美元/桶降至 2016 年的 30.00 美元/桶,以美国为主的用玉米加工燃料乙醇项目的热度下降, 导致玉米需求减少; ② 从国内市场来看, 玉米主要用于饲料加工, 由于国内玉米价格远高于国际市场价格, 导致高粱、大麦、豆粕、DDGS①等替代品进口增加, 减少了对玉米的需求。

　　2014 年中国提出"适度进口"的国家战略, 由于国内粮食品种结构失衡, 通过适度进口粮食, 不仅可以调整国内粮食品种生产结构, 还有利于国际粮食价格稳定。此外, 新型城镇化的不断推行, 农村劳动力老龄化严重, 青壮年劳动力大量流失, 使国内粮食供应量增长缓慢, 加上养殖业的兴起, 粮食需求量不断增加, 导致中国粮食进口量不断增加。

## 二、中国粮食进出口贸易的品种结构变化

　　中国粮食贸易的品种主要有大豆、玉米、小麦、大米、大麦、燕麦、高粱等, 粮食产品进出口量相对较少。从进口结构来看, 中国粮食进口品种比较单一, 最主要的进口粮食品种是大豆, 其次是玉米、小麦、大米。改革开放 40 年来, 中国粮食进出口贸易格局发生了很大的变化。大致上以 1997 年为分界点, 1997 年之前中国进口的粮食品种主要是小麦, 仅个别年份进口少量稻谷、玉米和大豆; 出口的粮食品种主要是玉米, 还有少量稻谷和大豆。1997 年之后, 中国的粮食进口品种主要为大豆, 且进口量以较快的幅度增加, 而小麦的进口量逐渐减少; 这一时期出口的粮食品种主要为玉米和稻谷。2008 年之后中国粮食进出口格局发生逆转, 稻谷、小麦、玉米、大豆四大主粮的进口量均逐渐增加, 从 2011 年开始四大主粮的进出口贸易情况均转为净进口, 到 2016 年稻谷、小麦、玉米、大豆净进口量分别为 316.70 万吨、329.90 万吨、316.40 万吨和 8 378.60 万吨, 分别比 2008 年增加了 380.90 万吨、356.60 万吨、338.70 万吨和 4681.50 万吨, 如图 6-3 所示。

---

① DDGS 是 Distillers Dried Grains with Solubles 英文首字母的缩写, 汉译为干酒糟及其可溶物。DDGS 是酒糟蛋白饲料的商品名, 即含有可溶固形物的干酒糟。

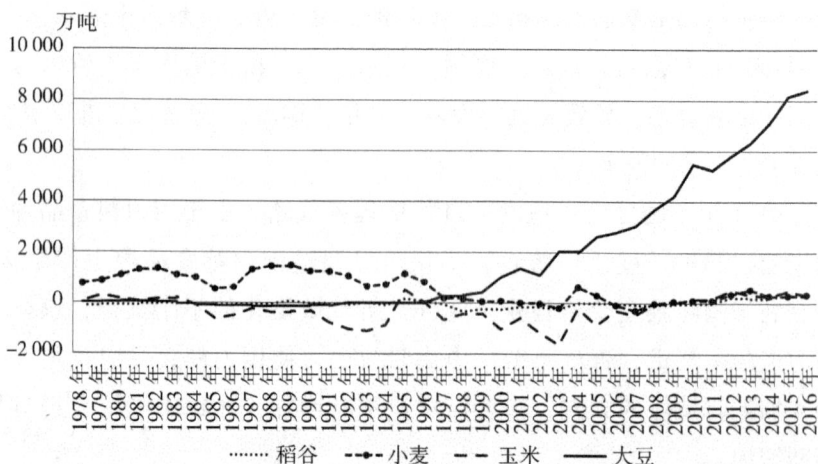

图 6-3　1978—2016 年中国主要粮食品种净进口

资料来源：根据历年《中国粮食年鉴》整理。

（一）稻谷进出口情况

中国是世界上最大的水稻生产国，播种面积占全世界的 20.00%，产量占全世界的 30.00%，单产水平是世界平均水平的 1.60 倍。[①] 中国是世界上出口稻谷的主要国家之一，在国际贸易市场上占据重要的地位。从 1978—2010 年，中国基本上都是稻谷的净出口国，仅个别年份进口量大于出口量。

2007—2008 年全球粮食危机，中国从粮食安全角度出发，自 2007 年 12 月起取消了稻谷和大米出口退税政策，稻谷出口量开始下降。但从 2011 年起，中国稻谷的进出口情况出现逆转，进口量开始猛增，并在接下来的几年中均处于净进口状态，2012—2016 年进口量均高于 200.00 万吨，2015 年和 2016 年的进口量甚至高于 300.00 万吨。中国的稻谷进出口量发生转变的主要原因是国内外大米的价差，2011 年之后由于国内大米的价格持续高于泰国、越南等国的大米出口价格，因

---

① 参见中国粮食研究培训中心编：《中国粮食安全发展战略与对策》，科学出版社 2009 年版，第 119 页。

此从国外进口大米的数量激增。并且从 2012 年开始，随着粮食托市收购价格大幅度提高，使国内粮食价格提高，而全球大米产量高企，价格稳定，国内外大米价格倒挂，以稻谷为主的加工企业为了降低成本而选择进口大米。2015 年稻谷的最低收购价格与上年持平，但国内稻谷成本维持高位，而国际大米出口市场竞争激烈，使得国际米价没有大幅度上扬，国内外价差依然很大。2016 年受强厄尔尼诺和拉尼娜的影响，中国早稻、中籼稻减产，东北粳稻受到台风"狮子山"影响出现部分倒伏，双季晚籼稻局部遭遇高温干旱，单产和品质较上年下降，这一年中国稻谷进口量达到 356.20 万吨，再创历史新高。如图 6－4 所示。

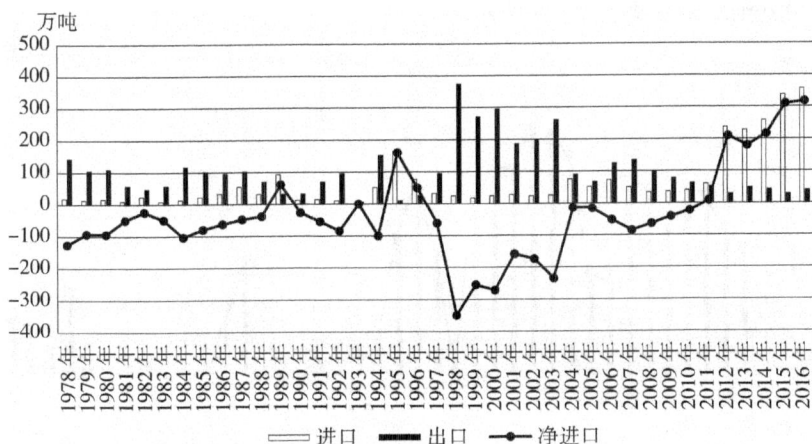

图 6－4　1978—2016 年中国稻谷进出口变化情况

资料来源：根据历年《中国粮食年鉴》整理。

中国对大米进口实行的是关税配额管理，2017 年中国大米进口的关税配额为 532 万吨，配额内关税 3%，由于配额内关税过低，企业受到利益驱使而选择大量进口。总体来看，中国稻米市场整体供需宽松，去库存压力很大，从生产端来看，稻谷产量持续维持高位水平，供给充足；从消费端来看，随着人民生活水平的提升，食品消费结构出现显著变化，对主粮的需求呈下降趋势，稻谷口粮消费整体呈稳中下降趋势。

当前进口稻谷对国内大米市场的影响较小，加上又受国内宏观经济走势、稻谷收购政策、进出口政策等因素影响，中国稻谷的进口速度放缓。

（二）小麦进出口情况

1978—2016 年，中国几乎一直是一个典型的小麦净进口国，除个别年份小麦的出口量大于进口量外，多数年份的进口量大于出口量。整体来看，中国小麦的进出口经历了三个阶段的变化：第一个阶段是 1978 年至 1996 年，小麦大量进口阶段，年均进口量为 1 009.00 万吨，年均出口量为 1.20 万吨；第二个阶段是 1997—2007 年，小麦出口量增加，进口量大幅下降；第三个阶段是 2008—2016 年，小麦进口量又开始增加，出口量逐渐下降；如图 6 - 5 所示。

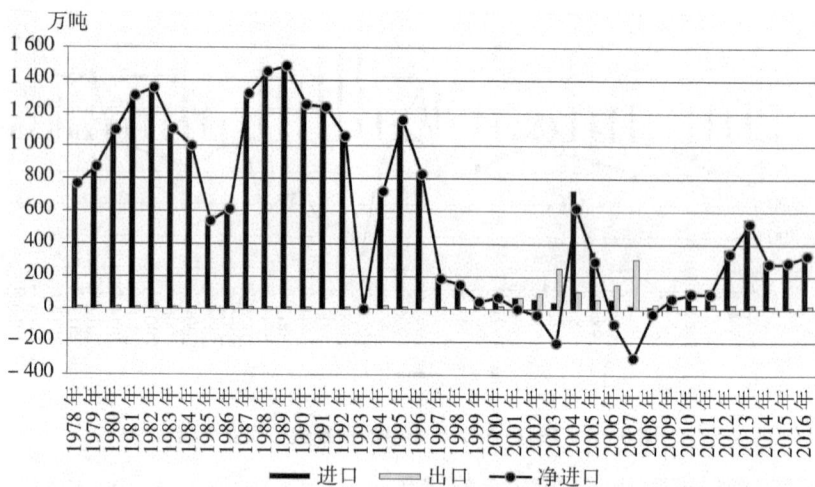

图 6 - 5　1978—2016 年中国小麦进出口变化情况

资料来源：根据历年《中国粮食年鉴》整理。

中国小麦的进出口之所以发生阶段性的变化，主要原因在于国内小麦供需情况和国际小麦价格。自 1978 年改革开放以来，居民生活水平快速提高，对小麦的消费需求快速增加，但国内小麦供给不足，供需矛盾突出，因此在 1996 年之前中国进口大量的小麦以满足国内需求。随着家庭联产承包责任制的实施，农民的种粮积极性得到了很大的提高，小麦的种植面积增多、产量增加，因此 1982—1986 年小麦的进口量下降，但由于国内小麦的消费量仍然大于生产量，虽然进口量有所下降，但依然处于较高值。

1996 年到 1999 年，中国小麦产量连续 4 年超过 1.00 亿吨，并且 1997 年首次产量高于消费量，因此小麦进口量下降。1997 年中国小麦进口量为 186.10 万吨，比 1996 年的 824.60 万吨减少了 638.50 万吨。2001 年至 2003 年间，由于小麦库存增加，陈粮轮换力度加大，2003 年小麦主产国又受干旱影响导致小麦减产，中国的小麦出口量增多。2003 年中国小麦出口量达到 251.40 万吨，比 2003 年增加了 153.70 万吨。而 2003 年和 2004 年国内小麦大幅减产，分别为 8 648.80 万吨和 9 195.20 万吨，供需矛盾突出，2004 年国家减免部分小麦的进口增值税，导致小麦进口数量又出现激增。2004 年中国小麦进口量达到了 725.80 万吨，比 2003 年增加了 6.24 倍。2006 年到 2007 年，国内小麦增产，均达到了 1.00 亿吨以上，陈粮小麦库存增多，不适宜再进口大量小麦，并且 2007 年小麦主产国受极端气候影响严重，产量大幅下降，中国的小麦出口量增加到 307.30 万吨，这一年的小麦出口量也达到了中国改革开放 40 年来的最高值。

2008 年中国对出口的部分粮食及粮食制粉征收出口暂定税，其中小麦及面粉的出口暂定税最高，而国外其他国家也采取措施限制小麦的出口，因此中国小麦的进出口量均处于非常低的水平。此后到 2016 年，小麦的进口量持续增加，主要原因是国内小麦的价格上涨，而国际小麦价格低迷，且国内优质小麦产量不高，结构不均衡，因此进口国外低价优质小麦成了大多数企业的选择。

（三）玉米进出口情况

改革开放以来的很长一段时期，中国都是玉米出口大国，从 1978—2016 年中国玉米的进出口量变化情况可以看出，中国的玉米进出口贸易大致经历了三个阶段的变化，如图 6-6 所示。

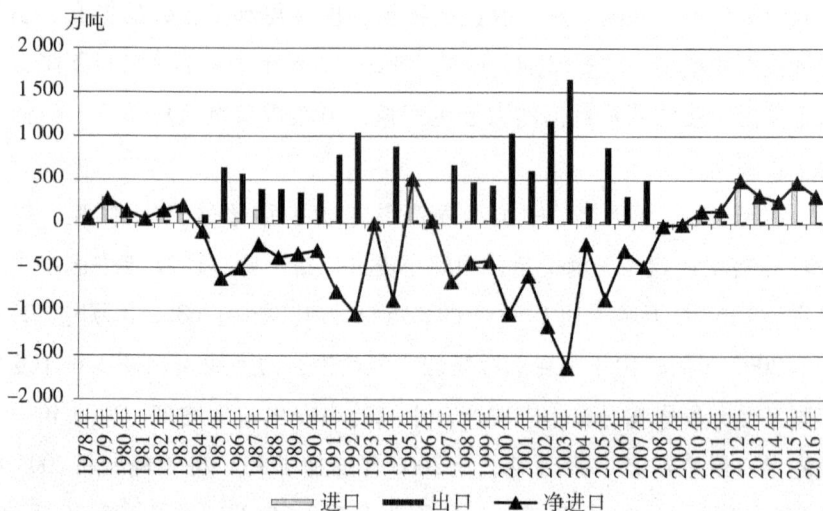

**图6-6 1978—2016年中国玉米进出口变化情况**

资料来源：根据历年《中国粮食年鉴》整理。

第一个阶段为1978—1983年，这一阶段中国玉米的进口量大于出口量，其贸易格局处于净进口状态，主要是由于改革开放初期中国玉米生产能力较低，产量较少，导致国内供需不足，需要进口玉米以解决国内供需矛盾。

第二个阶段是1984—2007年，除个别年份外，中国均是玉米出口量大于进口量，在这一阶段中国成为国际上的玉米出口大国，并且在2003年时玉米的出口量达最高值1 640.00万吨，仅次于美国的玉米出口量。1992年和1993年中国玉米的出口量迅速攀升，主要原因在于中国为尽快加入世贸组织，采取了贸易管理改革，放开玉米的市场化经营，加上中国玉米产量逐年增加，库存增多，因此出口量攀升。而1995—1996年，中国的玉米出口近乎中断，进口量突然增加，原因在于国内玉米供需不足，通货膨胀严重，导致玉米等粮食价格大幅上涨，因此国家采取停止玉米出口政策以保证国内粮食市场稳定。之后由于玉米价格持续上涨，刺激了农民种植玉米的积极性，玉米产量大幅增加，国内库存急剧增多，国家又采取了鼓励玉米出口的政策。2003年底，国家开始对粮食进行出口配额管理，国内粮价大幅上涨，国家调整了玉米出口政策，削减出口配额，取消出口补贴，国内对玉米的需求增长比生产增长更迅猛，导致玉米的出口量又出现大幅下降。

第三个阶段是 2008—2016 年，中国玉米进口量逐渐增多并成为玉米净进口国，出口量急剧下降且一直保持非常低的水平。2007 年国家取消了粮食出口退税政策，并且此后一直对粮食进行出口限制，主要是因为随着新型城镇化和工业化的不断推进，对粮食的需求量增多，而国内粮食生产成本逐渐上升，国内玉米在价格上已不具备优势，因此玉米的进口量增多。2008 年中国出台玉米临时收储政策，即在玉米市场价格小于政府收购价格时，粮食企业按照最低价格来收购玉米，以此来保障国内玉米供给。但这一政策实际上间接抬高了下游企业的消费成本，使得更多的玉米需求企业去寻求大麦、DDGS 等玉米替代品，甚至从国外进口低价玉米，导致国内玉米市场受到影响。

随着中国居民的生活水平改善，对以玉米为主的饲料粮的需求逐渐增大。从 2010 年起中国开始大量进口玉米，当年玉米的进口量达 157.30 万吨，而 2009 年进口量仅为 8.40 万吨，同比增加了 18.70 倍。相反，玉米的出口量从 2007 年的 491.80 万吨跌至 2010 年的 12.70 万吨，中国从玉米净出口国转变为玉米净进口国。2011 年玉米的进口量持续增加，虽然 2012 年国际玉米价格下跌，国内玉米价格也小幅下降，但是在国家政策的支持下，国内玉米的价格基本保持稳定，国内外玉米价格差距依然明显，使得中国玉米加工企业大量进口，到 2012 年中国的玉米进口量已高达 520.80 万吨。2013 年玉米进口量有所下降，主要原因是 2013 年底国家质量监督检验检疫总局退运美国转基因玉米事件，在公布的 4 次退运中，美国被退的转基因玉米重量逐次增加，从 6.00 万吨增加到 54.60 万吨。2015 年因托市收储，国内玉米价格高企以及进口配额的限制，使玉米进口量依然保持了较高水平，达到 473.00 万吨，比 2014 年增长了 81.90%。由于玉米需求弹性较大，中国玉米的进出口量受国内外玉米价格差异的影响较大，长期以来，国外玉米的价格都较国内玉米价格低，因此国外玉米更具价格优势。2016 年，由于中国"玉米产能过剩"，国家开始加大力度减调玉米种植面积和产量，鼓励玉米种植户种植大豆，并给予适当的补贴。国内玉米价格大幅度下跌，玉米进口量开始减少。2016 年中国玉米进口总量已经降至 316.78 万吨，较 2015 年下降了 33.00%，玉米的进口增速开始放缓。

（四）大豆进出口情况

中国是大豆的原产国，20 世纪 40 年代至 50 年代中国是世界上最大的大豆生产国，同时也是世界上最大的大豆出口国。但是从 1996—2016 年的 20 年间，中国大豆进口量逐年增加并成为大豆的净进口国。从图 6－7 可以看出，中国大豆的国际贸易情况总体上以 1996 年为分界点，呈现两个阶段的变化。1996 年之前大豆的进出口量呈小幅平稳波动，1997 年起中国大豆的进口量开始迅速增加，且一直是大豆净进口国，到 2016 年进口量已高达 8 391.30 万吨，年均进口量为 3 594.00 万吨。

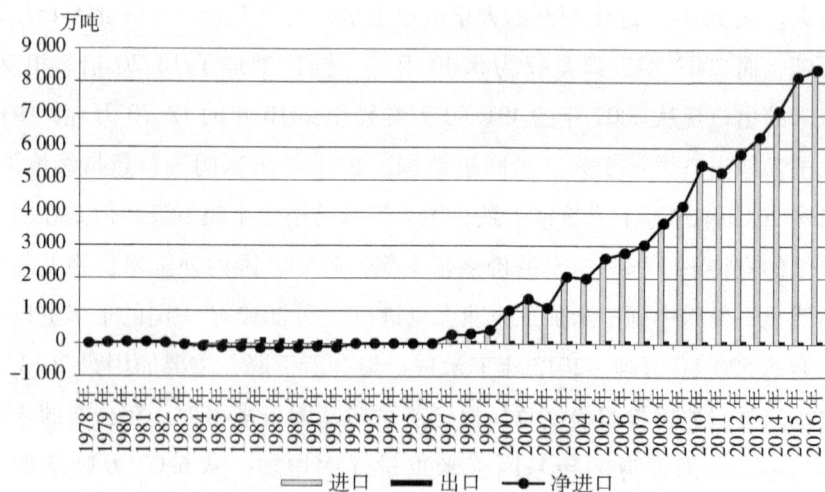

图 6－7　1978—2016 年中国大豆进出口变化情况

资料来源：根据历年《中国粮食年鉴》整理。

1996 年之前中国一直对大豆实施进口配额制度，且国内大豆产量增多，供需基本维持平衡，其中 1983—1991 年大豆的出口量稍大于进口量。1996 年中国大豆减产，国内供需矛盾突出，导致大豆的价格上涨，随着中国大豆的种植面积减少、产量下降，严重的供需矛盾导致中国对大豆的进口量从 1997 年起逐年增加，并且 1996 年中国取消了大豆的进口配额，降低了大豆的进口关税，进一步加剧了大豆的进口。2001 年中国加入世界贸易组织，粮食进口关税下降，国外大豆逐渐涌入中国市场，加上国际上的"四大粮商"也开始介入中国大豆业，使得中国进口大豆的对外依存度逐年提高。2003 年中国受到严重的自然灾害，大豆单产下降，国内大豆供需不足，因此大豆的进口量猛增。中国政府为了扶持农业的发展，于 2004 年取消农业税，并开展种粮直接补贴制度，提高了农民的种粮积极性，大豆的种植面积也有所增加，产量上涨，故 2004 年大豆的进口量稍有减少。

2010 年国产大豆种植面积萎缩，但国内大豆刚性需求增加，促使进口大豆增加；另一方面 2010 年中国对阿根廷豆油进口限制，导致 2010 年大豆进口超预期增长，国内大豆进入库存化阶段。同时 2011 年国家实施食用油限价令和储存大豆定向销售等措施，对市场形成有效供给，国内大豆需求增速放缓，对进口大豆需求减少。2013—2015 年，大豆实行目标价格与玉米托底收购形成较大种植收益差距，玉米优势凸显，使得大豆种植面积减少，进口依赖度进一步提高。在国际大豆低廉的价格和国内巨大的需求综合影响下，导致大豆的进口量一直居高不下。

总体而言，中国大豆种植面积占比不高，需求存在较大缺口，所以国家提出扶持大豆种植政策，对玉米、大豆收储政策进行改革，实行"市场化收购＋生产者补贴"的新机制，国产大豆价格实行市场化后与国际大豆价差逐渐缩小，且国内大豆种植面积大幅增长，在国家产业政策调控下，全国大豆总产量可以满足国内食用大豆的需求。而美国等国家对中国非转基因豆粕需求旺盛，中国要抓住机遇推广高蛋白品种大豆种植。在优质高产大豆的技术研发与推广下，缩小与美国大豆的单位面积产量差距，弥补大豆缺口，减少中国大豆的对外依存度。

# 第三节　中国粮食进出口的地区结构分析

1978—2016 年，中国只有 10 年是粮食净出口，其余年份都是净进口，所以重点分析中国粮食进口的地区结构。

## 一、稻谷主要进口国

中国在世界稻谷贸易中占有重要份额。长期以来，中国稻谷进口来源国比较单一，主要是泰国。2009 年以前，从泰国进口的大米占中国大米进口总量的 90.00% 以上，1995 年较低，但也达到了 71.07%。2010年以后，随着泰铢升值以及泰国国内生产成本上升导致泰国大米出口竞争力减弱，出口受到严重影响，2011 年泰国实施大米收购保护政策，价格再度上涨，大米出口进一步受到限制，国际市场竞争力进一步弱化。

在泰国大米价格不断走高的同时，越南大米价格日益走低，价格优势明显，中国转向从越南进口大米。越南通过提供优质良种、提高生产技术等手段提高稻米的产量和质量，借助商业银行向出口企业提供贷款以及取消大米出口限价等手段鼓励稻米出口，其生产成本降低使出口价格逐渐走低，市场竞争力增强，市场份额不断上升。鉴于泰国大米价格上涨以及越南大米价格下降，中国加大了从越南进口大米的数量而减少了从泰国进口大米的数量，但随后泰国大米价格又出现下降，这也是2012 年以来中国从泰国进口大米有所回升的重要原因。

从 2005 年开始，中国从巴基斯坦进口的稻谷逐渐增多，一方面是其稻谷质量优良，另一方面是 2005 年中国与巴基斯坦签订贸易协议以来，两国保持了良好的国际关系。2016 年中国从巴基斯坦进口稻谷 70.00 万吨，占稻谷进口总量将近 19.91%。对于其他国家，进口份额较小，比例也不大，见表6-1。

表 6-1　中国稻谷进口来源占稻谷进口量的比例

单位：%

| 年份 | 泰国 | 越南 | 巴基斯坦 | 缅甸 | 老挝 |
|---|---|---|---|---|---|
| 1992 | 92.51 | 0.97 | 0.00 | 0.75 | 0.04 |
| 1995 | 71.07 | 26.54 | 0.00 | 0.21 | 0.03 |
| 1998 | 99.45 | 0.01 | 0.00 | 0.00 | 0.12 |
| 2001 | 99.76 | 0.00 | 0.00 | 0.00 | 0.09 |
| 2003 | 99.71 | 0.05 | 0.00 | 0.00 | 0.08 |
| 2005 | 91.74 | 8.08 | 0.02 | 0.09 | 0.06 |
| 2007 | 93.10 | 5.79 | 0.06 | 0.06 | 0.93 |
| 2009 | 93.88 | 0.86 | 0.11 | 0.08 | 5.05 |
| 2010 | 81.68 | 15.32 | 0.12 | 0.67 | 1.87 |
| 2011 | 56.30 | 40.42 | 1.50 | 0.23 | 1.29 |
| 2012 | 7.48 | 65.90 | 24.72 | 0.26 | 0.96 |
| 2013 | 13.60 | 65.99 | 18.58 | 0.31 | 0.77 |
| 2014 | 28.46 | 52.89 | 15.91 | 0.37 | 0.69 |
| 2015 | 27.80 | 53.56 | 13.21 | 0.39 | 1.56 |
| 2016 | 26.27 | 45.79 | 19.91 | 2.51 | 1.89 |

资料来源：根据联合国数据库网站（https://comtrade.un.org/）整理。

## 二、小麦主要进口国

世界上小麦主要出口国是美国、加拿大、澳大利亚。中国是小麦的主要进口国之一，进口来源国也主要集中在美国、加拿大、澳大利亚等粮食出口大国，见表 6-2。1991—1999 年，中国从加拿大进口小麦的占比较大，从美国进口小麦的比例稳步上升。2000 年以后，美国依然是中国小麦主要进口来源国，但 2008 年，中国从美国进口的小麦突然下降，占比仅为 1.17%，从澳大利亚进口的小麦占比逐渐上升，2008 年最高，为 98.83%，原因是 2004 年澳大利亚小麦专营权的放开。2008 年以后，中国从美国进口小麦的占比快速回升，从加拿大进口小麦的占比较为稳定，从其他国家进口的比例不大。2008 年全球金融危机爆发，商品价格变化较大，为了稳定小麦市场，2007 年 12 月

20 日中国财政部出台了关于取消小麦等原粮以及制粉出口退税政策，随后中国商务部宣布，从 2008 年 1 月 1 日起，对小麦粉、大米粉等粮食制粉实行出口配额许可证管理。2004 年开始，哈萨克斯坦一直积极推动向中国出口小麦。2009 年 8 月，中粮集团向国际粮商采购了 10 000 吨哈萨克斯坦的春小麦，此次进口属中国首次批量进口哈萨克斯坦的小麦。2017—2018 年度哈萨克斯坦向中国出口小麦近 35.00 万吨，占到出口总量的 7.00% 左右。

表6-2　中国小麦进口来源占小麦进口量的比例

单位：%

| 年份 | 美国 | 加拿大 | 澳大利亚 | 法国 |
|---|---|---|---|---|
| 1991 | 36.83 | 31.82 | 9.42 | 8.57 |
| 1993 | 32.02 | 45.09 | 1.84 | 10.46 |
| 1994 | 30.71 | 49.12 | 19.75 | 0.00 |
| 1995 | 32.16 | 33.33 | 3.16 | 11.36 |
| 1996 | 25.26 | 43.84 | 27.38 | 2.52 |
| 1997 | 37.78 | 47.67 | 9.66 | 0.00 |
| 1998 | 21.41 | 64.57 | 13.64 | 0.00 |
| 1999 | 74.16 | 10.88 | 10.55 | 2.20 |
| 2000 | 60.42 | 32.43 | 7.14 | 0.00 |
| 2001 | 32.70 | 58.82 | 7.02 | 0.00 |
| 2002 | 63.79 | 22.24 | 21.80 | 1.23 |
| 2003 | 50.28 | 48.17 | 1.54 | 0.00 |
| 2004 | 44.40 | 29.68 | 21.98 | 1.23 |
| 2005 | 14.06 | 41.02 | 28.20 | 0.00 |
| 2006 | 63.58 | 5.87 | 30.19 | 0.00 |
| 2007 | 19.45 | 52.86 | 27.69 | 0.00 |
| 2008 | 1.17 | 0.00 | 98.83 | 5.68 |
| 2009 | 44.28 | 13.69 | 36.34 | 0.00 |
| 2010 | 10.63 | 23.27 | 62.37 | 0.00 |
| 2011 | 34.82 | 13.79 | 51.01 | 0.32 |
| 2012 | 17.49 | 10.88 | 65.75 | 2.08 |

表6-2（续）                    单位：%

| 年份 | 美国 | 加拿大 | 澳大利亚 | 法国 |
|------|------|--------|----------|------|
| 2013 | 69.37 | 15.74 | 11.10 | 1.84 |
| 2014 | 29.03 | 13.82 | 46.80 | 0.17 |
| 2015 | 20.29 | 33.38 | 42.23 | 0.00 |
| 2016 | 25.56 | 25.45 | 40.57 | 0.00 |

资料来源：根据联合国数据库网站（https://comtrade.un.org/）整理。

## 三、玉米主要进口国

中国曾经是世界上玉米的主要出口国之一，每年的进口量非常小。但是从2010年以后，中国玉米进口量迅速扩大。从表6-3可以看出，中国玉米进口高度集中于美国。1986—2006年间，从美国进口的玉米占中国玉米进口总量的90.00%以上，2007—2008年出现短暂下降，而且下降的幅度很大。2009—2013年，美国又恢复对中国玉米出口的主导地位。2009年中国从美国进口的玉米占玉米进口总量的80.60%，到2013年提升到90.89%。阿根廷占中国玉米进口市场的份额一直相对较小，1998年份额最大为22.88%。2008年以后，受到全球金融危机的影响，全球肉类需求下降，玉米出口供应增加，2009年巴西玉米对中国出口增加，占中国玉米进口总量的13.40%，2011年达到16.85%的最高点。乌克兰一直与中国保持着良好的关系，且农业资源丰富，是农产品出口大国。2013年以后，乌克兰逐渐超越美国，成为对中国玉米出口的大国，老挝、缅甸对中国的出口份额也逐渐增加。尽管个别年份中国进口缅甸、巴西等国的玉米有所增长，但总体来说，份额一直较小。

表6-3 中国玉米进口来源占玉米进口量的比例

单位：%

| 年份 | 美国 | 乌克兰 | 缅甸 | 阿根廷 | 巴西 | 老挝 |
|------|------|--------|------|--------|------|------|
| 1992 | 95.25 | 0.00 | 0.01 | 4.58 | 0.00 | 0.00 |
| 1995 | 97.88 | 0.12 | 0.01 | 1.80 | 0.00 | 0.00 |

表6-3（续）　　　　　　　　单位：%

| 年份 | 美国 | 乌克兰 | 缅甸 | 阿根廷 | 巴西 | 老挝 |
|------|------|--------|------|--------|------|------|
| 1998 | 77.32 | 0.00 | 0.00 | 20.88 | 0.00 | 0.00 |
| 2001 | 98.37 | 0.00 | 0.07 | 0.00 | 0.80 | 0.00 |
| 2003 | 94.81 | 0.00 | 0.02 | 5.02 | 0.00 | 0.00 |
| 2005 | 97.35 | 0.00 | 0.02 | 2.39 | 0.00 | 0.00 |
| 2006 | 99.64 | 0.00 | 0.06 | 0.00 | 0.00 | 0.00 |
| 2007 | 10.28 | 0.00 | 42.87 | 0.03 | 0.00 | 46.21 |
| 2008 | 9.91 | 0.00 | 49.77 | 0.01 | 0.00 | 39.91 |
| 2009 | 80.60 | 0.00 | 0.59 | 0.01 | 13.40 | 0.84 |
| 2011 | 73.45 | 0.00 | 0.52 | 2.50 | 16.85 | 0.60 |
| 2013 | 90.89 | 3.33 | 0.79 | 2.02 | 0.00 | 2.51 |
| 2014 | 39.52 | 37.11 | 1.58 | 0.00 | 0.00 | 4.25 |
| 2015 | 9.76 | 81.43 | 1.02 | 0.00 | 0.00 | 2.64 |
| 2016 | 7.04 | 84.01 | 2.44 | 0.00 | 0.00 | 4.39 |

资料来源：根据联合国数据库网站（https://comtrade.un.org/）整理。

## 四、大豆主要进口国

中国从 1996 年开始成为大豆净进口国以来，大豆的进口量保持了比较快的增长速度，大豆进口量从 1995 年的 29.39 万吨猛增到 2016 年的 8 391.30 万吨，增长了 284.50 倍。尽管进口量大幅度增加，但是中国大豆进口的主要来源国基本保持不变，并且对这些主要进口来源国的依赖性正在逐步增强。从表 6-4 可以看出，1997 年以前中国主要从美国进口大豆。1997 年以后，随着巴西和阿根廷对大豆生产的支持，大豆产量剧增，出口增幅较大。2001 年中国从巴西和阿根廷进口大豆占比达到了 21.36% 和 30.63%，而从美国进口占比首次下降到 50.00%以下。1997 年以后随着巴西大豆产量和出口量的提高，巴西正在逐渐替代美国成为中国大豆进口的主要来源国，2007 年以后，中国从阿根廷进口的大豆占比有所下降；从乌拉圭和俄罗斯进口的比例有所上升，但并不大。

#### 表6-4　中国大豆进口来源占大豆进口量的比例

单位：%

| 年份 | 美国 | 巴西 | 阿根廷 | 乌拉圭 | 加拿大 | 俄罗斯 |
|------|------|------|--------|--------|--------|--------|
| 1992 | 92.09 | 0.42 | 6.86 | 0.00 | 0.24 | 0.00 |
| 1995 | 94.77 | 14.13 | 1.29 | 0.00 | 0.25 | 1.18 |
| 1997 | 82.39 | 14.13 | 1.29 | 0.00 | 0.25 | 1.18 |
| 2000 | 58.45 | 18.12 | 22.39 | 0.00 | 0.45 | 0.59 |
| 2001 | 47.70 | 21.36 | 30.63 | 0.00 | 0.06 | 0.00 |
| 2003 | 43.11 | 30.42 | 26.40 | 0.00 | 0.06 | 0.00 |
| 2005 | 44.14 | 29.27 | 25.89 | 0.00 | 0.06 | 0.00 |
| 2007 | 37.54 | 34.51 | 26.36 | 1.64 | 0.07 | 0.00 |
| 2009 | 52.42 | 37.00 | 8.34 | 1.53 | 0.72 | 0.01 |
| 2011 | 42.91 | 39.44 | 14.20 | 2.61 | 1.02 | 0.02 |
| 2012 | 44.48 | 40.92 | 10.10 | 3.26 | 1.32 | 0.16 |
| 2013 | 35.02 | 50.15 | 9.65 | 3.62 | 0.12 | 0.11 |
| 2014 | 42.05 | 44.82 | 8.40 | 3.42 | 1.31 | 0.08 |
| 2015 | 34.78 | 49.05 | 11.55 | 2.83 | 1.73 | 0.45 |
| 2016 | 40.72 | 45.53 | 9.55 | 1.98 | 0.00 | 0.48 |

资料来源：根据联合国数据库网站（https：//comtrade.un.org/）整理。

# 第四节　中国粮食进出口贸易存在的
# 主要问题与政策建议

改革开放以来，随着中国经济社会发展和综合国力的不断增强，粮食生产取得了举世瞩目的成就，粮食进出口贸易也经受住了国际市场的考验。但是，随着中国农业发展进入新阶段以及国内外形势的变化，粮食进出口贸易也面临着新的问题和挑战。

## 一、中国粮食进出口贸易存在的主要问题

中国粮食进出口贸易存在诸多问题，包括进口来源国过于集中、进口结构失衡、进口规模增大，以及进出口的时滞等。

（一）粮食进口来源国过于集中，增加了进口风险

中国四大主要粮食品种进口来源国都比较集中。稻谷主要集中在越南、泰国、巴基斯坦；小麦主要集中在加拿大、澳大利亚、美国，2009年以来从哈萨克斯坦进口小麦的数量有所增加；大豆主要集中在巴西、美国、阿根廷；玉米集中在乌克兰、美国、老挝和缅甸。中国粮食进口市场仍然是卖方市场，一方面，中国没有粮食进口价格话语权，面临着进口粮食价格上涨的风险；另一方面，主要进口来源国一旦发生大幅度减产、贸易摩擦或者政府更替等实行出口限制，中国在粮食贸易中就会处于被动地位，加大中国的粮食进口风险。

（二）进口结构失衡，加大了国内粮食市场的供需矛盾

中国粮食进口规模不断加大，粮食进口品种结构失衡现象更加严重，主要表现在大豆和玉米这两个品种上。

从大豆来看，自2000年以来，大豆占中国四大粮食进口总量的比例高达90.00%。2010年以后，中国大豆进口占世界同期大豆出口量的比例在60.00%以上。2016年中国进口大豆8 391.30万吨，占粮食总进口量的73.20%。据中国海关总署公布的数据，2017年中国大豆进口量为9 554.00万吨，同比增加了13.90%，创下大豆进口量新的记录。而且中国大豆进口来源国过于集中，一旦国际市场大豆供求出现巨大变动，将会威胁中国大豆市场。从玉米来看，自2008年国家实施玉米临时收储政策以来，玉米产量增速明显，不仅满足了国内需求，还有大量结余，且在国内外价差推动下，其替代品进口也在增加，低价的进口玉米及其替代品使中国的玉米库存增加。根据布瑞克农业数据库提供的数据，2017年中国玉米的期末库存高达2.33亿吨，去库存的压力仍然巨大，这无疑加剧了国内粮食市场的失衡。

（三）进口规模提速，增大了粮食对外依存度

中国粮食进口依存度呈不断上升趋势。2000年以前中国粮食进口依存度基本在1.00%左右，但自中国加入世界贸易组织后，粮食市场逐渐放开，粮食对外依存度上升较快，尤其是2011年以后，增速比较明显。

根据海关总署发布的数据，2017 年中国粮食进口量达到 13 062.00 万吨，同比增长 13.90%，进口依存度达到 18.40%。进口规模的提速，导致粮食依存度过高，若国际市场发生较大波动，如政局、气候、石油价格、贸易政策等，就有可能导致国际粮食供需市场失衡，对中国粮食进口产生巨大影响，对中国粮食安全产生威胁。

（四）进出口的时滞，造成了粮食贸易的逆向调节

粮食进出口的主要作用是调节国内粮食供需和平抑粮食价格，当国内粮食供应紧张时应增加粮食进口，当国内粮食过剩时适当增加出口。粮食进出口的时滞性表现为粮食净进出口方向相对于国内粮食产量增减变化情况出现时间上的滞后现象，不但没有起到平衡国内粮食供求的作用，反而起到了逆向调节的作用。也就是说，由于粮食进出口的时滞性，在国内粮食增产的年份，中国反而大量进口粮食，而在国内粮食短缺、粮价上涨的年份，中国会大量出口粮食。发生粮食进出口时滞现象的主要原因是，中国粮食进出口计划的制定滞后于粮食供给周期，计划的制定过于依赖历史数据，缺乏对未来粮食供求形式的理性判断。同时，相关部门之间缺乏沟通协调。中国的粮食进出口主要是国家发展与改革委员会和国家粮食局根据宏观调控的需要，向中国储备粮管理总公司下达进出口总量的计划，然后由中国粮油进出口集团公司来执行。由于多个部门参与其中，进出口计划从确定至执行间隔时间长，出现了较显著的时滞现象。

## 二、中国粮食进出口安全的政策建议

针对中国粮食进出口贸易存在的主要问题，可以从以下方面进行改进。

（一）根据粮食最终用途采取差异化战略

随着中国居民膳食结构的变化，大豆和玉米的进口量不断扩大。中国饲料粮消费仍然会大幅度上升，国内生产要确定合理的粮饲比，大力推广饲料种植作物。除此之外，中国粮食进口也要区别口粮和饲料粮，

对口粮坚持以品种调剂为主，保证口粮绝对安全，对饲料粮及其替代品则应均衡向国际市场释放中国进口需求，减少中国部分粮食品种进口过度集中的问题。

（二）拓展粮食进口来源国

在粮食进口来源国的选定方面，要借助"一带一路"战略推进的有利时机，逐渐改变过度依赖极少数粮食出口国的格局，尽量分散采购；同等条件下，要尽量选择同为世界贸易组织成员国的粮食出口国，并充分利用世界贸易组织相关贸易规则，改善和提高中国粮食进出口贸易状况，更有效地保障中国粮食进口的粮源稳定和质量保证。

（三）注重粮食进出口的时点选择

粮食进出口的时点选择要与国内粮食产量状况匹配，粮食进出口贸易机制和应对措施要灵活，做到有效调剂国内粮食余缺的目标。同时，粮食进口应尽量避免国家名义的大规模进口行为，而改以少量多批次且以公司行为为主的进口措施，以消除国际市场的过度反应和国际炒家的趁机哄抬粮价，从而避免中国粮食进口产生额外的成本。

（四）积极发展贸易伙伴，推进粮食进口多元化

首先，稳定部分粮食进口来源。出于国内粮食需求以及国际粮食出口大国的考虑，粮食出口大国粮食价格低、品质较好，中国可以与其通过签订长期贸易协定，签订长期有效的进口协议。其次，寻找新的进口来源。"一带一路"沿线的中亚、西亚国家，如俄罗斯、乌克兰、哈萨克斯坦、巴基斯坦等国都是粮食生产大国以及出口大国，而且这些国家与中国有着友好的国际关系，但其粮食对中国出口比例并不大。对中国而言，"一带一路"沿线国家以及非洲地区受到基础设施、技术、经济条件等因素制约，农业发展相对落后，具有巨大的开发潜力。

（五）进一步完善粮食进口安全预警机制

进口预警机制是中国粮食安全预警机制的一部分，进口预警机制是通过观察国外粮食生产、流通、储存等环节来提前观察粮食国际市场变化，除此之外，还要观察国际粮食市场的变化，包括政治、经济、文化、

外交以及全球气候变化等多个方面及领域。其中，政治包括粮食生产大国与出口大国以及掌握粮食话语权的国家，内容是国内政治环境是否稳定以及发展形势如何；经济指全球经济的走向以及粮食出口大国经济发展形势；文化是指中国文化与出口国文化是否有共同之处，是否存在严重的文化冲突等；外交指中国与粮食生产出口大国以及具有国家效应的大国是否存在利益冲突而导致受到以政治为目的的粮食进口障碍。另外，应充分利用互联网和大数据平台，系统搜集全球主要粮食出口国生产、消费、储备、进出口、价格以及农业、气候、水利等数据，时刻关注国际政治环境的变化，同时结合国内粮情，深入分析历次国内外粮食危机中全球核心粮食以及中国主要的粮食品种，剖析这些粮食品种生产、流通、消费、储备、进口及价格波动情况，以构建完善有效的粮食国际贸易预警系统。

# 第七章 改革开放 40 年中国粮食加工业的发展与区域比较分析

　　早在公元前 841 年，《周易·系辞下》中就曾描绘过古人"断木为杵，掘地为臼"加工谷粮的情景；公元 284 年，《农政全书·水利》中出现了水轮传动的连机碓；1637 年以前，《天工开物·碎精篇》中表明碾米工艺和机具已初步完善，形成砻谷、谷糙分离和碾米各工序。在封建时期的中国，受生产关系的长期束缚，粮油加工生产力发展很慢，粮食加工一直附属于农业或者手工业，未形成独立的产业。中国近代的制粉、碾米、榨油加工业的产生和发展始于第一次世界大战时期，但规模都不大，而且产量低，分布不平衡，结构不合理。[①] 中华人民共和国成立以来，粮油加工业进行了大规模的基本建设，得到一定的发展，但是粮食加工的重点是为了解决人们的温饱问题，就粮食加工业来讲，发展速度不快，技术水平不高，粮食加工除形成庞大的系统工业外，加工设备和手段基本上还是传统的、作坊式的小型加工。

　　改革开放以来，通过不断改革与发展，中国粮食加工行业格局发生了根本性变化。从加工的粮食产品品种单一且主要是粗加工产品到以精深加工为主，实现粮食加工品种多样化，从完全国有经营到国有参股控股、市场主体发展，中国粮食加工业不断发展壮大。国有粮食加工企业

---

① 参见杨展主编：《粮食经济地理》，中国商业出版社 1991 年版，第 204 页。

改革是粮食流通体制改革的重要组成部分，粮食流通体制从统购统销到粮食购销市场化的根本性转变也相应带来了粮食企业经营体制的变化。40 年来，通过不断改革和发展，国有粮食企业经营逐步从垄断走向开放，企业产权结构逐步从国有独资走向投资主体多元化。

# 第一节　中国粮食加工业发展的历史回顾

改革开放以来，中国粮食加工业的改革历程大致可分为四个阶段：

## 一、国有国营阶段（1978—1985 年）

改革开放初期，中国对粮食仍然实行统购统销政策，国家严格控制粮食市场，对粮食实行统一管理。粮食加工企业主要是实行国有国营的模式，企业的收入归国家所有，支出由政府统一分配，人事由国家统一管理。在统一经营模式下，粮食加工企业的管理机制不灵活，管理者、生产者的积极性不高，企业的管理水平也比较低，经济效益不高。

（一）粮食加工业主要产品产量逐渐增长

1978 年以后，随着家庭联产承包责任制的实施和农业劳动生产率的提高，粮食产量大幅度提升。1978—1985 年，农村居民人均粮食消费量也从247.80 千克/年增长到257.50 千克/年。[①] 粮食增产和居民粮食消费量的提高，离不开粮食加工业产品产量的增加，1978—1985 年，粮食加工主要产品产量逐年增长，从 4 131.70 万吨增加到 5 257.60 万吨，增长了 27.25%，见表 7－1。说明在国有国营阶段，虽然粮食加工企业管理水平比较低，经济效益不高，但是粮食产量的增长以及消费需求的刚性增长，相应也带动了粮食加工产量的逐年增加。但是，随着粮食加工产品产量的不断增长，粮食加工经营制度必将束缚其生产力的发展，后来出现的企业责任承包经营制度以及股份制度都是为解决此问题不断衍生出来的新型经营模式。

---

① 数据来源：国家统计局农村社会调查司编：《中国农村统计年鉴（2013）》，中国统计出版社 2013 版，第 290 页。

表7-1 1978—1985年中国国有粮食加工业主要产品产量

单位：万吨

| 年份 | 一、谷物加工总产量 | (一)大米 | 其中：特等米 | (二)面粉 | 其中：特制一等粉 | (三)杂粮 | 其中：高粱米 | 小米 | 二、植物油总产量 | (一)食用植物油 | 其中：菜籽油 | 大豆油 | 棉籽油 | (二)非食用植物油 | 其中：蓖麻油 | 合计 |
|---|---|---|---|---|---|---|---|---|---|---|---|---|---|---|---|---|
| 1978 | 4 014.90 | 1 852.20 | 49.00 | 1 795.80 | 64.30 | 366.90 | 43.20 | 38.00 | 116.80 | 107.60 | 30.00 | 33.40 | 16.40 | 9.20 | 2.70 | 4 131.70 |
| 1979 | 4 059.90 | 1 763.40 | 52.40 | 1 911.50 | 103.10 | 385.00 | 45.70 | 32.10 | 129.80 | 122.00 | 33.90 | 23.00 | 17.40 | 7.80 | 2.60 | 4 189.70 |
| 1980 | 4 164.10 | 1 740.70 | 58.00 | 2 096.40 | 125.80 | 327.00 | 36.30 | 27.60 | 142.80 | 135.10 | 43.20 | 24.30 | 20.90 | 7.70 | 3.60 | 4 306.90 |
| 1981 | 4 425.70 | 1 778.50 | 39.80 | 2 335.60 | 136.80 | 311.60 | 32.20 | 21.30 | 180.00 | 171.90 | 68.40 | 25.10 | 19.30 | 8.10 | 3.40 | 4 605.70 |
| 1982 | 4 577.50 | 1 831.10 | 32.70 | 2 419.90 | 161.50 | 326.50 | 34.00 | 19.20 | 220.30 | 212.90 | 89.00 | 23.50 | 15.10 | 7.40 | 2.90 | 4 797.80 |
| 1983 | 4 522.80 | 1 931.30 | 54.00 | 2 373.70 | 213.00 | 217.80 | 30.00 | 17.70 | 229.60 | 222.00 | 102.70 | 30.80 | 21.80 | 7.60 | 3.10 | 4 752.40 |
| 1984 | 4 822.00 | 2 135.40 | 104.50 | 2 468.90 | 308.50 | 217.70 | 20.00 | 19.80 | 235.30 | 225.30 | 93.80 | 37.50 | 29.70 | 9.50 | 3.60 | 5 057.30 |
| 1985 | 5 015.70 | 2 265.80 | 126.50 | 2 525.10 | 387.10 | 224.80 | 15.80 | 19.10 | 241.90 | 233.90 | 98.80 | 36.00 | 25.40 | 8.00 | 3.30 | 5 257.60 |

资料来源：中国粮食经济协会编著：《中国粮食改革开放三十年》，中国财政经济出版社2009年版，第459—461页。《中国粮食改革开放三十年》使用数据来自《当代粮食工作史料》。

另外，从粮食加工产品的具体品种来看，在谷物加工总产量中，大米所占比例不断下降，而面粉所占比例不断增加，1979年面粉加工产量大于大米加工产量，成为谷物加工产品中最大产量的品种。植物油加工主要以食用植物油为主，占比达到95.00%以上，菜籽油是食用植物油的主要来源，仍然是满足居民日常生活需要的基本粮食加工品。

（二）粮食加工企业数量波动增长

1978—1985年，国有粮食加工企业从9 960个增加到10 451个，平均每年增加70个。大米厂、面粉厂数量占粮食加工企业总数的比例最大，平均占比达到72.60%，说明国有国营阶段粮食加工企业主要以稻谷碾米、小麦制粉为主，粮食加工的需求主要是解决人民的温饱问题。从具体的阶段来看，1978—1981年，国有粮食加工企业个数逐年减少。1978年国有粮食加工企业个数为9 960个，到1981年降低到最低值9 185个，共减少了775个；1981—1982年间，国有粮食加工企业个数迅速增加了1 279个，达到最高值10 464个，见表7-2。国有粮食加工企业的增长，也带来1982年粮食加工产品产量的大幅度提高。1982年谷物加工总产量为4 577.50万吨，比1981年增加了151.80万吨，同比增长了3.43%；1982年植物油总产量为220.30万吨，比1981年增加了40.30万吨，同比增长了22.39%。为了适应粮食生产和流通的连续性和合理性，提高经济效益，满足社会需要，1982年国家扩展粮食加工业范畴，逐渐形成以碾米、磨粉、油脂加工为主体，粮油食品加工、粮油副产品综合利用、饲料加工和粮油机械制造等在内的粮食加工业体系。通过扩充行业范围的举措极大促进了粮食加工企业发展的信心，企业的数量也相应增长。

另外，从表7-2中可以看到，1978—1985年间，食品厂和饲料厂呈增长趋势，说明在粮食产量增长的背景下，解决人民温饱问题过后，粮食加工技术从初加工向简单再加工以及深加工程度不断发展。而粮食加工相关的机械厂却呈现下降趋势，说明国有国营阶段中国粮食加工企业更新加工设备的意愿不足，导致相关机械厂发展空间狭小，企业人数不断减少。

表 7-2   1978—1985 年中国国有粮食加工企业单位统计

单位：个

| 年份 | 大米厂 | 面粉厂 | 植物油厂 | 食品厂 | 饲料厂 | 机械厂 | 企业合计 |
|------|--------|--------|----------|--------|--------|--------|----------|
| 1978 | — | 8 228 | 1 048 | — | — | 358 | 9 960 |
| 1979 | 5 882 | 1 481 | 1 075 | — | 66 | 348 | 9 851 |
| 1980 | 5 392 | 1 587 | 1 244 | 246 | 62 | 320 | 9 569 |
| 1981 | — | 7 319 | 1 239 | — | — | 296 | 9 185 |
| 1982 | 5 196 | 1 889 | 1 662 | 507 | 103 | 274 | 10 464 |
| 1983 | 5 155 | 1 765 | 1 559 | 611 | 116 | 262 | 10 015 |
| 1984 | 5 057 | 1 926 | 1 673 | 731 | 179 | 248 | 10 420 |
| 1985 | 5 083 | 1 915 | 1 564 | 926 | 222 | 238 | 10 451 |

资料来源：中国粮食经济协会编著：《中国粮食改革开放三十年》，中国财政经济出版社 2009 年版，第 459—461 页。《中国粮食改革开放三十年》使用数据来自商业部《粮食经济资料》。

注："—"表示数据缺失。

统购统销的粮食流通体制限制了粮食加工产品的流通，未形成自由的粮食加工产品交易市场，不利于促进粮食加工企业的发展以及粮食加工技术、设备的更新。随着改革开放的不断深入，国家垄断专营粮食购销已不适应市场发展，1978—1985 年间，统购统销制度开始松动，到 1985 年初，中央 1 号文件《中共中央、国务院关于进一步活跃农村经济的十项政策》中规定：从 1985 年度开始用合同定购制度代替统购派购制度，为粮食加工企业经营方式的转变提供有利条件。

## 二、企业承包经营责任制阶段（1985—1992 年）

随着经济体制和粮食流通领域其他各项改革的不断深入，各级政府及粮食行政管理部门积极推行粮食加工企业承包经营责任制，以此来激发粮食加工行业的发展活力。粮食加工企业实行承包经营责任制，有利于促进粮食生产、确保粮食供应、稳定粮食市场。所有权与经营权适当分离，从而确立经营者在企业的中心地位，更好地调动经营者的生产积极性，使粮食企业从传统的计划经济向社会主义市场经济转变，从政府对企业直接管理为主向间接管理为主转变，从而增强了粮食加工企业适应外部环境变化的能力。

（一）企业承包经营责任制改革

1988 年 9 月中国共产党第十三届三中全会指出："在多方面的综合改革中，应当特别注重深化企业改革，尤其是大中型国有企业的改革。"1990 年 7 月，《国务院关于加强粮食购销工作的决定》中指出："继续推行粮食政策性亏损定额补贴办法，完善各项经营承包管理责任制，增强企业活力。"企业承包经营责任制是按照市场经济规律开展多种经营，既减轻了国家财政负担，又搞活了粮食流通，促进了国有粮食企业较快发展。[①]

粮食加工企业承包经营责任制改革后，国有国营阶段中分配上的平均主义以及企业经营者和职工吃"大锅饭"的现象得到基本解决，依照政策和合同规定，企业可以自主决定经营者利益，决定企业内部工资、奖金的分配形式。这样的利益激励措施极大调动了生产经营者的生产积极性，促进了粮食加工企业的发展。

（二）乡镇粮食加工企业不断发展壮大

粮食加工企业承包经营责任制改革后，乡镇企业粮食加工产量不断增长。1985—1992 年，乡镇企业粮食加工产量从 4 779.66 万吨增长到 39 555.56 万吨，增加了 7.28 倍。其中，1992 年乡镇企业谷物加工产量达到 38 995.00 万吨，比 1985 年增加了 7.37 倍；乡镇企业食用植物油产量从 119.32 万吨增加到 560.56 万吨，增长了 3.70 倍。说明乡镇企业粮食加工产量的增长主要来自于谷物加工产量的增长，同国有国营阶段相比，粮食加工产量增长速度明显加快。伴随着粮食加工产量的不断增长，粮食加工企业产值也呈现逐年增长趋势，从 1987 年的 82.22 亿元增加到 1992 年的 287.51 亿元，谷物和植物油加工企业产值差距不断扩大。见表 7-3。

---

[①]　参见邓亦武：《改革开放以来国有粮食企业改革的主要历程、成效和经验》，《中国粮食经济》2008 年第 7 期。

表 7 - 3　1985—1992 年中国乡镇粮食加工企业发展情况

| 年份 | 企业个数（万个） | | | 企业人数（万人） | | | 企业产值（亿元） | | | 企业产量（万吨） | | |
|---|---|---|---|---|---|---|---|---|---|---|---|---|
| | 谷物 | 植物油 | 合计 | 谷物 | 植物油 | 合计 | 谷物 | 植物油 | 合计 | 谷物 | 植物油* | 合计 |
| 1985 | — | — | — | — | — | — | — | — | — | 4 660.34 | 119.32 | 4 779.66 |
| 1986 | — | — | — | — | — | — | — | — | — | 15 212.00 | 164.55 | 15 376.55 |
| 1987 | 16.73 | 3.15 | 19.88 | 76.51 | 28.46 | 104.97 | 47.23 | 34.99 | 82.22 | 16 553.00 | 182.34 | 16 735.34 |
| 1988 | 15.92 | 2.96 | 18.88 | 73.85 | 28.09 | 101.94 | 57.71 | 33.58 | 91.29 | 16 924.00 | 200.67 | 17 124.67 |
| 1989 | 16.45 | 2.81 | 19.26 | 73.22 | 27.17 | 100.39 | 79.86 | 57.63 | 137.49 | 18 846.00 | 205.00 | 19 051.00 |
| 1990 | 16.03 | 2.75 | 18.78 | 74.15 | 27.19 | 101.34 | 112.50 | 68.49 | 180.99 | 16 681.00 | 272.46 | 16 953.46 |
| 1991 | 15.45 | 2.72 | 18.17 | 71.56 | 26.91 | 98.47 | 131.74 | 76.29 | 208.03 | 21 665.00 | 308.35 | 21 973.35 |
| 1992 | 14.56 | 2.66 | 17.22 | 79.23 | 26.51 | 105.74 | 196.72 | 90.79 | 287.51 | 38 995.00 | 560.56 | 39 555.56 |

资料来源：数据来源于 1985—1993 年《中国乡镇企业年鉴》。

注："—"表示数据缺失。"＊"表示植物油为食用植物油。

在企业承包经营责任制阶段，粮食加工企业产品产量和产值都呈现逐年增长态势，但是企业个数不断减少，企业从业人员数量变化也不大。1987—1992 年，乡镇粮食加工企业个数从 19.88 万个减少到 17.22 万个，减少了 13.88%，谷物和植物油加工企业个数分别从 16.73 万个和 3.15 万个减少到 14.56 万个和 2.66 万个，分别减少了 12.97%和 15.56%；企业从业人数从 104.97 万人波动增加到 105.74 万人，增加了 0.73%，其中谷物加工企业从业人数从 76.51 万人增加到 79.23 万人，增加了 3.56%，植物油加工企业从业人数从 28.46 万人减少到 26.51 万人，减少了 6.85%。说明在改制中形成新的以企业承包经营责任制为基础的新型粮食加工企业，提高了劳动生产效率。引入市场机制后，粮食加工企业优胜劣汰，在提高粮食加工产品产量、增加粮食加工企业产值的同时也淘汰了生产效率低的企业，并优化了企业员工配置，减少了"吃大锅饭"职员的存在。

总体来说，在取消粮食统购制度后，在市场调节机制下，粮食加工企业实行承包经营责任制，突破了粮油加工企业高度统一的经营管理模式，在一定程度上实现了所有权和经营权的分离，较好地把国家、企业和职工的利益结合起来，从而调动了企业管理者、生产者的积极性，企业经济效益明显提高。

## 三、现代企业制度改革经营阶段 (1992—2001 年)

随着粮食流通体制改革的不断深入，粮食企业逐渐改变了过去购、销、调、加工的管理方法，基本上开始走上自主经营、自负盈亏、自我发展、自我约束的轨道。除了一部分较为单一而且基础较好的粮食加工企业外，相当一部分大、中型粮食加工企业亏损加剧，包袱加重，资金严重短缺，或原料购不进，或产品销不出，停工、停产，企业处于出路无门的困境。

（一）现代企业制度改革不断推进

企业承包经营责任制是一种将企业所有权和经营权相分离，在不触动原有产权关系的前提下，将经营权交给企业，实现国家所有权与企业经营权分离的经营模式。从本质来说是借鉴西方股份企业所有权与经营权相分离模式，但是企业承包经营责任制的分离并未产生西方股份制企业那种"所有者观念支配、经营者实际支配"的产权关系，也就没有改变政府与企业间上下级行政关系，政府仍然握有最后确定承包基数，最后确定企业领导人员、投资决策、工资分配等一系列权力，干预企业营运也就不足为奇。因此，经营承包制改革红利基本消失，全国国有企业经营每况愈下。

1992 年后，全国掀起了新一轮深化改革的浪潮。1993 年中国共产党十四届三中全会通过了《中共中央关于建立社会主义市场经济体制若干问题的决定》，明确提出要建立现代企业制度，开启大中型国有企业公司制、中小型国有企业民营化改革进程，即大中型国有企业可以改革成为国有独资、有限责任公司及股份制公司，中小型国有企业可以出售给集体和个人。1992—2001 年，中国国有粮食企业不断推进现代企业制度改革，到 2001 年底，国有粮食企业下降到 45 686 个，比 1998 年的 53 240 个减少了 14.18%；累计改制企业 8 736 个，比 1998 年的 5 318 个增加了 64.27%；国有粮食企业从业人员数下降到 272.80 万人，比 1998 年的 330.60 万人减少了 17.48%。见表 7-4。

表 7-4  1998—2001 年中国国有粮食企业改制情况

| 年份 | 企业总数（个） | 累计改制企业（个） | 人员数（万人） |
|---|---|---|---|
| 1998 | 53 240 | 5 318 | 330.60 |
| 1999 | 51 807 | 5 515 | 318.80 |
| 2000 | 48 206 | 6 843 | 298.10 |
| 2001 | 45 686 | 8 736 | 272.80 |

资料来源：中国粮食经济协会编著：《中国粮食改革开放三十年》，中国财政经济出版社 2009 年版，第 459—461 页。《中国粮食改革开放三十年》使用数据来自国家粮食局财务司。

（二）现代企业制度改革的方式与成效

国有粮食企业现代企业制度改革的方式主要有：职工整体买断国有资产组建股份制企业；吸引外资、民间资本和其他企业入股，加快股份制改造；破产重组。粮食加工企业现代企业制改革以后呈现出新的特点：中小粮食加工企业中国有资本逐渐退出；很多大型民营粮食加工企业在这个阶段成长起来，逐渐成为粮油加工行业的骨干力量；外资经济开始成规模渗入；现代企业制度逐渐建立。伴随着国有企业所有权的深度改革，中国国有粮食加工企业也进行了现代企业制度改革，使得粮食加工企业建立起了科学的企业组织管理制度，提高了管理者和劳动者的积极性，同时也提高了企业的生产效率。1992—1996 年，乡镇粮食加工企业粮食加工产量不断增长，谷物加工产量从 38 995.00 万吨增加到 40 491.00 万吨①。乡镇粮食加工企业个数不断减少，从 1992 年的 17.83 万个减少到 1995 年的 15.31 万个，但是配合饲料加工企业个数呈现增长趋势。主要原因在于随着收入水平的增加，居民对于肉、蛋、奶食物需求的增长，带动了畜牧产业的发展，同样也加速推进了饲料加工业的发展。从 1994 年开始，将饲料工业纳入食品加工业的大类下，和谷物加工业合并为粮食及饲料加工业大类，突出饲料加工业在粮食加工业中的重要地位。同企业承包经营责任制阶段不同，现代企业制度改革经营阶段乡镇粮食加工企业从业人数呈现增长趋势，从 1992 年的 115.50 万人增加到 1995 年的 136.58 万人，说明粮食加工业现代企业制度改革后也带来了就业人员的增长。乡镇粮食加工企业产值从 1992 年的 326.51 亿元增加到 1995 年的 1 545.23 亿元，增长了 3.73 倍，说明粮食加工业现代企业制度改革后，显著提高了企业的经营效益，见表 7-5。

　　另外，在粮食加工企业进行现代企业制度改革的进程中，外资企业也顺势进入中国粮食加工业，并带来了先进生产设备以及生产理念。20 世纪 90 年代初，当国内大多数消费者对食用油认识还停留在深色的、粗炼的散装油阶段时，外资企业就将业务定位为精炼油。当市场开始认可和接受精炼油后，外资企业建立了国内第一家大规模精炼油脂和小包装食用油生产企业——南海油脂工业（赤湾）有限公司，开创了中国小包装食用油的先河。

---

① 虽然植物油加工产品数据缺失，但是谷物加工产量呈现增长趋势。

表7－5 1992—1996年中国乡镇粮食加工企业发展情况

| 年份 | 企业个数（万个） | | | | 企业人数（万人） | | | | 企业产值（亿元） | | | | 企业产量（万吨） | | | |
|---|---|---|---|---|---|---|---|---|---|---|---|---|---|---|---|---|
| | 谷物 | 植物油 | 配合饲料 | 合计 | 谷物 | 植物油 | 配合饲料 | 合计 | 谷物 | 植物油 | 配合饲料 | 合计 | 谷物 | 植物油* | 配合饲料 | 合计 |
| 1992 | 14.56 | 2.66 | 0.61 | 17.83 | 79.23 | 26.51 | 9.76 | 115.50 | 196.72 | 90.79 | 39.00 | 326.51 | 38 995.00 | 560.56 | 2 768.00 | 42 323.56 |
| 1993 | 15.18 | 2.65 | 0.33 | 18.16 | 91.03 | 28.43 | 6.26 | 125.72 | 364.01 | 146.34 | 60.53 | 570.88 | 62 555.00 | 369.91 | 11 157.00 | 74 081.91 |
| 1994 | 14.21 | 2.49 | 0.85 | 17.55 | 101.07 | 29.33 | 11.91 | 142.31 | 705.28 | 245.19 | 142.48 | 1 092.95 | 29 340.00 | 467.79 | 1 838.00 | 31 645.79 |
| 1995 | 12.94 | 2.37 | — | 15.31 | 107.77 | 28.81 | — | 136.58 | 209.14 | 336.09 | — | 1 545.23 | 37 458.00 | — | — | 37 458.00 |
| 1996 | — | — | — | — | — | — | — | — | — | — | — | — | 40 491.00 | 539.49 | — | 41 030.49 |

资料来源：1993—1997年《中国乡镇企业年鉴》，1997—2001年末公布此部分数据，为保持统计口径的一致性，未选择其他出处数据进行补充，但是可以通过分析1992—1996年趋势分析此阶段粮食加工企业的发展规律。

注："—"表示数据缺失。1995年谷物加工数据包含配合饲料加工数据，为了便于比较，故将1992—1994年饲料工业的相关数据纳入粮食加工统计数据中。"＊"表示植物油为食用植物油。

## 四、多元化主体经营阶段（2001年以来）

随着市场经济体制的不断完善和发展，粮食流通体制的进一步改革，为粮食加工业的发展壮大奠定了基础。同时，国有粮食企业现代企业制度改革，极大释放了粮食加工企业的生产能力，推动了民营粮食加工企业的发展，形成了民营、国有、外资等多元化加工主体经营格局。

### （一）以民营企业为主

改革开放40年来，中国粮食加工民营企业从小到大、从弱到强，不断发展壮大，为推动粮食加工业的发展做出了重要贡献。中国粮食加工企业主要以民营企业为主，所占比重在1/3以上。粮食加工民营企业凭借灵活的经营机制，更加适应不断变化的市场需求，逐渐成为市场的中坚力量。2003—2014年，中国粮食加工企业从12 777个波动增长到19 366个，其中民营企业个数不断增加，从9 556个增加到17 547个，增加了83.62%。在企业总数的占比从2003年的74.8%增加到2014年的90.61%。

从粮食加工的品种来看，民营企业在大米、小麦、食用植物油加工业中占比均最高。2003—2014年，大米加工业中的民营企业从5 767个增加到9 045个，增长了56.84%；小麦加工业中的民营企业从2 709个增加到2 806个，增幅较小；食用植物油加工业中的民营企业从1 080个增加到1 443个，增加了33.61%；见表7-6。

### （二）国有企业占比不断下降

粮食市场化改革以来，中国国有粮食企业改制步伐明显加快，国有粮食加工企业数量显著下降。2003—2014年，国有粮食加工企业从3 221个下降到1 240个，降幅为61.50%。其中国有大米加工企业数量减少量最多，从2 048个减少到749个，减少了1 299个，减少63.43%；国有小麦加工企业个数减少幅度最大，从760个减少到212个，减少了72.11%；见表7-6。

表7-6 2003—2014年中国粮食加工企业数量及构成

单位：个

| 年份 | 企业总数 | | | | 大米加工业 | | | | 小麦加工业 | | | | 食用植物油加工业 | | | |
|---|---|---|---|---|---|---|---|---|---|---|---|---|---|---|---|---|
| | 民营 | 国有 | 外资 | 合计 | 民营 | 国有 | 外资 | 小计 | 民营 | 国有 | 外资 | 小计 | 民营 | 国有 | 外资 | 小计 |
| 2003 | 9 556 | 3 221 | 90 | 12 777 | 5 767 | 2048 | 22 | 7 815 | 2 709 | 760 | 34 | 3 469 | 1 080 | 413 | 34 | 1 493 |
| 2004 | 6 492 | 1 949 | 105 | 8 546 | 4 415 | 1228 | 23 | 5 666 | 1 434 | 520 | 36 | 1 990 | 643 | 201 | 46 | 890 |
| 2005 | 9 544 | 1 454 | 120 | 11 118 | 6 255 | 978 | 27 | 7 060 | 2 454 | 326 | 35 | 2 815 | 835 | 150 | 58 | 1 043 |
| 2006 | 10 342 | 1 252 | 125 | 11 719 | 6 676 | 848 | 24 | 7 548 | 2 832 | 296 | 31 | 3 159 | 834 | 108 | 70 | 1 012 |
| 2007 | 10 705 | 1 150 | 122 | 11 977 | 6 879 | 800 | 19 | 7 698 | 2 902 | 247 | 35 | 3 184 | 924 | 103 | 68 | 1 095 |
| 2008 | 11 760 | 1 534 | 387 | 13 681 | 6 386 | 900 | 25 | 7 311 | 2 454 | 328 | 37 | 2 819 | 996 | 137 | 89 | 1 222 |
| 2009 | 12 750 | 1 278 | 444 | 14 472 | 6 897 | 754 | 36 | 7 687 | 2 491 | 259 | 37 | 2 787 | 1 121 | 107 | 93 | 1 321 |
| 2010 | 14 550 | 1 371 | 536 | 16 457 | 7 679 | 799 | 41 | 8 519 | 2 705 | 278 | 44 | 3 027 | 1 265 | 118 | 103 | 1 486 |
| 2011 | 16 081 | 1 447 | 610 | 18 138 | 8 526 | 827 | 41 | 9 394 | 2 888 | 299 | 46 | 3 233 | 1 400 | 123 | 113 | 1 636 |
| 2012 | 14 550 | 1 371 | 536 | 16 457 | 7 679 | 799 | 41 | 8 519 | 2 705 | 278 | 44 | 3 027 | 1 265 | 118 | 103 | 1 486 |
| 2013 | 17 885 | 1 408 | 587 | 19 880 | 9 203 | 834 | 35 | 10 072 | 2 961 | 239 | 48 | 3 248 | 1 502 | 141 | 105 | 1 748 |
| 2014 | 17 547 | 1 240 | 579 | 19 366 | 9 045 | 749 | 36 | 9 830 | 2 806 | 212 | 48 | 3 066 | 1 443 | 118 | 99 | 1 660 |

资料来源：2003—2007年数据来自中国粮食经济协会编著：《中国粮食改革开放三十年》，中国财政经济出版社2009年版，第460页。《中国粮食改革开放三十年》使用数据来自中国粮食行业协会统计资料。2008—2014年数据来自2009—2015年《中国粮食年鉴》，自2015年开始未公布上述数据。

2006 年国务院出台的《关于完善粮食流通体制改革政策措施的意见》要求除了按照既定的改革方向和思路对粮食流通体制进行改革，还提出要大力发展粮食产业化经营，即对以粮食为主要原料的加工企业，特别是骨干龙头企业给予重点支持。然而，对于大型骨干粮食加工企业实行国有控股这一点没有硬性的规定，也没有及时有力的政策扶持，并且各地在经济发展总体战略上对粮油加工行业重视程度不够，导致改制后国有及国有控股企业不断减少。相反，民营和外资企业在市场经济中展现了蓬勃的发展活力。

（三）外资企业个数不断增长

2001 年中国加入世界贸易组织以来，对国际农产品市场准入的限制逐步放开，跨国粮食企业逐渐进入中国粮食市场。在这样的背景下，外资企业以粮食加工环节为切入点，通过参股、控股等方式逐步渗透到中国粮食加工业中。随着外资进入步伐加快，中国粮食加工业市场格局发生了显著变化。国有粮食加工企业比例显著下降，外资企业和小规模的民营企业比例稳步增长，粮食加工业市场竞争日益激烈，外资进入对粮食市场的影响力也逐渐突显。2003—2014 年，中国粮食加工外资企业个数从 90 个上升到 579 个，在粮食加工企业总数的占比从 0.70% 增加到 3.00%，见表 7-6。

从粮食加工的品种来看，粮食加工业外资企业个数具有显著差异，开放程度较高的食用植物油加工业的外资企业个数最多，而开放程度相对较低的大米、面粉加工业外资企业相对较少。受 2008 年金融危机影响，中国粮食加工企业中外资企业个数增加趋势有所减慢，2011 年出现减少现象。

# 第二节　中国粮食加工业发展现状

改革开放 40 年来，中国粮食加工业经历了国有国营阶段、企业承包经营责任制阶段、现代企业制度改革经营阶段和多元化主体经营阶段的演变过程，同时粮食加工业也表现出生产规模和经济效益不断增长、粮食加工企业不断做大和粮食加工业产能严重过剩的现状。

## 一、粮食加工企业的生产规模和经济效益不断增长

进入 21 世纪后，中国粮食加工业进入新的发展时期。在党中央、国务院制定的一系列扶持发展农业和农产品加工业的政策导向下，粮食生产的发展和综合利用率提高，粮食加工业加快发展，实现了生产规模和经济效益的双跨越。

（一）粮食加工企业的生产规模增长

2001—2016 年，中国粮食加工企业个数从 1 228 个增加到 17 674 个，增长了 13.39 倍，见表 7-7。说明随着人民群众生活水平的提高，消费者要求能够提供花色品种更多、质量更好、营养更丰富、更加安全卫生的粮油食品，为粮食加工业的发展提供了更大的市场空间。从表 7-6 中可以看到粮食加工企业个数的增加主要来自于民营粮食加工企业的不断增加。

表 7-7  2001—2016 年中国粮食加工企业发展情况

| 年份 | 粮食加工企业数量（个） | 粮食加工业主要产品产量（万吨） | | | 粮食加工业主要经济指标（亿元） | | |
|---|---|---|---|---|---|---|---|
| | | 大米 | 小麦粉 | 食用植物油 | 工业总产值 | 销售收入 | 利润总额 |
| 2001 | 1 228 | 866.20 | 1 815.00 | 486.10 | 795.50 | 759.50 | 9.03 |
| 2002 | 3 787 | 1 878.00 | 2 713.20 | 724.50 | 1 547.90 | 1 485.20 | 28.00 |
| 2003 | 12 777 | 2 131.30 | 2 789.40 | 953.10 | 1 668.30 | 1 635.70 | 33.60 |
| 2004 | 8 546 | 2 257.10 | 2 938.10 | 953.80 | 2 459.00 | 2 445.20 | 17.50 |
| 2005 | 11 118 | 2 904.60 | 3 480.40 | 1 384.10 | 3 011.30 | 2 995.30 | 42.00 |
| 2006 | 11 719 | 3 844.00 | 4 345.80 | 1 730.20 | 3 734.30 | 3 730.20 | 76.70 |
| 2007 | 11 977 | 4 381.50 | 4 965.90 | 1 898.50 | 4 880.70 | 4 890.80 | 149.40 |
| 2008 | 13 681 | 4 783.00 | 5 506.00 | 2 294.00 | 9 733.10 | 9 565.70 | 213.20 |
| 2009 | 14 471 | 5 724.00 | 5 527.00 | 2 781.00 | 11 183.10 | 11 098.20 | 311.90 |
| 2010 | 16 457 | 7 295.00 | 7 529.00 | 3 154.00 | 15 408.90 | 15 283.80 | 432.80 |

表 7 - 7（续）

| 年份 | 粮食加工企业数量（个） | 粮食加工业主要产品产量（万吨） | | | 粮食加工业主要经济指标（亿元） | | |
|---|---|---|---|---|---|---|---|
| | | 大米 | 小麦粉 | 食用植物油 | 工业总产值 | 销售收入 | 利润总额 |
| 2011 | 18 111 | 8 217.00 | 8 509.00 | 3 411.00 | 19 171.90 | 19 189.30 | 489.10 |
| 2012 | 19 330 | 8 882.00 | 9 613.00 | 3 975.00 | 22 797.20 | 22 638.80 | 585.80 |
| 2013 | 19 880 | 9 459.00 | 9 873.00 | 2 879.00 | 24 496.30 | 24 216.10 | 639.60 |
| 2014 | 19 366 | 9 870.00 | 9 676.00 | 3 004.00 | 25 734.60 | 25 488.50 | 635.10 |
| 2015 | 24 971 | 5 677.50 | 7 545.60 | 2 681.90 | 24 574.30 | 24 093.60 | 783.00 |
| 2016 | 17 674 | 6 181.40 | 7 800.40 | 3 231.20 | 27 852.60 | 27 612.70 | 1 320.70 |

资料来源：2001—2007 年数据来自中国粮食经济协会编著：《中国粮食改革开放三十年》，中国财政经济出版社 2009 年版，第 460—463 页。《中国粮食改革开放三十年》使用数据来自中国粮食行业协会统计资料。2008—2016 年数据来自 2009—2017 年《中国粮食年鉴》。

粮食加工业的主要产品产量也随着粮食加工企业的增加呈现不断增长趋势，其中加工大米产量从 2001 年的 866.20 万吨增加到 2016 年的 6 181.40 万吨，年均增长率为 14.00%，增长数量和速度高于小麦粉和食用植物油。小麦粉产量从 2001 年的 1 815.00 万吨增加到 2016 年的 7 800.40 万吨，年均增长率为 10.21%；食用植物油从 2001 年的 486.10 万吨增加到 2016 年的 3 231.20 万吨，年均增长率为 12.60%。2006 年大米、小麦粉和食用植物油的产量出现快速增长，相较 2005 年分别增长了 32.34%、24.87% 和 25.00%。原因主要在于 2006 年国务院以国发〔2006〕16 号文件出台的《国务院关于完善粮食流通体制改革政策措施的意见》指出：除了按照既定的改革方向和思路对粮食流通体制进行改革外，还要大力发展粮食产业化经营。大力发展粮食产业化经营即以粮油为主要原料的加工企业，特别是骨干龙头企业，给予重点支持，在一定程度上刺激了 2006 年粮食加工企业产能的提高。

（二）粮食加工企业的经济效益提高

加入世界贸易组织后，中国的粮油市场与国际接轨，进口粮油对国内市场产生一定的冲击，来自国外大企业、跨国公司的竞争加剧。与此同时，中国粮食加工业利用两个市场、两种资源，引进资金和技术进行产品加工的机会也相应增加，经济效益不断提高。粮食加工业总产值随着加工企业的增加而不断增长，增加的利润总额也吸引了更多企业加入粮食加工业。2001—2016年，中国粮食加工业总产值从795.50亿元增加到27 852.60亿元，增长了34.00倍；销售收入从759.52亿元增加到27 612.70亿元，增长了35.40倍；利润总额从9.03亿元增加到1 320.70亿元，增长了145.30倍。同时从表7-7中可以看到，2014年粮食加工企业利润总额出现自2005年以来首次下降，原因主要在于加工原粮价格的高涨，抬高了加工企业的生产成本，特别是自2008年实施玉米临时收储政策以来，玉米价格不断抬升。2015年开始，国家稳步推进粮食价格形成机制和收储制度改革，加大粮食库存消化力度，进一步激发了粮食产业经济发展的活力，特别是2016年按照"市场定价、价补分离"的原则实行玉米临时收储制度改革后，玉米价格回归市场，企业生产成本大幅降低，极大地促进了玉米深加工、饲料等行业的发展，经济效益稳中向好。

## 二、粮食加工企业不断做大

从生产规模来看，粮食加工企业通过兼并、吸收和重组等方式整合资源，进一步扩大了生产规模，提高了集约化经营水平。其结果是小型企业数量不断减少、大中型企业数量增长明显、大集团企业快速发展。

### （一）小型企业①数量不断减少

从总体上来说，中国粮食加工企业数量不断增加，但是按生产能力规模划分的不同企业发展存在差异。2008年，粮食加工业主要以生产能力规模在100吨/天以下的企业为主，共计8 454个，占全部企业的62.73%，这部分企业属于小型粮食加工企业，其规模太小，数量过多，经营分散，生产集中度不高，导致成本高，产品总体质量水平和档次不够高，结构不够合理，精深加工、综合利用的产品少。生产规模过小，

---

① 在此将生产能力规模在100吨/天以下的企业定义为小型企业，生产能力规模在100吨/天以上（含）的企业定义为大中型企业。

导致企业资源没有得到充分利用。另外，中国小型粮食加工企业科技投入少，研究能力弱，企业自主开发创新能力低，高效增值少，采用新技术提高资源利用水平较低；产品标准和质量控制体系不完善，标准水平低，不能适应发展国际贸易的需要。

而中国大中型粮食加工企业以及跨国粮商凭借其规模化生产优势，不断挤压小型粮食加工企业，导致部分小型粮食加工企业倒闭或者被收购，到 2014 年，小型企业数量下降到 7 926 个，减少了 528 家企业。其中，30—50 吨/天生产能力规模的粮食加工企业数量减少幅度最大，从2008 年的 2 162 个减少到 2014 年的 1 816 个，减少了 16%。另外，从表7-8 中可以看到，从 2011 年开始，生产能力规模在 30 吨/天以下的粮食加工企业个数呈现增长趋势，说明在激烈的市场竞争中，小型粮食加工企业凭借其特殊性和灵活性，形成了一定的发展优势。

表 7-8 2008—2014 年中国粮食加工企业按生产能力规模分类情况

单位：个

| 年份 | 生产能力小于 100 吨/天的企业数量 | | | | 生产能力大于 100 吨/天的企业数量 | | | | | 合计 |
|---|---|---|---|---|---|---|---|---|---|---|
| | 30 吨/天以下 | 30—50 吨/天 | 50—100 吨/天 | 小计 | 100—200 吨/天 | 200—400 吨/天 | 400—1000 吨/天 | 1000 吨/天以上 | 小计 | |
| 2008 | 2 034 | 2 162 | 4 258 | 8 454 | 2 761 | 1 449 | 578 | 235 | 5 023 | 13 477 |
| 2009 | 1 706 | 2 099 | 4 391 | 8 196 | 3 296 | 1 837 | 749 | 310 | 6 192 | 14 388 |
| 2010 | 1 713 | 2 062 | 4 101 | 7 876 | 4 236 | 2 635 | 1 198 | 429 | 8 498 | 16 374 |
| 2011 | 1 967 | 2 101 | 4 325 | 8 393 | 4 606 | 3 016 | 1 501 | 508 | 9 631 | 18 024 |
| 2012 | 2 284 | 2 063 | 4 507 | 8 854 | 4 771 | 3 341 | 1 714 | 558 | 10 384 | 19 238 |
| 2013 | 2 234 | 2 015 | 4 424 | 8 673 | 5 034 | 3 556 | 1 898 | 618 | 11 106 | 19 779 |
| 2014 | 2 082 | 1 816 | 4 028 | 7 926 | 4 990 | 3 686 | 2 025 | 644 | 11 345 | 19 271 |

资料来源：2009—2015 年《中国粮食年鉴》，该年鉴 2015 年以后未公布相关数据。

（二）大中型企业数量增长明显

中国大中型粮食加工企业数量增长明显，占粮食企业总数的比例从2008 年的 37.27% 增加到 2014 年的 58.87%，成为粮食加工业的中坚力量。2008年国际金融危机以来，产品结构、市场结构落后的小型企业无法适应金融危机的冲击，导致小型粮食加工企业相继破产。大中型企业凭借其经济实力不断兼并、重组其他小型企业，数量不断增长。2010年大中型企业数量增长最快，相比2009年企业数量增加了37.24%。其中生产能力在400—1 000吨/天的粮食加工企业数量增长幅度最大，从2008年到2014年增长了2.50倍。说明粮食加工企业规模化、集中度不断提升。

虽然中国大中型企业数量呈现不断增长趋势，但是却存在大而不强的问题。粮食加工业产能过剩是整个行业面临的突出问题，2016年中国稻谷加工产能利用率仅43%左右，小麦加工产能利用率也只有60%左右。[①] 因此，大中型粮食加工企业更应注重化解产能过剩问题，不断做大做强。其中需要注重从量的扩大转为质的提高，不断整合资源，优化结构，并且不断加强企业之间的合作，从单家独干转为扩大联合，实现互利共赢。

（三）注重发展大集团企业

民营、国有、外资等多元化加工主体经营格局加剧了中国粮食加工业的市场竞争。在激烈的竞争环境中，中国粮食加工业加快联合、兼并和重组等组织和结构的调整步伐，形成了一批资本结构多元化、产品科技含量高、市场竞争力强的大型化、规模化、集团化的龙头企业和产业集群，促进了粮食加工业的产业升级，加快了粮食加工业产业链延伸和粮食资源的转化利用，提高了产业的集中度、科技创新能力和产品市场占有率等核心竞争力。

其中，以中粮集团有限公司为代表的企业，通过在国内整合重组、国外收购兼并，逐步成为大集团企业，使其在资产规模、业务种类等体量上具备了更强的经济实力，也更有能力参与国际市场竞争和掌握价格话语权，进一步巩固了中粮集团"国际化大粮商"的实力和地位。2004年，中国土产畜产进出口总公司（简称中国土畜）并入中粮集团；2006

---

① 参见姚惠源：《中国粮食加工行业供给侧结构性改革的战略思考》，《粮食与食品工业》2017年第24期。

年，中谷粮油集团公司并入中粮集团；2013 年，中国华粮物流集团公司
并入中粮集团；2014 年，中国华孚贸易发展集团公司整体并入中粮集
团。2016 年 3 月 3 日，中粮集团收购中粮来宝农业剩余 49% 股权交易成
功交割；2016 年 5 月 19 日，中粮集团全资子公司中粮农业在乌克兰投资
7 500 万美元建设的 DSSC 码头正式投产；2016 年 7 月 15 日，国务院国
有资产监督管理委员会官网发布消息称，中国中纺集团公司整体并入中
粮集团有限公司，成为其全资子公司；2017 年 2 月 28 日，中粮国际宣布
完成收购尼德拉的 49% 的剩余股份；2018 年，中粮国际已经完成了对来
宝农业和尼德拉公司 100% 股权的收购。合并后，中粮集团成为央企整
合的最大受益者之一。

## 三、粮食加工业产能严重过剩

随着粮油加工业生产规模的不断扩大，粮油加工业规模化、集约化
发展取得了初步成效，但是过快增加的粮食加工企业也带来了市场竞争
的加剧，结构性、区域性、季节性产能过剩问题日益突出。2016 年底国
家粮食局发布的《粮油加工业"十三五"发展规划》中明确指出："目
前粮油加工业发展方式粗放，大而不强问题突出。产能结构性过剩与优
质产能不足并存，深加工转化能力不足与成品粮油过度加工并存，产业
链条短，成品率低、副产物综合利用率低、附加值低，创新能力不强，
部分品种盲目无序低水平发展等矛盾亟待有效疏解。"这也反映出中国粮
食加工业产能过剩问题。产能严重过剩将会导致资源浪费、行业无序竞
争、利润水平降低等一系列问题，对国家粮食安全形成巨大的潜在威胁。
因此，分析 21 世纪以来中国粮食加工企业产能利用率情况①，对促进中
国粮食加工业健康发展和保障国家粮食安全具有重要意义。

---

① 21 世纪以来，开放的市场环境使中国粮食加工业进入多元化主体经营阶段，行业内部竞争
加剧，企业数量增长明显。因此，分析改革开放 40 年来中国粮食加工业产能利用率情况，
以 2000 年为时间起始点更加符合现实情况。但是，因为 2000—2002 年相关数据缺失，所
以研究的时间段为 2003—2016 年。

（一）粮食加工业产能利用率较低

产能利用率是评价产能过剩的重要指标。产能利用率是企业对其所投入的要素利用程度的直接反应，反映了企业或行业生产能力的利用程度。若此指标的数值大，说明投入要素的利用程度高；反之，则说明部分要素处于闲置状态或其生产链的管理协调并没有达到最优。对于产能利用率"合理界限"的认定，欧美等国家一般认为设备利用率的正常值在79%—83%之间，超过90%则认为产能不够，有超设备能力发挥现象，发达国家一般行业都保持20%—30%的"富余产能"。若设备开工低于79%，则说明可能存在产能过剩的现象；低于50%，则属于严重的产能过剩。[①]

从表7-9中可以看到，2003—2016年中国粮食加工主要行业的产能利用率较低，平均值为30.62%，远低于79%的临界值，说明中国粮食加工业存在严重的产能过剩。同时粮食加工主要行业的产能利用率表现出一定的周期波动性，2003—2008年，产能利用率从29.42%增加到最大值35.43%，呈现增长趋势。从表7-7中可以看到，该阶段中国粮食加工企业个数从12 777个增加到13 681个，年均增长率为1.38%，企业数量增长速度适中。因此，粮食加工产品需求的增加促进了粮食加工企业产能利用率的提高。但是2008—2016年，粮食加工业产能利用率出现波动降低趋势，从35.43%减少到最低值26.77%。而此阶段粮食加工企业的个数却从13 681个增加到17 674个，年均增长率为3.25%，企业数量增长速度加快，生产规模不断扩大。加上受2008年国际金融危机影响，对粮食加工产品需求增长速度的放缓，粮食加工业产能利用率显著下降。

（二）粮食加工业产品结构性产能过剩

从表7-9中可以看到，面粉工业的产能利用率相对最高，平均值为45.01%，属于产能利用相对较高的品种。而大米和植物油加工业的产能利用率却相对较低，说明粮食加工业存在产品结构性产能过剩问题。

---

① 参见沈坤荣、钦晓双、孙成浩：《中国产能过剩的成因与测度》，《产业经济评论》2012年第4期。

表 7 - 9　2003—2016 年中国粮食加工业主要行业产能利用率

单位：%

| 年份 | 大米工业 | 面粉工业 | 植物油工业 | 合计 |
|---|---|---|---|---|
| 2003 | 30.58 | 43.61 | 14.44 | 29.42 |
| 2004 | 23.85 | 45.15 | 14.45 | 27.24 |
| 2005 | 23.33 | 43.02 | 18.47 | 27.72 |
| 2006 | 26.01 | 45.88 | 18.52 | 29.53 |
| 2007 | 29.88 | 48.60 | 20.31 | 32.85 |
| 2008 | 29.81 | 47.47 | 29.16 | 35.43 |
| 2009 | 29.47 | 45.51 | 25.33 | 32.98 |
| 2010 | 29.97 | 47.19 | 24.14 | 33.69 |
| 2011 | 28.94 | 47.84 | 22.68 | 32.90 |
| 2012 | 28.92 | 47.35 | 24.73 | 33.49 |
| 2013 | 28.46 | 45.44 | 16.68 | 30.76 |
| 2014 | 29.27 | 44.68 | 17.45 | 31.07 |
| 2015 | 18.47 | 38.89 | 17.21 | 24.20 |
| 2016 | 20.67 | 41.24 | 20.88 | 26.77 |
| 均值 | 26.77 | 45.01 | 20.44 | 30.62 |

资料来源：2009—2017 年《中国粮食年鉴》。

注：产能利用率 = 相关产品产量/生产能力[1]。合计值为三大主行业产品产量之和占三大主行业生产能力之和的比例。

大米工业的产能利用率平均值为 26.77%，低于全国平均水平，主要原因有：① 大米产量的增加，引起对大米加工能力的需求，刺激大米加工企业不断扩大生产规模；② 大米加工行业存在大量小厂小作坊式企业，与大厂共同竞争，形成行业内产能大量过剩；③ 外资企业正在从油脂业向面粉业、进而向大米业大规模挺进，使中国大米加工企业产能无形中进一步扩大，市场竞争不断加剧，导致产能利用率低。

植物油工业的产能利用率最低，平均值只有 20.44%，属于产能严重过剩的粮食加工品种。原因在于中国食用植物油市场需求快速增长，

---

① 参见李光泗著：《市场化国际化趋势下中国粮食市场调控绩效研究》，经济管理出版社 2016年版，第 99 页。

企业加工效益好，推动了企业的快速扩张。

综上所述，中国粮食加工业产能利用率低、产品结构性产能过剩，原因主要在于设备陈旧、工艺落后、产品质量不稳定、产出率低、能耗高、污染严重和经济效益差的小型粮食加工企业过多，而高水平的先进企业产能不足。因此，解决粮食加工业产能严重过剩，要促使落后产能企业通过重组、改造和提升，转变为先进产能。与此同时，要鼓励有实力的大型企业通过兼并，改造落后产能，适度发展先进产能。

## 第三节　中国粮食加工业区域比较分析

为了规范中国粮食加工产业的健康发展，2012 年工业和信息化部、农业部联合发布的《粮食加工业发展规划（2011—2020）》中提出，到 2020 年，形成安全营养、优质高效、绿色生态、布局合理、结构优化、协调发展的现代粮食加工体系，特别强调了"布局合理"的重要性。

### 一、粮食加工业生产布局分析

为了合理、充分利用粮食资源，做到物尽其用，适应商品流通的需要，取得最大的经济效益，粮食工业发展与空间布局要结合粮食加工业的性质、特点以及原粮生产、产品消费和市场及交通运输等一系列条件，合理进行粮食加工业的生产布局。

（一）生产布局向粮食主产区①转移

从表 7 - 10 中可以看到，中国粮食加工企业主要集中在主产区，并且呈现出生产布局向粮食主产区转移的趋势。2005 年主产区粮食加工企业有 7 476 个，占全国企业总数的比例为 67.24%；到 2016 年主产区粮食加工企业增加到 13 686 个，占全国企业总数的比例上升到 77.27%。

---

① 粮食主产区包括：河北、内蒙古、辽宁、吉林、黑龙江、江苏、安徽、江西、山东、河南、湖北、湖南、四川；粮食主销区包括：北京、天津、上海、浙江、福建、广东、海南；粮食产销平衡区包括：山西、广西、重庆、贵州、云南、西藏、陕西、甘肃、青海、宁夏、新疆。

表 7 – 10　2005—2016 年中国分区域粮食加工企业个数及利润率

| 年份 | 企业个数（个） | | | 产值利润率（%） | | | 销售利润率（%） | | |
|---|---|---|---|---|---|---|---|---|---|
| | 主产区 | 主销区 | 平衡区 | 主产区 | 主销区 | 平衡区 | 主产区 | 主销区 | 平衡区 |
| 2005 | 7 476 | 1 043 | 2 599 | 1.66 | 0.81 | 0.58 | 1.68 | 0.79 | 0.57 |
| 2006 | 7 944 | 1 113 | 2 662 | 1.96 | 2.54 | 1.97 | 2.08 | 2.35 | 1.93 |
| 2008 | — | — | — | 2.20 | 2.13 | 2.26 | 2.25 | 2.09 | 2.33 |
| 2009 | — | — | — | 2.82 | 2.67 | 2.81 | 2.85 | 2.57 | 2.97 |
| 2010 | — | — | — | 2.82 | 2.61 | 3.03 | 2.86 | 2.56 | 3.09 |
| 2011 | 13 623 | 1 832 | 2 683 | 2.69 | 1.92 | 2.82 | 2.69 | 1.88 | 2.86 |
| 2012 | 14 465 | 1 888 | 2 977 | 2.70 | 2.25 | 2.09 | 2.73 | 2.21 | 2.15 |
| 2013 | 14 895 | 1 894 | 3 091 | 3.94 | 4.65 | 3.71 | 3.98 | 4.55 | 3.99 |
| 2014 | 14 629 | 1 834 | 2 903 | 2.60 | 1.99 | 2.23 | 2.62 | 1.98 | 2.35 |
| 2015 | 18 545 | 2 458 | 3 968 | 3.20 | 3.27 | 2.97 | 3.27 | 3.28 | 3.05 |
| 2016 | 13 686 | 1 906 | 2 120 | 3.68 | 4.72 | 11.93 | 3.74 | 4.52 | 12.40 |

资料来源：2006—2017 年《中国粮食年鉴》。

注："—"表示数据缺失。2007 年地区数据缺失。销售利润率＝利润总额/销售收入，产值利润率＝利润总额/工业总产值。

从国家政策来看，粮食加工业生产布局向粮食主产区转移是发展的趋势所在。国家发展和改革委员会、工业和信息化部 2011 年发布的《食品工业"十二五"发展规划》中指出，在东北、长江中下游稻谷主产区，长三角、珠三角、京津等大米主销区建设稻谷加工产业园区。在玉米、小麦、大豆主产区建设粮食加工基地。农业部 2011 年发布的《农产品加工业"十二五"规划》提出要在粮食生产核心区打造现代化国家级口粮、饲料用粮和工业用粮加工基地，通过产地初加工与精深加工延长粮油产业链。2016 年底国家粮食局印发的《粮油加工业"十三五"发展规划》中指出，粮食加工业布局与粮食生产布局不匹配，应在长江中下游、东北等稻谷主产区，长三角、珠三角、川渝地区、海峡西岸等大米主销区以及重要物流节点，发展稻谷加工产业集聚区或集群；在华北、华中、华东、西北等主产区和津冀鲁、珠三角等地区，发展小麦加工产业集聚区或集群，优化新疆、甘肃、陕西、广东等特色食品区域产业布局，形成小麦粉、面制食品及其副产物综合利用的循环经济模式；鼓励东北地区利用国产大豆生产大豆油、蛋白等产品。

从现实情况来看，粮食加工业生产布局也主要集中在粮食主产区。其中，稻谷加工业主要分布在长江中下游、东北、华南等稻谷主产区。小麦加工主要分布在北方小麦主产区及广东、福建、北京等主销区。黄淮海小麦主产区小麦加工量占全国小麦加工总量的一半以上，广东的珠江三角洲地区依托一定量的进口小麦原料，形成了面包、饼干为主的小麦专用粉加工区域，全国大中城市的面制主食品得到进一步发展。植物油加工行业中的大豆制油业中的大型企业主要分布在沿海地区，以加工进口大豆为主。中小型加工企业主要分布在大豆主产区和养殖业比较发达的中部地区。大豆蛋白加工企业主要分布在大豆主产区。规模较大的油脂加工企业已开始在中西部地区布局和建设。玉米加工业主要集中在东北和黄淮海两个玉米主产区，以玉米生产转化为燃料乙醇的企业主要分布在玉米主产区，并形成了一定的转化规模。

（二）充分发挥区域比较优势

粮食加工业原料来源广泛，产品销售面广。与其他行业相比，粮食加工业生产规模较小，设备较简单，生产工艺不复杂，基建投资业不多，进入门槛不高，因此各个地区都有条件和能力兴办粮食加工企业。这也是中国粮食加工企业数量增长迅速的主要原因。另外，粮食加工产品与人们生活的联系比其他行业更加密切、更加直接、更加广泛，既具有普遍性，又具有分散性。这就决定了粮食加工业在全国各地均衡分布的必要性和可能性。

粮食加工业生产布局需要充分发挥区域比较优势，不能只集中于某一地区而不顾其他地区，要正确处理先进地区和落后地区、沿海和内地、粮食主产区和主销区的关系，比较原料的采购成本、运输成本以及成品的运输成本，等等。一般来讲，东部沿海地区重点发展附加值高、创汇高、高档次的粮食加工业，形成中国粮食加工业生产的前沿阵地和出口基地；中部地区和粮食主产区要大力发展粮食加工和资源转化，提高产品加工深度和延长产业链条；西部地区要充分发挥粮油资源优势，提高集约化经营和产品使用率，形成粮食加工业新基地。

## 二、产品产量比较分析

粮食加工企业生产布局主要解决企业"建在哪儿"的问题，而粮食加工企业"生产什么""生产多少"也存在区域差异。主要在于地理环境、市场需求等影响因素的不同，导致粮食加工产品存在区域不同。本书讨论的粮食加工产品主要包括大米、小麦粉、食用植物油、粮食食品和饲料五大类。

（一）大米加工业

为了保障供给，长期以来中国大米加工业实施"产地加工、就地供应"的产业政策。20 世纪 90 年代以前，全国县城和县城以下大米加工能力占 90.00%，广东、四川占到 95.00% 以上，北方也占到 25.00% 以上。大米加工业的产量主要集中在粮食主产区，特别是东北地区和长江中下游地区。2008—2016 年，主产区大米加工产量从 3 939.80 万吨增长到 6 571.20 万吨，增长了 66.79%，其中 2013—2016 年主产区大米加工产量出现下降趋势；主销区大米加工产量从 2008 年的 532.60 万吨增长到 2016 年的 630.70 万吨，增长了 18.42%；平衡区大米加工产量增长幅度最大，从 2008 年的 310.50 万吨增加到 2016 年的 598.30 万吨，增长了 92.69%，同主销区大米产量差距不断缩小；见表 7 - 11。

（二）小麦粉加工业

小麦粉加工企业在北方地区多而集中，在南方地区少而分散，并主要集中在小麦生产主产区和大中城市消费区。因此中国粮食主产区小麦粉加工产量最大，从 2008 年的 4 462.70 万吨增加到 2016 年的 5 296.30 万吨，增长了 18.68%，增速低于主销区的 35.83%。另外，粮食平衡区的小麦粉加工产量自 2013 年开始不断下降，到 2016 年减少到 323.60 万吨，比 2008 年减少 48.62%。由于小麦粉加工能力过剩，面粉加工的利润已经很低，又由于粮食主产区有原料优势，国家对粮食产业化发展给予一定的优惠政策，因此，小麦粉加工业布局已由销区和城市逐渐向产地和原料地转移。

表 7-11 2008—2016 年中国分区域粮食加工业主要产品产量

单位：万吨

| 年份 | 大米 | | | 小麦粉 | | | 食用植物油 | | | 粮食食品 | | | 饲料 | | |
|---|---|---|---|---|---|---|---|---|---|---|---|---|---|---|---|
| | 主产区 | 主销区 | 平衡区 | 主产区 | 主销区 | 平衡区 | 主产区 | 主销区 | 平衡区 | 主产区 | 主销区 | 平衡区 | 主产区 | 主销区 | 平衡区 |
| 2008 | 3 939.80 | 532.60 | 310.50 | 4 462.70 | 413.10 | 629.80 | 1 258.30 | 814.50 | 220.80 | 421.30 | 553.40 | 31.20 | 3 348.00 | 1 101.00 | 531.50 |
| 2009 | 4 790.20 | 598.00 | 335.30 | 4 505.50 | 444.90 | 582.30 | 1 734.00 | 773.40 | 273.40 | 780.00 | 225.10 | 31.30 | 4 383.20 | 1 355.50 | 617.80 |
| 2010 | 6 131.70 | 733.90 | 429.20 | 6 366.60 | 489.20 | 672.60 | 1 964.20 | 891.70 | 298.60 | 831.10 | 161.60 | 54.40 | 7 154.10 | 2 334.20 | 1 358.90 |
| 2011 | 6 911.00 | 854.00 | 448.00 | 7 250.00 | 534.00 | 735.00 | 2 028.00 | 1 025.00 | 384.00 | 1 121.00 | 305.00 | 55.00 | 8 877.00 | 2 937.00 | 1 689.00 |
| 2012 | 7 573.00 | 823.00 | 484.00 | 8 261.00 | 536.00 | 815.00 | 2352.00 | 1 111.00 | 513.00 | 1 615.00 | 276.00 | 77.00 | 9 444.00 | 3 307.00 | 1802.00 |
| 2013 | 8 132.00 | 823.00 | 504.00 | 8 400.00 | 622.00 | 852.00 | 2 747.00 | 1 246.00 | 590.00 | 1 797.00 | 423.00 | 87.00 | 10 251.00 | 3 795.00 | 2 081.00 |
| 2014 | 8 445.00 | 869.00 | 558.00 | 8 313.00 | 601.00 | 761.00 | 2 682.00 | 1 182.00 | 642.00 | 1 702.00 | 343.00 | 97.00 | 10 832.00 | 3 731.00 | 1 916.00 |
| 2015 | 4 805.70 | 543.50 | 331.00 | 6 376.40 | 634.30 | 532.50 | 1 315.50 | 1 084.30 | 319.80 | — | — | — | — | — | — |
| 2016 | 6 571.20 | 630.70 | 598.30 | 5 296.30 | 561.10 | 323.60 | 1 819.40 | 1 051.80 | 360.00 | — | — | — | 11 799.20 | 4 445.40 | 2 008.00 |

资料来源：2009—2017 年《中国粮食年鉴》。

注："—"表示数据缺失。

（三）食用植物油加工业

中国食用植物油加工业产量主要集中在粮食主产区和主销区，2016年粮食主产区食用植物油加工产量占比 56.31%，主销区产量占比32.55%。一方面，食用植物油加工业属于原料加工中失重程度最大的加工工业，植物油料出油率较低，所以食用植物油加工业布局一般在原料产地，可节约原料运费，降低成本，造成中国粮食主产区食用植物油加工产量占比最大。另一方面，随着中国大量进口大豆对国产大豆生产的挤压，国内自产大豆榨油量占国产油料榨油总量的比例不断下降。大豆加工企业集中分布在沿海地区，造成中国粮食主销区的食用植物油加工产量较高。

（四）粮食食品加工业

由于粮食食品加工业生产直接依附于农业生产的粮食和油料，所以农业生产的地域性对粮食食品加工业的分布有着明显的影响。为适应所在地区粮油生产的发展，缩减原料和成本的运输距离，以促进本地农业生产和经济的发展，因此粮食食品加工业的分布接近原料产地，相应其产量也不断集中在粮食主产区。2008 年粮食主产区粮食食品加工量为421.30 万吨，到 2014 年增加到 1 702.00 万吨，占总产量的比例从41.88% 增加到 79.46%。而主销区的粮食食品产量却从 2008 年的553.40 万吨下降到 2014 年的 343.00 万吨，减少了 38.02%。

（五）饲料加工业

随着中国居民食物结构的改变，居民对肉、蛋、奶等动物食品的消费量将进一步增长，饲料需求也会上升。2008—2016 年，中国粮食主产区、主销区和平衡区饲料加工产量相应大幅度增加，其中，主产区饲料加工产量从 3 348.00 万吨增加到 11 799.20 万吨，增加了 2.52 倍。而主销区从 1 101.00 万吨增加到 4 445.40 万吨，增加了 3.04 倍，增长幅度最大。虽然主销区饲料加工产量增长速度较快，但是产量仍然不能满足当地养殖业发展的需求。如何合理利用粮食主产区过剩产能解决主销区开工不足问题，已成为饲料加工业亟待解决的难题。平衡区从 2008 年的

531. 50 万吨增加到 2016 年的 2 008. 00 万吨，增加了 2. 78 倍。

### 三、经营效益比较分析

粮食加工企业的经营效率度量包括粮食加工业销售利润率和产值利润率。其中，销售利润率是指在一定时期内利润总额占产品销售收入的比例，反映了利润和产品销售收入之间的关系，即每元销售收入所获得的利润；产值利润率是指在一定时期内利润总额占总产值的比例，它表明单位产值获得的利润，反映了利润与总产值之间的关系。

（一）产值利润率

从表 7 - 10 中可以看到，2005—2016 年中国粮食主产区、主销区和平衡区的粮食加工业的产值利润率均经历了先上升然后下降继而上升的演变过程。粮食加工业的产值利润率在波动中上升，但是从总体来说还是比较低的。2005 年粮食主产区在三个区域中粮食加工企业的产值利润率最高，为 1. 66%，主销区和平衡区的产值利润率均小于 1. 00%。2006 年，主销区的产值利润率超过主产区，成为产值利润率最高的地区，达到 2. 54%。但是随着时间的推进，2010 年，平衡区的产值利润率成为地区最高值，达到 3. 03%。这样三大地区的产值利润率反复波动，到 2016 年，平衡区的产值利润率达到 11. 93%，达到历年最高值。另外，2011 年和 2014 年，三大地区的产值利润率均出现下降。总体来看，粮食主产区、主销区和平衡区的粮食加工企业产值利润率变动趋势一致，主要差别在于增减的幅度不同，其中平衡区的产值利润率变化幅度最大，从 2005 年的 0. 58% 增加到 2016 年的 11. 93%，增加了 11. 35 个百分点。

（二）销售利润率

2005—2016 年，中国粮食主产区、主销区和平衡区的粮食加工业销售利润率变动情况同产值利润率变动情况一致，均经历了先上升后下降继而上升的波动变化过程。总体来看，各区域的销售利润率略小于产值利润率，说明粮食加工企业单位产值获得的利润高于每元销售收入所获得的利润。

从表 7-10 可以看出，2005 年，主产区的销售利润率为 1.68%，到
2016 年增加到 3.74%，增长了 2.06 个百分点。主销区的销售利润率从
2005 年的 0.79% 增加到 2016 年的 4.52%，增长了 3.73 个百分点。平衡
区的销售利润率增长幅度最大，从 2005 年的最低值 0.57% 增加到 2016
年的最大值 12.40%，增长了 11.83 个百分点。其中可以发现，粮食主产
区粮食加工企业的销售利润率显著低于粮食主销区和平衡区，增长幅度
也小于其他两个区域。但是粮食主产区分布着中国最多的粮食加工企业，
2016 年主产区粮食加工企业个数占全国总数的比例为 77.27%。

中国粮食加工企业分布最多的地区其销售利润率却逐渐降低为最小
的地区，这看似矛盾的现象却真实存在。一方面说明中国粮食主产区粮
食加工企业虽然分布数量众多，但是其资金少，规模小，设备落后，生
产技术水平低，企业缺乏必要的质量管理制度和质量监控，使其产品存
在销售利润率低的现象。另一方面也从侧面说明中国粮食主产区的粮食
加工企业重复建设问题突出，产能过剩，开工不足，影响了经营效益，
提高销售利润率较困难。而粮食主销区和平衡区因为产品需求的不断增
加，加上粮食加工业注重发展质量而非数量，通过不断兼并、整合生产
能力，不断提高技术水平，通过规模化和集约化经营显著提高了销售利
润率。

# 第八章 改革开放 40 年中国粮食宏观调控政策的演变与效果评价

改革开放以来，中国粮食宏观调控政策始终是围绕着计划和市场而展开，从严格的计划控制到全面的市场开放，中国的粮食宏观调控取得了明显成效。市场是实现资源配置、解决粮食供需矛盾的最有效手段，中国的粮食流通必须坚定不移地走市场化道路。但是，由于中国粮食问题的重要性、艰巨性和复杂性，以及市场本身的缺陷，完全依靠市场的力量来解决有一定的局限性，还必须借助政府宏观调控来克服市场所带来的不利影响，确保国内粮食供求平衡和市场稳定。对粮食进行宏观调控，并不是否定和限制市场机制在提高效率和资源配置方面的决定性作用，而是政府主要运用经济和法律手段对粮食生产和流通从宏观上进行调节和控制，以促进粮食生产和流通的持续、稳定和协调发展，确保国家粮食安全。

## 第一节 中国粮食价格调控政策的演变

计划主导和市场主导是粮食价格形成机制的两种主要类型。伴随中国经济体制改革，尤其从 1985 年取消统派购制度后，粮价机制逐步完成了由计划控制到由市场形成的转变。然而，粮食生产价格是调控粮食生产的重要政策工具，政府的经济目标始终主导着它的计划形成。

## 一、改革开放以来粮食价格调控政策回顾

改革开放前，为满足工业优先发展，国家实行粮食统购统销政策，粮食价格完全由政府制定，粮价调控依靠行政指令，高度集中的粮食管理体制对完成工业化原始积累、维持城镇居民低成本生活以及保障国内粮食平稳供应起了决定性作用。然而，由于农业生产的"大锅饭"体制严重束缚了农民生产积极性，致使粮食产量停滞不前。

改革开放 40 年来，伴随着粮食流通体制的改革和粮食价格政策的调整，中国的粮食定价机制经历了曲折发展的过程，其间，先后实行过国家定价、国家指导价、市场调节价等形式。回顾中国粮食生产发展的状况，粮食定价机制大体经历了四个阶段：

（一）维持统购价格，提高收购价格时期（1978—1984 年）

1978 年党的十一届三中全会针对长期过低的粮食价格问题，在维持原有购销政策不变的情况下，较大幅度地提高了粮食收购价格，并改革僵化的粮食价格管理体制，逐渐放开、搞活粮食流通，以调动农民的生产积极性，促进粮食生产的发展。1979 年 3 月国家开始提高统购计划内粮食价格，同时还逐步恢复了粮食、油料等农产品的议价收购，允许国营商业公司按照规定的价格浮动范围在市场上议购议销，对超过统购计划出售给国家的粮食、油料加价 50.00% 收购。粮食收购价格是自 1966 年调价后的首次提高，结束了粮食统购价格 12 年未动的局面，极大地调动了广大农民的生产积极性。关于粮食，中央掌握的 6 种粮食（小麦、稻谷、谷子、玉米、高粱、大豆）加权平均统购价格，每 50 千克由 10.64 元提高到 12.68 元，提价幅度为 20.86%。同时，国家 3 次缩减农产品统购派购范围，到 1984 年底，统派购品种从 1980 年的 183 种减少 38 种。[①] 由于超购加价粮食比例上升，使粮食实际收购价格不断提高，当年全国粮食收购价格指数比上年上升 30.50%。这一时期还普遍开放

---

① 参见杨继绳：《邓小平时代：中国改革开放二十年纪实》（上），中央编译出版社 1998 年版，第 207 页。

了农村粮食初级市场，允许农民在完成国家征购任务后，实行政府和农民间的议价交易，迈出了市场化改革的第一步。1984 年，中国集市数量56 500 个，比 1978 年的 33 302 个增长了 69.66%；粮油类集市贸易成交额 45.60 亿元，比 1978 年的 20.08 亿元增长了 127.09%。[1] 这些措施改变了长期以来农民种粮收益较低的局面。1978—1984 年，由于家庭联产承包责任制在农村的推行和粮食价格政策的刺激，中国粮食生产连年丰收。1984 年，粮食产量达到 4.07 亿吨，6 年间增加了 1.03 亿吨。而在人民公社期间，粮食总产从 2.00 亿吨增加到 3.00 亿吨用了整整 20 年的时间。

1979 年粮价调整，在中国粮改史上具有重要意义。它缓和了政府与农民紧张的关系，终结了长期形成的廉价粮食政策，再加上农村家庭联产承包责任制的全面推行，极大地刺激了农民的生产积极性。此次改革保持了社会稳定，在提高粮食收购价格时维持销售价格不变，城镇居民生活未受到影响，购销亏空由政府承担。提高粮食收购价格、缩小统购派购范围、放宽粮食集贸市场等政策都触及到原有的粮价管理制度，虽然粮价仍由政府制定，但开启了"粮价由市场调节"的改革之路。

（二）价格"双轨制"时期（1985—1997 年）

在粮食提价政策和土地承包制双重激励下，粮食连年丰收，这为改革粮食统购制度奠定了物质基础。仓容危机和财政负担重引发了 1985 年的粮食改革。1984 年前后，吉林、河南、安徽等省由于仓储设施不足，产品又不能及时外运，出现了"卖粮难"。同时，超购加价政策以及粮食购销差价补贴，使国家背上沉重的财政负担。1984 年，国家财政用于粮食超购的补贴达到 129.88 亿元。[2] 为扭转上述局面，1985 年 1 月，《中共中央、国务院关于进一步活跃农村经济的十项政策》中明确规定：取消粮食统购，改为合同定购。定购以外的粮食可以自由上市。在销售

---

[1] 参见国家统计局农村统计司：《中国农村统计年鉴1985》，中国统计出版社1985年，第477页。

[2] 参见中国粮食经济学会、中国粮食行业协会编著：《中国粮食改革开放三十年》，中国财政经济出版社2009年版，第454页。

方面，国家供应农村的各种用粮的销售价格调整到购销同价。而对城镇
人口供应的口粮仍按原统销价不变，即保留统销制度。经过 1985 年的粮
食改革，统购派购制度被废止（统销制度仍保留），自由合同定购取代
了国家强制性收购，从而形成了两种粮食价格，即合同定购的粮价由政
府制定、合同定购外的粮价由市场决定。至此，中国粮食进入了政府直
接控制的市场与自由交换的市场并存的购销"双轨制"时期。

　　实行粮价"双轨制"是中国粮价调控的转折点，国家承认了自由交
易的合法性，并赋予市场调节更大的空间，形成了政府与市场的双重调
控机制。然而合同定购执行不到一年便出现逆转，主要是因为粮食收购
价格下降而导致 1985 年粮食产量的大幅度下滑，使新的粮食收购政策在
执行过程中遇到了困难。粮食减产带动了市场粮价的迅速回升，到 1985
年底，市场粮价比上年同期上升了 10.00%，与国家收购价格的差距重
新拉开，导致农民不愿与政府签订合同，国家的粮食收购任务难以完成。
于是许多地方又开始采用强制性的行政手段来落实定购合同，用封锁市
场等方法来保证合同实现。合同定购性质的改变，标志着粮改折回到
"统购统销"政策原点，也意味着粮价进入"虚位双轨制"时期（计划
有效运行、市场无效运行），中国粮价市场化改革出现第一次反复。

　　1990 年国务院正式决定改"合同定购"为"国家定购"，从而以法
律的形式确认了这种价格机制，明确规定完成合同定购是农民应尽的义
务。1985—1990 年间，农产品价格继续保持了较快的上涨势头，与 1984
年相比，1990 年农副产品收购价格上涨了 78.30%，其中粮食上涨了
63.80%。进入 20 世纪 90 年代后，中国的粮价及相关政策变动较为频繁。

　　1990 年，中国粮食获得大丰收，粮食供求形式明显好转，为改革粮
食统销体制创造了宽松的环境。1991 年 5 月，国家提高了城镇居民定量
内口粮的销售价格，综合平均每 50 千克提价 10.00 元，提价幅度平均达
67.00%。1992 年 2 月，国家再次提高定购粮价格。同年 4 月，又一次提
高城镇居民定量内口粮的销售价格，平均提价幅度为 43.00%，基本上
实现了购销同价，为进一步改革粮食购销体制创造了条件。到 1993 年 6

月底，全国宣布放开粮价的县（市）已超过总数的 95.00%，粮食统销制度彻底解体。这标志着中国取消了长达 40 年的统销制度，国家开始探索市场化的粮食销售价格，同时也意味着粮价进入暂时的完全由市场调节的状态。

然而遗憾的是，这次改革并未持续下去。主要是由于价格机制不完善、粮价调控体系未形成，难以稳定粮食市场价格。1993 年后，中国逐渐放开了粮食市场，市场供求关系开始对粮食价格的形成产生作用。此时中国尚处于市场经济体制的初建时期，粮食市场并不完善，缺乏成熟的粮食市场交易主体，政府建立的粮食市场宏观调控体系也很不健全，不能有效地调控粮食市场价格的波动。1993 年 11 月，中发〔1993〕11号文件《中共中央、国务院关于当前农业和农村经济发展的若干政策措施》（以下简称《政策措施》）指出，经过十多年来的改革，粮食统购统销体制已经结束，适应市场经济要求的购销体制正在形成。从 1994 年起，国家定购的粮食全部实行"保量放价"，即保留定购数量，收购价格随行就市。粮食价格和购销放开以后，国家对粮食实行保护价制度。《政策措施》同时提出建立相应的粮食风险基金和中央储备粮垂直管理体系。粮食价格放开后，中央和地方财政减下来的粮食加价、补贴款要全部用于建立粮食风险基金，中央和地方的各级储备发生亏损时由各自的风险基金解决。1993 年，全国粮价暴涨，迅速引发 1994 年通货膨胀。1994 年，全国稻谷、小麦、玉米 3 种粮食平均收购价格为每 50 千克 59.44 元，比 1992 年的 28.43 元上涨了 109.07%，远超中国居民消费价格指数（1994 年比 1993 年上涨 24.10%）以及全国商品零售价格指数（1994 年比 1993 年上涨 21.70%）的上涨幅度。[1] 为平抑物价和稳定粮食市场，国家挂牌限价、抛售粮食储备、强制压低粮价，粮食市场再次由国家控制，粮价市场化改革出现第二次反复。

1994 年，国家强制压低粮价造成粮食减产，原定的"保量放价"政策被搁浅，粮食市场化改革被迫中断，粮食收购恢复了政府管控。为保

---

① 参见夏仲明：《三十年粮改的回顾与思考》，《粮食问题研究》2008 年第 4 期。

障粮食供给，国家下达了 5 000 万吨定购任务，并增加 4 000 万吨议购指标，部分地区为完成收购任务而强制封锁粮食市场。除此之外，国家还强化了粮食部门对流通领域的干预，要求粮食部门必须掌握社会商品粮源的 70%—80%（9 000 万吨）。① 新一轮的调控政策意味着重回粮价"双轨制"，粮价市场化改革回到原点。

　　1995 年，国家实行"米袋子"省长负责制，将粮食区域供求平衡作为政治任务，并且从这一年起取消省际间划拨计划，省际间粮食流通全部通过市场。省长负责本地区粮食总量平衡，稳定粮食面积、稳定粮食产量、稳定粮食库存、稳定粮食供应和粮价。实行"米袋子"省长负责制一方面是因为中国财政制度改革后省级财政较为宽裕，特别是粮食供不应求省区多为经济增长较快的省区，有能力负担起本省区粮食的供需平衡；另一方面可以遏制东南沿海省区因工业化、城镇化和农业生产结构调整对粮田挤占过多、粮食产量下降过快的势头。同时，"米袋子"省长负责制打破了各省（自治区、直辖市）长期依赖中央解决粮食问题的思想，分散了全国粮食安全的风险。1996 年国家再次提高粮食定购价格，中等质量标准的小麦、稻谷、玉米、大豆 4 种粮食的定购价格在 1995 年的基础上每 50 千克提高 15.00 元，并允许地方以此为基准价，在上浮不超过 10% 的范围内具体确定收购价格。1996 年的粮食定购价格相当于在 1994 年的基础上再提高 42%。由于当年粮食产量大幅度增加，市场粮价有所下滑，粮食定购价与市场价非常接近，个别地区甚至出现了定购价高于市场价的现象。1997 年 8 月，《国务院关于按保护价敞开收购议购粮的通知》中要求坚决做到按保护价敞开收购农民余粮，保护农民的粮食生产积极性。

　　（三）建立粮价市场化时期（1998—2003 年）

　　随着中国农业生产能力的提高，农产品市场供求由普遍短缺转向供求基本平衡。1996—1997 年，中国出现粮食过剩，农民再次遭遇"卖粮难"问题，同时国有粮企巨额亏损，财政负担重。为解决上述问题，1998 年 5 月，国务院以国发〔1998〕15 号文件发出了《国务院关于进

---

① 参见叶兴庆：《论新一轮粮改》，《管理世界》1998 年第 6 期。

一步深化粮食流通体制改革的决定》，开始启动了"三项政策、一项改革"为核心的粮食改革，为全面放开粮价铺平了道路，标志着"市场调节为主，计划调节为辅"新模式的开启。

2001年，中国加入世界贸易组织后，农产品国内市场与国际市场完全接轨，国家的粮食价格政策也进入了新的时期。随着粮食收购市场的放开和中国加入世界贸易组织，虽然政府对粮食实行保护价收购政策，但市场供求关系已经成为影响农产品价格的主要因素，国内市场价格受国际市场的影响越来越大，主要农产品特别是粮食等的价格上涨空间越来越小。同期，中国农产品市场体系建设取得了重大进展，市场主体多元化格局已经形成。经过20多年的改革，除粮食收购价格外，中国农产品价格已经全部开放。2001年国务院决定完全放开主销区粮食购销，粮食价格由市场调节。一方面因为主销区经济相对发达，粮食市场发育较好；另一方面，开放主销区有利于加快主销区种植生产结构调整步伐，为主产区粮食销售腾出市场空间，促进市场粮价合理回升。截至2003年6月，已有16个省（自治区、直辖市）完全放开了粮食价格，中国初步建立了市场化的粮价调控新体系。

（四）完善粮价市场化时期（2004年以来）

2004年，中央1号文件《中共中央国务院关于促进农民增加收入若干政策的意见》中明确提出国家将全面放开粮食收购和销售市场，实行购销多渠道经营。同年5月，《国务院关于进一步深化粮食流通体制改革的意见》和《粮食流通管理条例》提出了放开收购市场、直接补贴粮农、转换企业机制、维护市场秩序、加强宏观调控的改革思路。

2006年，国务院以国发〔2006〕16号文件下发了《关于完善粮食流通体制改革政策措施的意见》，从规范政府调控与企业经营关系、加快国有粮食购销企业组织结构创新、发展粮食产业化经营、解决国有粮食企业历史包袱、培育和规范粮食市场、建立产销区之间利益协调机制、完善最低收购价政策和直接补贴政策、健全粮食宏观调控体系等方面，进一步完善政策措施，健全体制机制，保证粮食流通体制改革的顺利推进。在一般情况下粮食收购价格由市场供求形成，政府在充分发挥市场机制的基础上实行宏观调控，必要时由国务院决定对短缺的重点粮食品种，在粮食主产区实行最低收购价格。2007 年和 2008 年国家在主产区及时启动了稻谷、小麦最低收购价执行预案，并对最低收购价格进行了调整。这个时期全面放开粮食购销市场和价格，标志着粮食价格形成机制迈上了以市场为主的轨道。最低收购价格与市场形成价格并存逐渐成为政府调控粮价的一个重要手段：当市场粮价低迷时，政府以最低收购价收购粮食，一旦市场价格高于最低收购价就停止政府收购。最低收购价的实施，对防止粮价下跌、稳定农民收入、促进粮食生产、保障粮食安全具有重要的意义，对粮食价格的下行起到了重要的支撑作用。

这一时期，国家粮价调控体系出现了新变化，表现为国家宏观调控下的粮价管理新机制，逐步形成了以"最低收购价政策、临时收储政策、政策性粮食竞价销售、粮食进出口调节政策、粮食补贴政策"为核心的粮价调控新体系。在新体系下，粮价主要由市场决定。国家采取粮价区间干预政策，当粮价超出合理区间时，国家动用粮食储备抑制粮价上涨；当粮价低于合理区间时，国家启动最低收购价格托住粮价。随着粮价调控政策的完善，粮价调控效果逐渐显现。

## 二、粮食价格调控面临的新难题

随着中国粮食价格市场化改革的不断深化，粮食价格调控也面临着一些新难题，主要表现在粮食生产成本"地板"抬升和粮食价格"天花板"压顶，粮食价格调控可操作的价格区间越来越小。种粮成本过高，造成农民种粮收益下降。同时，国内粮价大幅上涨，与国际市场形成价差，导致大量粮食进口，冲击国内市场。对世界粮食贸易依存度越来越大，使中国粮食安全面临的形势更加复杂。

（一）种粮成本过高，农民种粮收益下降

2001 年，稻谷、小麦、玉米 3 种粮食每公顷平均总成本为 4 633.05 元，2016 年猛增到 16 404.30 元，是 2001 年的 2.54 倍，见表 8-1。粮食总成本增加主要是由土地成本、人工成本、物质与服务费用增加引起的。土地成本方面，2001年为638.25元/公顷，2016年增长到3 334.05元/公顷，比2001年增长了4.22倍；人工成本方面，2001年为1 872.00元/公顷，2016年增加到6 626.70元/公顷，比2001年增长了2.54倍；物质与服务费用方面，2001年为2 335.80元/公顷，2016年增加到6 443.55元/公顷，增加了1.76倍。

表8-1 2001—2016年3种粮食平均成本收益情况

单位：元/公顷

| 年份 | 总成本 | 生产成本 | 物质与服务费用 | 人工成本 | 土地成本 | 净利润 |
|------|--------|----------|----------------|----------|----------|--------|
| 2001 | 4 633.05 | 4 207.80 | 2 335.80 | 1 872.00 | 638.25 | 1 218.15 |
| 2002 | 5 556.00 | 4 790.55 | 2 839.80 | 1 950.75 | 765.45 | 72.90 |
| 2003 | 5 655.45 | 4 864.50 | 2 799.60 | 2 064.90 | 790.95 | 513.15 |
| 2004 | 5 931.75 | 5 120.70 | 3 001.80 | 2 118.90 | 811.05 | 2 947.50 |
| 2005 | 6 375.30 | 5 445.00 | 3 174.45 | 2 270.55 | 930.30 | 1 838.70 |
| 2006 | 6 673.50 | 5 649.75 | 3 371.25 | 2 278.50 | 1 023.75 | 2 324.40 |
| 2007 | 7 215.90 | 5 991.30 | 3 598.05 | 2 393.25 | 1 224.60 | 2 777.70 |
| 2008 | 8 436.30 | 6 942.00 | 4 316.70 | 2 625.30 | 1 494.30 | 2 795.85 |
| 2009 | 9 006.15 | 7 286.85 | 4 461.00 | 2 825.85 | 1 719.30 | 2 885.25 |
| 2010 | 10 090.05 | 8 090.85 | 4 687.35 | 3 403.50 | 1 999.20 | 3 407.55 |
| 2011 | 11 867.40 | 9 621.15 | 5 375.40 | 4 245.75 | 2 246.25 | 3 761.40 |
| 2012 | 14 046.30 | 11 553.45 | 5 974.20 | 5 579.25 | 2 492.85 | 2 526.00 |
| 2013 | 15 392.85 | 12 672.45 | 6 226.80 | 6 445.65 | 2 720.40 | 1 094.10 |
| 2014 | 16 028.55 | 12 969.45 | 6 268.20 | 6 701.25 | 3 059.10 | 1 871.70 |
| 2015 | 16 350.60 | 13 084.20 | 6 376.05 | 6 708.15 | 3 266.40 | 293.25 |
| 2016 | 16 404.30 | 13 070.25 | 6 443.55 | 6 626.70 | 3 334.05 | -1 204.20 |

资料来源：国家发展和改革委员会价格司编：2002—2017年《全国农产品成本收益资料汇编》，中国统计出版社。

注：3种粮食是指稻谷、小麦、玉米；总成本＝生产成本＋土地成本，生产成本＝物质与服务费用＋人工成本，成本分类参照《全国农产品成本收益资料汇编》。

粮食生产成本过高影响到农民的种粮收益。2001年3种粮食每公顷平均净利润为1 218.15元，2002年减少到72.9元。2002—2011年，3种粮食每公顷平均净利润为2 332.50元，但是，2011—2016年3种粮食每公顷平均净利润大幅下降到 1 390.35 元，2016 年已经为 -1 204.20 元。在种粮收益下降的背景下，为保障粮食供求平衡，提高粮食价格是常规的政策选择，然而当前中国粮价已远远高于国际市场，以提价政策为核心的调控思路面临很大挑战。

（二）国内粮价大幅上涨，进口粮食冲击国内市场

2018 年中国稻谷最低收购价格比 2005 年上涨 73.10%，2018 年小麦最低收购价格比 2006 年上涨 64.29%，2015 年玉米临时收储价格比 2008 年上涨 33.33%。在国际粮价平稳背景下，国内粮价大幅上涨，国内外粮价倒挂引发粮食大量进口。例如，玉米临时收储政策实施后，收储价格大幅上涨，国内饲料企业使用进口的高粱、大麦、DDGS 等原料替代国内玉米，玉米消费市场受到冲击。2012 年，中国粮食（玉米、小麦、大豆、高粱、大麦、稻谷和大米）进口 7 227.06 万吨，此后基本保持逐年增长（只有 2016 年略有下滑），2017 年中国粮食进口量高达 12 074.68 万吨，比 2012 年增长 67.08%。如果继续上调粮食价格，必然加重进口粮食对国内市场的冲击。

中国当前粮价调控陷入两难境地。粮价向上调控能够保障农民种粮收益，调动农民生产积极性，稳定粮食产量，但会加剧进口粮食对国内市场的冲击，不利于国内粮食（玉米）去库存；粮价向下调控能缓解进口粮食对国内市场的冲击，有利于国内粮食（玉米）去库存，但无法保障农民种粮收益以及粮食的稳产或者增产。

# 第二节　粮食最低收购价政策的执行情况与绩效评价

从广义上讲，粮食最低价收购是国家支持重要粮食品种收购的行为，旨在平衡粮食市场供求、调节稳定粮食市场价格、保护农民利益。从狭义上讲，在中国执行过的粮食收购政策中粮食保护价收购政策、粮食临时收储政策、粮食最低价收购政策均对粮食收购价有托举作用。随着粮

食保护价收购政策的终结，重要粮食品种临时收储政策的逐步取消，中国实施的托市收购政策就是粮食最低价收购政策。

## 一、粮食最低价收购政策概述

粮食最低价收购与保护价收购具有一定区别。中华人民共和国成立以来，中国粮食最低价收购政策的演变大体可以划分为五个阶段。

（一）粮食最低价收购与保护价收购的区别

最低价收购与保护价收购的区别：① 政策执行主体的差异。国有粮食购销企业是保护价收购政策的执行主体。最低价收购政策执行主体是中储粮总公司及其分公司、委托收储库点，收购主体较之保护价收购呈现一定程度的多元化。② 粮食所有权不同。保护价收购政策的粮食所有权属于该粮食的收购企业，最低价收购政策的粮食所有权属于政府。③ 政策执行的区域、时间跨度和粮食品种有所区别。保护价收购政策最初是在全国范围执行，后缩减为粮食主产区，执行时限为全年长期执行，执行粮食品种为水稻、小麦、玉米及大豆。最低价收购政策范围为部分粮食主产区，执行时限取决于当年执行预案的条件设定，一般为粮食市场价低于最低收购价时启动，粮食市场价格升至高于最低价时终止，执行的粮食品种依照执行地区的主要重点粮食品种。

（二）中国粮食最低价收购政策的历史沿革

1949—1952 年是粮食自由购销时期。中华人民共和国成立初期，中国实行粮食自由购销政策，粮食价格完全由市场形成。此时期粮食供求矛盾突出，粮食价格波动幅度很大。

1953—1984 年是粮食统购统销政策时期。1953 年《政务院关于实行粮食计划收购和计划供应的命令》的发布，标志着中国开始进入粮食统销统购时期。1955 年国务院出台《农村粮食统购统销暂行办法》、《市镇粮食定量供应暂行办法》，意味着中国粮食统购统销制度基本成型。粮食统购政策执行了 31 年，1984 年结束；粮食统销政策执行了 41 年，1994 年结束。

1985—1996 年是粮食收购"双轨制"政策时期。随着家庭联产承包责任制的实施，农业生产力得到极大释放，粮食生产得到较大发展。同时改革开放政策实行几年后市场经济得以良性发展，国家开始实施粮食收购"双轨制"，商品粮食中的一部分由国家进行定价和收购，另外一部分由市场进行自由购销。

1997—2003 年是粮食保护价收购政策时期。随着中国粮食市场供需形势的逐渐变化，1997 年中国开始实施粮食保护价收购政策，从此中国粮食收购开始具备一定的托市收购意味，但还不是真正意义上的托市收购。粮食保护价收购政策执行了 7 年时间，期间经历了完全敞开收购农民余粮到限定保护价收购粮食品种、收购范围和收购数量的演变。

2004 年以来是粮食最低价收购政策时期。2004 年 5 月 26 日国务院颁布了《粮食流通管理条例》（以下简称《条例》），《条例》规定："当粮食供求发生重大变化时，为保证市场供应、保护农民利益，必要时可由国务院对短缺的重点粮食品种，在粮食主产区实行最低收购价。"这标志着中国粮食最低价收购政策的正式确立，也标志着中国开始进行真正意义上的托市收购。

实施粮食最低价收购政策后中国历年中央"1 号文件"对粮食收购的政策进行了相关表述，核心内容见表 8 - 2。

表 8 - 2　中央 1 号文件粮食收购政策演变表

| 年份 | 中央 1 号文件对粮食收购政策核心表述 |
|---|---|
| 2004 | 深化粮食流通体制改革<br>全面放开粮食收购和销售市场，实行购销多渠道经营<br>建立对农民的直接补贴制度 |
| 2005 | 继续对短缺的重点粮食品种在主产区实行最低收购价政策，逐步建立和完善稳定粮食市场价格、保护种粮农民利益的制度和机制 |
| 2006 | 未涉及 |
| 2007 | 健全农业支持补贴制度<br>继续对重点地区、重点粮食品种实行最低收购价政策，并逐步完善办法、健全制度 |
| 2008 | 根据保障农产品供给和调动农民积极性的需要，统筹研究重要农产品的补贴政策<br>继续对重点地区、重点粮食品种实行最低收购价政策 |

表 8-2（续）

| 年份 | 中央 1 号文件对粮食收购政策核心表述 |
|------|----------------------------------------|
| 2009 | 继续提高粮食最低收购价<br>适时启动主要农产品临时收储，鼓励企业增加商业收储 |
| 2010 | 完善农业补贴制度和市场调控机制<br>落实小麦最低收购价政策，继续提高稻谷最低收购价<br>适时采取玉米、大豆、油菜籽等临时收储政策，支持企业参与收储，健全国家收储农产品的拍卖机制，保持农产品市场稳定和价格合理水平 |
| 2011 | 未涉及 |
| 2012 | 完善农产品市场调控<br>稳步提高小麦、稻谷最低收购价，适时启动玉米、大豆、油菜籽、棉花、食糖等临时收储 |
| 2013 | 充分发挥价格对农业生产和农民增收的激励作用，继续提高小麦、稻谷最低收购价，适时启动玉米、大豆、油菜籽、棉花、食糖等农产品临时收储 |
| 2014 | 完善粮食等重要农产品价格形成机制<br>继续坚持市场定价原则，探索推进农产品价格形成机制与政府补贴脱钩的改革，逐步建立农产品目标价格制度<br>启动东北和内蒙古大豆、新疆棉花目标价格补贴试点，探索粮食等农产品目标价格保险试点<br>继续执行稻谷、小麦最低收购价政策和玉米、油菜籽、食糖临时收储政策 |
| 2015 | 完善农产品价格形成机制<br>继续执行稻谷、小麦最低收购价政策，完善重要农产品临时收储政策<br>总结新疆棉花、东北和内蒙古大豆目标价格改革试点经验<br>积极开展农产品价格保险试点 |
| 2016 | 改革完善粮食等重要农产品价格形成机制和收储制度<br>继续执行并完善稻谷、小麦最低收购价政策 |
| 2017 | 深化粮食等重要农产品价格形成机制和收储制度改革<br>坚持并完善稻谷、小麦最低收购价政策，合理调整最低收购价水平<br>坚定推进玉米市场定价、价补分离改革<br>调整大豆目标价格政策 |
| 2018 | 完善农业支持保护制度<br>深化农产品收储制度和价格形成机制改革，加快培育多元化市场购销主体，改革完善中央储备粮管理体制<br>加快消化政策性粮食库存<br>落实和完善对农民直接补贴制度<br>探索开展稻谷、小麦、玉米三大粮食作物成本和收入保险试点，加快建立多层次农业保险体系 |

## 二、中国稻谷最低价收购政策的执行情况

稻谷作为中国粮食托市收购的一个重要品种，其托市收购政策的沿革与中国粮食托市收购政策息息相关。稻谷托市收购是从 2004 年实行粮食最低价收购政策出台后开始的[①]。

（一）中国稻谷最低价收购的执行价格

中国稻谷最低收购价政策设计的出发点是在充分发挥市场机制的基础上实施宏观调控，即国家每年确定稻谷最低价水平并制定相应的执行预案，当市场价格高于国家的托底价格时，执行预案不会启动；当市场价格低于国家的托底价格时，托市预案便会启动，政策执行主体中国储备粮管理总公司及其委托的公司按照最低收购价收购稻谷，其他稻谷企业还是随行就市进行收购。2005 年中国在稻谷主产区启动早籼稻、中晚稻、粳稻最低价收购执行预案。作为最早执行最低价收购政策的重点粮食品种，稻谷托市收购几乎贯穿了中国整个最低价收购历程。2005—2013 年中国有 7 年[②]在粮食主产区执行稻谷最低价收购，2014 年没有启动相应预案，2015—2018 年继续执行最低价收购预案。粮食最低收购价是执行最低价收购预案的收储企业将农户粮食直接收购入库的价格。2004—2018 年中国稻谷托市收购预案执行标准见表 8-3。

表 8-3　2004—2018 年稻谷最低收购价执行情况表

单位：元/千克

| 年份 | 早籼稻 | 中晚籼稻 | 粳稻 |
|------|--------|----------|------|
| 2004 | 1.40 | 1.44 | 1.50 |
| 2005 | 1.40 | 1.44 | 1.50 |
| 2006 | 1.40 | 1.44 | 1.50 |
| 2008 | 1.44 | 1.58 | 1.64 |

---

① 2004 年由于市场粮价在最低收购价之上，当年制定的稻谷最低收购价执行预案没有启动。

② 2005—2013 年共 8 年时间，但因 2007 年的中晚籼稻市场价格较高，当年的中晚籼稻最低收购价执行预案没有启动，故在此期间执行稻谷最低收购价的时间有 7 年。

表 8-3（续）　　　　　　单位：元/千克

| 年份 | 早籼稻 | 中晚籼稻 | 粳稻 |
|---|---|---|---|
| 2009 | 1.80 | 1.84 | 1.90 |
| 2010 | 1.86 | 1.94 | 2.10 |
| 2011 | 2.04 | 2.14 | 2.56 |
| 2012 | 2.40 | 2.50 | 2.80 |
| 2013 | 2.64 | 2.70 | 3.00 |
| 2014 | 2.70 | 2.76 | 3.10 |
| 2015 | 2.70 | 2.76 | 3.10 |
| 2016 | 2.66 | 2.76 | 3.10 |
| 2017 | 2.60 | 2.72 | 3.00 |
| 2018 | 2.40 | 2.52 | 2.60 |

资料来源：根据国家最低收购价预案执行文件整理。

从价格看，国家的托市收购价格在 2008 年以前基本维持在同一水平没有变化，从 2008 年开始有了较大幅度提高。这主要有三方面原因：① 托市政策从 2004 年才开始执行，头几年对于最低收购价格水平"提不提、提多少"还在摸索，各方没有形成明确的认识；② 2008 年金融危机爆发以后，国内粮食生产成本较过去大幅上涨，促使政府决定大幅提高托市价格水平，特别是 2008 年国家根据市场粮价变化的实际情况，连续 2 次提高最低收购价格以引导市场粮价回升；③ 在 2004—2007 年，国家制定的最低收购价格多数情况下低于市场粮价，政策的启动情况不理想，没有达到政策设计的初衷。2009 年、2010 年国家均加大了托市价格的提高力度，其中 2009 年提价幅度最大，各品种最低收购价格水平均提高了 15% 左右。

（二）中国稻谷最低价收购的执行地区

从执行地区来看，稻谷托市政策的执行范围在 2008 年以后有了明显扩大，早籼稻的执行范围增加了广西，中晚籼稻增加了江苏、河南和广西，粳稻增加了辽宁。根据《小麦和稻谷最低收购价执行预案》（国粮发〔2018〕99 号）（以下简称《执行预案》），2018 年稻谷最低收购价预案的执行区域见表 8-4。《执行预案》规定其他省（自治区）是否实行最低收购价政策，由省级人民政府自主决定。

表 8-4　2018 年稻谷托市收购预案执行区域

| 品种 | 主要执行省份（自治区） |
|------|------------------------|
| 早籼稻 | 湖北 湖南 安徽 江西 广西 |
| 中晚籼稻 | 湖北 湖南 江苏 安徽 江西 四川 河南 广西 黑龙江 吉林 辽宁 |
| 粳稻 | 湖北 湖南 江苏 安徽 江西 四川 河南 广西 黑龙江 吉林 辽宁 |

资料来源：根据 2018 年国家最低收购价预案执行文件整理。

稻谷质量执行标准方面，从 2004 年到 2018 年的预案，以当年产国标三等粮为标准品，相邻等级间最低价价差为 0.04 元/千克。具体标准见表 8-5：

表 8-5　稻谷最低价收购原粮质量执行标准表

| 品种 | 出糙率 | 整精米率 | 杂质 | 含水率 |
|------|--------|----------|------|--------|
| 早籼稻 | 75.00%—77.00% | 44.00%—47.00% | <1.00% | <13.50% |
| 中晚籼稻 | 75.00%—77.00% | >44.00% | <1.00% | <13.50% |
| 粳稻 | 77.00%—79.00% | >55.00% | <1.00% | <14.50% |

资料来源：根据国家最低收购价预案执行文件整理。

从托市收购的数量来看，2005 年在南方籼稻产区共收购托市稻谷 122.50 亿千克，2006 年收购托市稻谷 82.50 亿千克，2007 年收购托市粳稻 23.50 亿千克，2009 年收购托市稻谷 111.50 亿千克。2004—2007 年最低收购价保持稳定；2008 年开始，国际粮价上涨，加之国内种植成本快速上升，种粮收益明显减少，为了保护农民种粮收益，2008—2014 年国家先后 7 次提高了稻谷最低收购价格，累计增幅达 97.00%，最低收购价政策由托市功能演变成了保护种粮收益。2015—2018 年国家继续在稻谷主产区实行最低收购价政策。但是由于粮食产业受"三量齐增"和"三个倒挂"① 等因素的影响，国家调低了 2016 年的稻谷最低收购价格。为了保护农民利益，防止"谷贱伤农"，2017 年稻谷的最低收购价政策依旧存在，但 1 号文件提出要完善稻谷最低收购价政策，合理调低最低收购价。2018

---

① "三量齐增"是粮食产量、进口量、库存量同时增加，"三个倒挂"是产区与销区、原粮与成品粮、国内市场与国际市场粮食价格倒挂。

年稻谷最低收购价继续执行，但综合考虑生产成本、市场供求、比较效益、国际市场价格和产业发展等各方面因素，2018 年早籼稻（三等，下同）和中晚籼稻最低收购价格同比下调了 0.20 元/千克，粳稻最低收购价下调了 0.40 元/千克。

（三）中国稻谷最低价收购的执行价格

在执行责任主体方面，各级粮食局、中储粮总公司及各级分公司、中国农业发展银行总行及各级分行分别负责最低价收购政策的执行指导、具体实施和信贷融资。地方粮食局、中储粮分公司、中国农业发展银行根据相关的规定和准入标准确定委托收储企业。委托收储库点按最低价收购稻谷所需贷款由所在地中储粮直属企业统一向中国农业发展银行贷款，并根据收购情况及时拨付给收购库点。政策预案实施后，粮食部门、中储粮公司、中国农业发展银行三方共同对政策执行进行监督。

（四）中国稻谷最低价收购的执行效果

总的来看，国家通过施行最低收购价政策，在必要时对稻谷价格进行了托底，整体上稳住了市场粮价，保障了农民种粮收益。但是最低收购价政策将国内市场扭曲。这一政策带来了越来越多的矛盾和问题：① 长期以来，最低收购价只能维持或提高，扭曲了粮食的真实市场价格；② 国有粮食收储企业"旱涝保收"，进一步改革的动力减弱；③ 国内外价差导致进口压力明显增加，在仓容压力不断增加的情况下，局部地区出现"卖粮难"问题；④ 国家财政负担过重，粮食加工企业经营困难，产业发展受阻。[①]

## 三、中国稻谷最低收购价政策的执行效果

中国稻谷最低价收购政策的实施，对稳定粮食市场价格、增加种粮农民收入、强化国家对粮食市场的调控等方面起到了良好效果。

---

① 参见陈锡文、韩俊主编：《农业转型发展与乡村振兴研究》，清华大学出版社 2019 年版，第 136 页。

（一）发挥了粮食价格的托底作用，稳定了粮食市场价格

由于实行粮食最低收购价政策，粮食价格并没有因为粮食增产而下跌，全国早籼稻、中晚稻的收购价格均维持在最低收购价及其以上水平，真正起到了托市的作用。每年最低收购价政策启动以前，市场粮食价格较低，粮食买卖双方观望等待气氛比较浓厚，市场交易相对清淡。政策启动后，农民大多选择将粮食按最低收购价卖给国有粮库，使得市场上的粮食流通量减少，从而达到了拉动粮价回升的预期目标。有了国家最低收购价做支点，市场粮价始终维持在托市价格附近小幅波动，避免了大起大落。在稻谷收购期间，早籼稻、中晚籼稻的托市价格水平有了大幅度提升。如果没有政府托市收购，市场籼稻价格将很难稳定在最低收购价水平，政策确实发挥了市场托底和稳定粮价的作用。

（二）增加了种粮农民收入，有力促进了粮食生产

粮食最低收购价政策作为一种信号，稳定了农民种粮预期收入，保护了粮食主产区农民的种粮积极性，促进了粮食稳定增长。粮食最低收购价政策发挥作用的一个关键原因是稳定了农民种粮增收的心理预期，调动了他们发展粮食生产的积极性。在粮食购销市场全面放开以后，农民进行粮食生产的主要目的由过去的自给自足变成了市场出售和竞争，在粮食购销市场上每一个粮农都是独立进行商品生产的"微型资本家"，他们会根据市场粮价变化不断调整粮食供给量。国家通过政策托市向粮农传递了一个明确的种粮收入保底值，给农民发展粮食生产吃了"定心丸"。

（三）国家掌握了大量优质粮源，巩固了调控的物质基础

最低收购价政策主要由中国储备粮管理总公司具体执行，收购的粮食由中央管理，基本上等同于中央临时储备粮，国家掌握了大量粮源，增强了中央政府在粮食市场供求方面的宏观调控能力，粮食安全问题得到了可靠保障。从卖方的角度看，近几年来国内粮食连年丰收，每年收购季节时粮食价格的下行压力很大，主产区农民对国家托市收购的期望很高；从买方的角度看，中国农业发展银行对托市收购积极给予贷款支

持，加上中央财政足额到位托市粮的储存保管费用，国有粮食购销企业按照托市价入市收购的积极性很高，买卖双方的交易热情决定了托市粮大量被国有粮食企业收购。国家托市以后，政策对收购粮食的质量提出了明确要求，并适当拉大不同质量级别粮食之间的价格差距，调动了农民种、售优质粮的积极性。从这些年的收购情况看，粮食的品质有了显著提高，国家掌握了充足的优质粮源，为实施粮食宏观调控奠定了坚实的物质基础，保证了国内市场供应和价格的基本稳定。

## 第三节　粮食临时收储政策的执行情况与改革绩效

2000—2003 年，中国粮食价格震荡下行，全国粮油批发市场二级玉米价格从 1998 年 8 月上涨至 1 370.32 元/吨后一路下跌，至 2000 年 5 月 21 日仅为 895.71 元/吨，创出历史新低。2001 年 7 月 31 日上涨至 1 217.08 元/吨后继续下行，2001 年底再次跌破 1 000.00 元大关，2002 年初仅为 978.13 元/吨。在粮食价格震荡下行的同时，种粮收益逼近历史最低点，粮食生产低位徘徊。2002 年，稻谷、小麦、玉米 3 种粮食每公顷平均减税纯收益为 814.20 元，比 2001 年减少 403.95 元，减少 49.61%；其中玉米每公顷减税纯收益为 1 180.05 元，比 2001 年减少 346.65 元，减少 29.38%。2004 年以后，国家加大了对粮食生产的政策扶持力度，粮食连年增产。为避免"谷贱伤农"，在继稻谷、小麦实施最低收购价政策之后，中国从 2008 年开始实施玉米临储政策，在玉米价格较低时，国家根据市场情况确定临时收购价格，农民按照临时收购价格把玉米卖给国家收储粮库；在市场粮源短缺时，国家拍卖临时收储的库存玉米，以保障市场供应，稳定加工企业利润与成品粮价格。

### 一、玉米临时收储政策概述

中国玉米临时收储政策的基本政策内涵是：国家在东北及内蒙古东四盟（市）按每年一定的收购价格向农民敞开收购玉米。这个每年一定的价格通称为临时收储价格（简称为临储价格），以区别于水稻和小麦的最低收购价。但就其执行的实质效果而言与水稻和小麦的最低收购价并无本质区别。玉米临时收储政策出台的主要原因是：① 自 1999 年以后中国粮食产量连续 5 年下降，由 1998 年的 51 229.50 万吨下降到 2003 年的 43 069.50 万吨，降幅为 15.90%。2004 年以后粮食各项补贴、取消农业税等政策的实施调动了农民的生产积极性，粮食产量持续增长。虽然到 2007 年粮食产量再度突破 5 亿吨，接近 1998 年的粮食产量，但由于其间人口的增长，使按人均计算的粮食占有量仍低于 1998 年的水平。因此，调动农民种粮积极性、增加粮食产量仍然是政策的主要目标。② 此前的玉米市场在加工业的推动下出现供给紧张态势，玉米出口大幅度减少，2007 年国家发展和改革委员会紧急叫停玉米加工燃料乙醇建设项目。③ 由于农业生产资料价格上涨，玉米种植成本也刚性增长，减少了农民的净收入。④ 水稻和小麦已经实施了最低收购价政策，玉米不能被搁置在政策保护之外。在此背景下，国家为继续调动玉米主产区农民的生产积极性，增加国家粮食供给，2008 年秋粮上市之际，在东北三省及内蒙古东四盟（市）实施了玉米临时收储政策。2008—2014 年，内蒙古和辽宁玉米收购价格从 1.52 元/千克上升到 2.26 元/千克，涨幅为48.69%；吉林玉米收购价格从 1.50 元/千克上涨到 2.24 元/千克，涨幅为 49.33%；黑龙江玉米收购价格从 1.48 元/千克上涨到 2.20 元/千克，涨幅为 48.65%。2015 年临储价格首次下调，东北地区玉米收购价格均下降至 2.00 元/千克。2016 年国家取消了玉米临时收储政策。

　　玉米作为中国产量和消费量最大的粮食品种，具有良好的增产潜能。国家出台玉米临时收储政策旨在粮食增产和农民增收。就实施效果而言这两个目标已如期实现。首先，就增产目标来看，2015 年全国粮食产量比 2008 年增长 17.50%，其中东北地区的贡献率为 40.37%，玉米占东北地区增产份额 93.47%，东北地区的玉米产量占全国玉米产量44.50%。显然，在临储价格的强刺激下，玉米为粮食增产做出了突出贡献。其次，就农民增收的目标来看，以吉林省 2014 年的情况为例，玉米

271

标准水价格为 2.24 元/千克，以 2007 年 1.40 元/千克为基期价格，期间仅通过玉米价格上调农民实现增收就达 343.00 亿元，平均每公顷增收 9 270.00 元。然而，在玉米推动粮食增产和农民增收的同时，也产生了一些负面效应。

（一）下游产业成本急剧提升

20 世纪 80 年代后期以来，伴随着居民生活水平的提高和玉米转化产业的发展，玉米消费结构发生了根本性的变化，由原来的主食型消费转变为原料型消费。中国用于口粮消费的玉米约占总量的 10%，饲料消费约占 70%，其余约 20% 作为加工业原料。由此可见，饲料消费和工业消费占据了玉米消费的绝大部分，玉米价格的高低直接决定了下游产业的成本。2008—2014 年间，东北玉米主产区玉米临储价格 5 次上调，提高幅度达 60%，这意味着下游产业的原料成本提高 60%。因此，下游产业一直承受着原料成本逐年攀升的压力。据 2013 年的市场数据反映，作为玉米加工业中主产品的淀粉和乙醇全面进入盈亏平衡点以下，淀粉亏损 200.00 元/吨，乙醇亏损 150.00 元/吨。全国玉米加工业开工能力不足 50%，黑龙江省 28 户规模以上玉米加工企业、吉林省 22 户规模以上玉米加工企业全部亏损，部分企业几近破产。高成本带来了市场的强制性和破坏性调整。[①]

（二）国产玉米的市场竞争力减弱

在中国对玉米临储价格连续上调期间，美国玉米连年丰收，国际市场玉米价格呈现持续下行的趋势。从全国来看，自 2008 年中国实行玉米临时收储政策以来，玉米临时收储价格上涨，现货平均价格也随之上涨，到 2014 年达到最高点，临时收储价 2 250.00 元/吨，玉米现货平均价格 2 469.00 元/吨。而玉米进口到岸完税价格一直低于现货平均价，2014 年 9 月进口玉米价格与国内现货平均价格差超过 1 000.00 元/吨。面对进口玉米的低价优势，国产玉米完全丧失了市场竞争力，导致进口玉米连年增加，2012 年进口玉米达到 520.80 万吨，比 2008 年增长了 103.16

---

① 参见顾莉丽、郭庆海：《玉米收储政策改革及效应分析》，《农业经济问题》2017 年第 7 期。

倍。2016 年玉米进口量仍然高达 316.80 万吨。事实上，玉米临储价格在客观上不仅对国产玉米起到了"托市"作用，也为进口玉米起到了"让市"作用。此外，在玉米价格居高的市场条件下，驱使下游企业对无进口配额限制的高粱、大麦、豆粕、DDGS 等替代品进口增加，减少了对玉米的需求。2015 年，中国 DDGS 进口量达到历史最高点，为 682.00 万吨，相比 2014 年增加 26.00%，如图 8－1 所示。其原因在于进口 DDGS 价格低于高昂的国产玉米价格，促使饲料企业更多选择进口 DDGS。玉米加工业的萎缩、进口玉米及玉米替代品的增加，三重因素迭加形成了高额的玉米库存，2016 年玉米库存量达到 2.23 亿吨，如此巨大的库存产生了巨额财政负担。

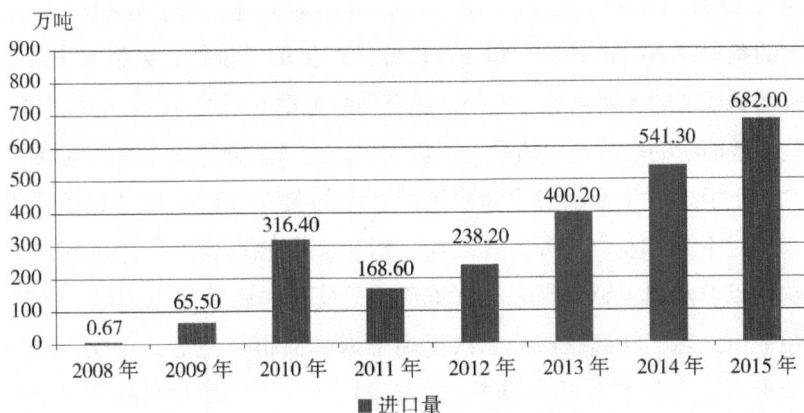

**图 8－1 2008—2015 年中国 DDGS 进口量**

资料来源：布瑞克农业数据库。

**（三）东北地区粮食种植结构失衡加剧**

就东北地区的资源禀赋而言，粮食生产是其最大的优势，但就粮食内部结构而言，存在着玉米与大豆结构失衡的问题。国家统计数据显示，2008 年东北三省的玉米种植面积为 840.13 万公顷，2015 年增长到 1 203.79 万公顷，增幅为 43.28%。同期，大豆种植面积由 467.45 万公顷减少到 266.90 万公顷，减幅为 75.00%。增加的玉米种植面积除了来源于新增耕地外，主要来源于大豆改种玉米的面积。农民多种玉米、少种大豆的行为归根到底是利益选择的结果。玉米产量是大豆产量的 3.50 倍左右，而大豆的价格只是玉米价格的 2.00 倍左右。[①] 这种价格与产量的不对应关系，意味着玉米与大豆之间存在着显著的效益差。值得注意的是，伴随着玉米价格的上调，玉米与大豆之间的比价呈现继续拉大的趋势，这种拉大的趋势正是导致大豆种植面积继续减少的原因所在。

（四）付出了高昂的生态资源环境代价

逐年上调的玉米价格使玉米生产成为粮食生产中最有利可图的产品，进而使农户以各种手段增加玉米种植。其中一种手段就是以开荒的方式扩大玉米种植规模，包括毁林开荒、毁草（地）开荒和毁湿（地）开荒。从东北地区粮食种植面积变化看，2015 年为 2 586.73 万公顷，比 2008 年增加 219.67 万公顷，增长 9.28%。东北地区粮食作物均为一季，增加的粮食种植面积除了一部分合理开荒产生的增量外，大量非法开荒是种植面积增加的主要渠道。此外，还有为数可观的未纳入统计的耕地面积。这些耕地面积的增加产生的是生态负效应，造成了资源环境的严重破坏。

综上所述，玉米临时收储政策所产生的负面效应已经超过了正面效应，其对下游产业、对种植业结构、对生态资源环境所带来的种种负面影响，以及给国家财政带来的沉重负担，使这一政策难以为继。2015 年秋粮上市之际，在国家连续 5 次提高玉米临储价格之后，首次下调玉米临储价格，将 2013—2014 年执行的 2.24 元/千克的临储价格下降至 2.00 元/千克，释放了缩减玉米供给的信号。在 2016 年的中央 1 号文件中提出对玉米收储政策进行调整，基本方向是实施"价补分离"政策。2016 年 4 月，国家取消了玉米临时收储政策，决定实施"市场化收购"加"补贴"的新机制。由此，玉米临储政策走向终结。

## 二、玉米临时收储政策改革的成效

玉米临时收储政策改革使玉米价格回归市场，实现了从国家政策性收储到多元市场收购的转变，玉米市场的活力和农民依价调整结构的市

---

① 参见郭庆海：《中国玉米主产区的演变与发展》，《玉米科学》2010 年第 1 期。

场意识增强，政府全面综合调控的精度也随之提高。

（一）玉米市场的活力增强

玉米临时收储政策下，作为国家调控粮食市场重要载体的中储粮是唯一的玉米收购储存主体，保护价下长期供过于求的库存压力导致财政负担严重。临时收储政策改革后，玉米由市场定价，除中储粮以储备轮换方式参与收购外，在价格机制激励下各类加工企业、贸易商、玉米专业合作社、农村经纪人等入市积极性高涨，成为玉米收购市场的新主体，打破了收储政策下中储粮系统"一家独大"局面，形成了多元市场主体共同参与的新格局，玉米市场活力明显增强。截至 2017 年 4 月 30 日，东北地区共收购新产玉米 10 190.00 万吨，其中近 80.00%由多元收购市场主体完成。[1] 此外，为保证新兴主体能够充分进入收购市场，除中国农业发展银行继续承担主渠道责任外，各类商业银行等金融机构也加入其中，加上各地区收购贷款信用保证基金的建立，为新型收购主体提供了有效的资金支持。多元化收购主体的进入增强了整个收购市场的活力，同时也使部分玉米直接进入消费环节，既提升了农户的玉米销售价格，也缓解了国家收储的库存压力与储存损耗。从期货市场角度，2017 年，玉米期货主力合约日均成交量达到 92.00 万手，比 2016 年增加 84.00%，主力合约日均持仓量达 192.00 万手，同比增加 69.91%，玉米期货、现货市场活力明显增强。[2]

（二）农民依价调整结构的市场意识增强

东北地区和内蒙古东四盟（市）作为中国玉米、大豆、粳稻主产区，由于先前均实行临储收购或最低收购价，"政策市"特点明显。临时收储政策改革后，玉米市场激活，玉米、大豆、粳稻的比价关系发生变化。在政府引导下，农民种植结构调整明显，大豆、玉米轮作开始推

---

① 参见李娟娟、黎涵、沈淘淘：《玉米收储制度改革后出现的新问题与解决对策》，《经济纵横》2018 年第 4 期。

② 参见李圣军、孔祥智：《后临储时代玉米市场调控成效及完善措施》，《价格理论与实践》2018 年第 2 期。

广，玉米种植面积明显下降，大豆种植面积明显提高，实现了"减玉米、增大豆"的调整目标。根据国家统计局发布的数据，2016—2017年玉米种植面积合计减少267.13万公顷。根据国家粮油信息中心发布的数据，黑龙江大豆种植面积2年合计增加127.73万公顷。由于2017—2018年度大豆价格低迷，玉米价格高涨，粳稻最低收购价大幅下调，玉米、大豆、粳稻的种植收益发生变化。此外，农民长期养成的"只管种不管卖"的习惯也开始改变，农民开始关注市场，了解价格，根据市场行情调整种植结构。面对增强的潜在市场风险，农民市场竞争意识和风险管理意识逐步增强。

（三）东北玉米的市场体系重建

在临时收储政策下，东北玉米基本全部入库，华北玉米倒流入关。尤其是2015年东北四省区临储收购规模达到1.25亿吨。在后临储时代，东北玉米畅销全国。截至2017年4月20日，2016—2017年度北方四港①玉米下海量已达到1 492.50万吨，而上年同期北方四港下海量为376.90万吨，仅为2016—2017年度下海量的25.25%；铁运方面，整个东北四省区玉米铁路外运量也超过4 000.00万吨（包括铁海联运）；汽运方面，东北四省区玉米进入华北市场的汽运外运量也超过1 000.00万吨。临储政策改革后，东北玉米全方位地进入华北、华南、西南和西北等全国各地，除2 000.00万吨左右通过国储轮换和一次性储备方式进入储备库之外，其余玉米全部通过市场手段就地消费或销往全国各地。除现货市场外，玉米期货市场也异常活跃，不仅期货价格引导现货价格，而且部分期货合约的现货交割量也明显拉动了东北玉米的销售规模，现货期货市场一体化程度增强，玉米市场体系得以初步重建。

（四）政府全面综合调控的精度提高

后临储时代，政府全面综合调控，为市场保驾护航。首先，调控精度日益提高，"保收入"和"稳市场"目标分离，通过对"农民粮食直接补贴"实现"保收入"的目标；通过"政府调控"实现"稳市场"

---

① 北方四港是天津港、青岛港、烟台港和大连港。

的目标，调控针对性增强。其次，从政府的具体调控手段看，直接收储手段主要包括临储拍卖、央企"在市"均衡收购、国储轮换、一次性储备等；财政政策包括深加工补贴、饲料补贴、种植者补贴和玉米收购贷款信用保证基金等。其中，2016—2017 年度东北地区和内蒙古东四盟（市）玉米深加工补贴在 5.30 亿左右，黑龙江、吉林、内蒙古玉米收购贷款信用保证基金规模分别为 10.00 亿元、8.00 亿元和 7.50 亿元，省级财政出资额分别为 2.00 亿元、5.00 亿元、3.00 亿元，按照 10 倍放大比率，可撬动玉米收购贷款 255.00 亿元。按照 1 400.00 元/吨的价格计算，可收购玉米 1 821.00 万吨；运输政策包括汽运费用减免、铁运车皮保障、海运费用降低等。此外，还包括价格、收购量等信息及时发布引导市场预期和 DDGS 双反①等。后临储时代的政府市场调控由"直接收购"真正转向"间接调控"，更加侧重为市场收购主体排忧解难，尽量依靠市场和企业实现东北玉米的外销外运。后临储时代，市场主导地位重现并日益巩固，政府调控手段也日益丰富多样。

（五）玉米的市场占有率提高

在临储收购价格不断提升下，2013 年 6 月底以来，国内外玉米价格持续倒挂，最高价差超过 1 000.00 元/吨；从 2017 年 1 月份开始，国内外玉米价格倒挂的现象实现逆转，南方销区国产玉米价格降至 1 600.00 元/吨左右，开始低于国际市场玉米到岸完税价，玉米及其替代品进口量大幅度减少。2016 年，中国玉米及替代品（高粱、大麦、木薯干、DDGS）进口规模 2 544.00 万吨，比 2015 年的 4 218.00 万吨大幅下降39.68%。2017 年由于国产玉米价格高企，玉米及替代品进口量略微降至 2 513.00 万吨，国产玉米市场占有率明显提高，临储时代因玉米高价格导致消费"被替代"现象也实现逆转。根据国家粮油信息中心 2018 年2 月份预测，2016—2017 年度，中国玉米国内消费总量比上年大幅增加

---

① "双反"即反倾销反补贴。我国商务部于 2016 年 1 月 12 日发起对美 DDGS"双反"立案调查，随着 DDGS 反倾销反补贴案结果确定，从 2016 年 9 月 26 日起中国对美国 DDGS 征收33.80% 的反倾销关税。

4 388 万吨，达到 2.21 亿吨，增幅为 24.71%。其中从饲料消费角度，小麦、大麦、高粱饲用量下降，饲料中玉米含量占比恢复 60.00% 左右，2016—2017 年度玉米饲用消费量达到 1.34 亿吨左右，2017—2018 年度增至 1.46 亿吨；从加工需求角度，2016—2017 年增至 6 800.00 万吨左右，2017—2018 年度继续增至 7 800.00 万吨。以玉米淀粉为例，2016 年玉米淀粉产量达到 2 259.00 万吨，同比增加 10.10%，玉米消耗量相应增加 300.00 万吨左右；从玉米深加工产品出口角度，伴随玉米原料价格的降低，玉米深加工产品出口也明显增加，其中 2016 年中国赖氨酸出口量达到 50.90 万吨，比 2015 年增加 14.20 万吨，同比增幅为 38.69%。按照每吨玉米 0.37 的产出率计算，相当于增加 38.00 万吨玉米的出口量。玉米收储制度改革明显提高了玉米及其深加工产品在国内外市场的销售量和占有率。

## 三、玉米临时收储政策改革可能带来的问题

尽管玉米临时收储政策改革取得了一定成效，但随着玉米价格从政策价格向市场价格的回归，会对整个玉米产业链产业影响并引发一些新的问题。

### （一）农民种植玉米收益临时性缩减

从玉米临时收储制度改革直接作用的东北地区看，改革后随着玉米价格逐渐下降，农民玉米种植收益也普遍下降。而且除改革实施区域外，全国其他地区玉米种植者收益也普遍下滑。玉米收储制度改革后，收储时托市收购高价形成的外溢效应消失，伴随而来的是全国玉米市场价格的整体回落。2016 年全国每 50 千克玉米平均出售价格为 76.99 元，比 2015 年的 94.23 元下降了 17.24 元；与此同时，2016 年中国农民玉米生产的每公顷净利润为 −4 495.50 元，比 2015 年的 −2 012.70 元又扩大了 2 482.80 元。[①] 改革对那些高度依赖玉米种植或以玉米种植收益为唯一来

---

① 数据来源于国家发展和改革委员会价格司编：《全国农产品成本收益资料汇编（2017）》，中国统计出版社 2017 版，第 24 页。

源的低收入农户产生重大影响。对年龄大、文化程度低、再就业技能缺乏的农民，玉米种植收益下降后难以通过种植结构调整或再就业增加收入。因此，玉米临时收储政策改革后如何保障农民利益尤其是防止低收入农民收益下滑，是深化玉米临时收储制度改革亟须解决的重要问题。

（二）小农户种植结构调整可能面临困难

优化种植结构是解决农业供给侧结构性矛盾的重要方式，也是玉米临时收储政策改革的基本目标。但是，小农户在种植结构调整方面仍面临较多困难：① 小农户主观上缺乏调整的主动性。长期的玉米种植习惯及在临时收储政策下形成的对保护价收购的政策依赖，导致小农户缺乏接受市场化决策的心理准备，对市场化收购认知不足。② 种植结构调整成本较高。一方面，东北地区大部分小农户因长期从事玉米种植，种植技术皆与玉米生产相匹配，这意味着调整种植结构需要学习新的生产技术。但多数小农户生产者年龄集中于 50—70 岁，且文化程度较低，获取新知识、新技术的能力不足。另一方面，相比机械化程度较高的玉米种植，其他作物种植人力投入更多，劳动力成本会相应增加。③ 种植结构调整风险较大。这主要体现在改种其他作物后面临的销售风险。收储政策下，玉米主要由国家以保护价的形式收购，不存在销售渠道问题。改革后，玉米主产区的产量优势自然吸引收粮企业，但若改种其他作物，就会产生销售渠道缺失的问题，进而对缺乏市场推广经验的农民产生巨大风险。④ 种植结构调整面临"先行者劣势"问题。农村土地承包到户时，为保证公平通常将土地分为不同质量等级的地块，每户的承包土地是各质量等级土地的组合，因而条块分割、分布零散。若个别农户先行调整种植结构，周边地块针对玉米喷洒的农药可能导致其大量减产。

（三）规模化经营进程放缓

受市场环境和政策因素的双重影响，玉米临时收储制度改革后，规模化经营进程放缓，土地流转速度出现负增长，部分地区甚至出现流转耕地费用为零与规模化经营主体"毁约弃耕"现象。产生上述问题的主要原因在于：① 收储改革政策颁布于 2016 年春耕之后，而当时土地流转价格已依据收储政策下的玉米价格确定，因而租金较高。改革后玉米价格大幅下降，种植大户、合作社等规模化经营主体收益大幅减少甚至出现亏损，其生产积极性受到影响。② 玉米种植收益减少直接导致规模化经营主体还贷能力降低，加之银行为规避风险对涉农贷款发放更为谨慎，使规模化经营主体再贷款难度增大，进一步影响其生产积极性。但同时，这也暴露出中国新型农业经营主体发展尚未成熟，缺少应对市场风险的准备和能力。③ 随着玉米价格走向市场化，土地租金也会走向合理，但在一段时间内土地租金可能呈现供求双方不断博弈、地租不稳定的局面。① 土地流转价格逐步提高，土地流转合同大多一年一签，且价格主要是基于上一年的玉米价格进行调整。这种短期土地流转合同在降低市场与政策变化风险的同时，也对规模化经营形成明显制约。流转土地面积和地块位置的不确定性，导致新型经营主体对土质改良及基础设施改善的投入意愿减弱，从而降低了规模化经营的生产效益与发展速度。

（四）玉米加工业面临产能过剩风险

玉米临时收储制度改革后，在原料玉米价格大幅下降的刺激下，玉米加工产业普遍复苏，但企业对利润的盲目追求也导致出现一定程度的生产过剩问题。以玉米淀粉加工行业为例，2016 年 11 月以来，东北地区在深加工补贴政策的刺激下，一些往年因粮食供应、亏损等问题出现减产、停产的企业也能维持正常生产经营。同期，华北玉米淀粉行业开工率也处于较高水平。迅速提升的开工率在增加玉米淀粉产量的同时，库存也随之上涨，达到近几年的最高水平。库存压力致使企业间出现恶性价格竞争，淀粉糖、造纸与食品行业淀粉需求量降低，加之原料玉米市场偏强，结果是不但库存压力未能得到有效缓解，淀粉行业利润空间逐步缩减甚至呈现下滑态势。

（五）玉米生产者补贴可能会引发新的矛盾

玉米临时收储制度改革在采取市场化收购的同时，也建立了新的玉

---

① 参见蔡海龙、马英辉、关佳晨：《价补分离后东北地区玉米市场形势及对策》，《经济纵横》2017 年第 6 期。

米生产者补贴制度，即由收储政策时的价格补贴转为收入补贴。该制度的初衷在于弥补玉米价格下跌给农民带来的损失，但也引发了一些新的矛盾：① 补贴政策不及时、不透明加大了农户种植决策的政策风险，引发种植决策与收入保障的矛盾。2016 年和 2017 年玉米生产者补贴标准公布和补贴发放皆在当年秋粮上市之后，且关于补贴持续的时间未有明确规定，增加了农户在是否流转土地、按什么价格流转及选择何种作物生产方面的决策风险。② 玉米生产者补贴在客观上与玉米市场化改革目标——调结构、去库存之间存在矛盾。农户种植玉米可获取补贴，而主动调整种植结构、改种其他作物的农户获得的补贴较少，由此产生一种逆向激励效应，弱化了农民改种其他作物的动力，也引发了农户对玉米收储制度改革的困惑。③ 玉米生产者补贴专门针对东北地区，而其他地区玉米生产者并不享有补贴，引发东北主产区与其他地区补贴制度的矛盾。收储政策下，政策性收购价格的溢出效应明显，东北地区以外玉米产区农户的收益也随之增加。但改革后，随着收储政策溢价效应的消失，加之缺乏补贴支持，东北地区以外的玉米种植农户收益难以保障。

## 第四节　粮食目标价格补贴政策的执行情况与绩效评价

2004—2017 年，中国粮食产量从 46 946.90 万吨增至 61 790.70 万吨，增长了 31.60%。这一时期，既是改革开放以来粮食连年增产时间最长的时期，也是在国家最低收购价格政策的支持下，粮食生产价格上涨最快的时期。但是，随着粮食市场的放开和中国市场经济制度的逐步完善，强制性干预粮价的做法已无法发挥市场的作用，粮食生产面临着比较效益低、农民增产不增收、种植结构不合理、财政补贴负担重等诸多问题。为此，2008 年《国家粮食安全中长期规划纲要（2008—2020年)》中首次提出了"借鉴国际经验，探索研究目标价格补贴制度"的要求，这是继最低收购价格、临时收储价格之后国家实施的又一新型粮食支持价格。2014 年中央 1 号文件《中共中央国务院关于全面深化农村改革加快推进农业现代化的若干意见》正式启动了东北和内蒙古大豆、新疆棉花目标价格补贴试点。2015 年中央 1 号文件《中共中央国务院关于加大改革创新力度加快农业现代化建设的若干意见》，再次要求完善目标价格改革试点的补贴方式，确保补贴资金及时足额兑现到农户。在中国，农产品目标价格被学者关注是从 2008 年的《国家粮食安全中长期规划纲要（2008—2020 年）》出台开始的，真正的研究是在 2014 年启动大豆和棉花目标价格试点以后。从现有文献来看，对目标价格及其相关问题的研究不仅存在较大的理论分歧，也存在一定的实际操作的困难。

## 一、目标价格的理论内涵

2014 年中央 1 号文件中关于目标价格补贴制度的解释是："在市场价格过高时补贴低收入消费者，在市场价格低于目标价格时按差价补贴生产者。"但是，这并没有解释目标价格"是什么"，而是阐述了目标价格该"怎么办"，也就是说在中央文件中并没有对目标价格的内涵进行明确界定，而只是阐述了实施目标价格操作的方法；而且文件中的"低收入消费者"所指的对象是谁？是仅指城镇中的低收入者，还是包括农村转移人口在内，也没有明确的界定，这都让学者从各种角度开展了对目标价格补贴制度的内涵解读。

### （一）目标价格的概念界定

其实早在 2000 年就有学者对粮食价格保护制度进行了解读，沈阳农业大学的扈立家等认为保护价的目的在于减少粮价波动，同时保障农民收入稳定。[①] 目标价格的概念被提出以后，四川大学的张千友把目标价格定义为：国家在一定时期内，为了实现粮食总量平衡、稳定粮食价格和提高农户收益率等目标，而制定的能够反映粮食生产所消耗的资源价

---

[①] 参见扈立家、李强、刘彩华：《论中国粮食价格保护制度建设》，《农业经济问题》2000 年第 6 期。

值及适当利润的政策性价格。[1] 湖南大学的王文涛将目标价格看作是粮食的价值，把粮食市场价格看成是在围绕目标价格上限波动。[2] 江西财经大学的伍世安把目标价格界定为国家在一定时期内为实现一定政策目标而依据某些因素制定的政策性上限价格。[3] 江西省发展改革研究院的冷崇总认为农产品目标价格是政府在一定时期内为促进国内特定农产品生产、保障其有效供给、保护生产者和低收入消费者利益，根据其生产成本、供给关系、政府财政负担、消费者承受能力、与国际市场价格的比价关系等而确定的理想价格。[4] 中央政策研究室农村局的冯海发认为，所谓目标价格，是指政府从扶持农业生产和保护农民利益出发，根据农产品生产成本和收益水平以及市场供求状况等因素所确定的农产品预期价格水平。[5] 当然，还有很多学者在研究目标价格时，都或多或少地涉及目标价格的内涵，如吉林省物价局粮价课题组研究的玉米目标价格，中国粮食经济学会的丁声俊分析了目标价格的必要性，[6] 天津商业大学的王双进阐述了目标价格与最低收购价格的区别，[7] 中国人民大学的郑风田辨析了粮食价格改革的前景，[8] 等等。他们的观点基本都和以上几位学者的观点相近或类似。

从以上学者对目标价格概念的界定，可以总结出以下几个特点：① 目标价格水平是根据全国平均种粮成本和利润确定的；② 目标价格是一种政策性价格，但是粮价波动区间并不确定，学者之间有分歧；③ 目标价格涉及市场经济中方方面面的利益，如供求、消费者和生产

[1] 参见张千友：《粮食目标价格：内涵、障碍与突破》，《价格理论与实践》2011 年第 3 期。
[2] 参见王文涛：《粮食目标价格和反周期补贴政策研究——基于市场化国际化背景下的分析》，《价格理论与实践》2011 年第 12 期。
[3] 参见伍世安、刘萍、付兴：《论中国粮食目标价格的目标及测算：以玉米为例》，《江西财经大学学报》2012 年第 1 期。
[4] 参见冷崇总：《关于农产品目标价格制度的思考》，《价格月刊》2015 年第 3 期。
[5] 参见冯海发：《对建立我国粮食目标价格制度的思考》，《农业经济问题》2014 年第 8 期。
[6] 参见丁声俊：《对建立农产品目标价格制度的探索》，《价格理论与实践》2014 年第 8 期。
[7] 参见王双进：《我国实施粮食目标价格制度探究》，《价格理论与实践》2014 年第 8 期。
[8] 参见郑风田：《我国粮食价格政策改革取向辨析——我国主粮价格前景展望》，《价格理论与实践》2015 年第 1 期。

者、财政、国际市场，等等；④ 实行目标价格的最终目的是保障农民的利益。

(二) 对目标价格的理解

学者们对目标价格概念的界定都具备相应的理论依据，对理解什么是目标价格有一定提示作用。但如果仅把目标价格局限于确保粮食或者农产品的供求、价格、利润，以及保护农民利益等方面，或把粮食目标价格与价值等同起来，这在理论上有些单一，在实践中也有误导作用。一方面，目标价格中的"目标"是什么？粮食目标价格从 2008 年提出，到 2014 年启动试点，中间经过长达 6 年酝酿。这其中不免有实施条件的不成熟，但更重要的是国家基于农业在国民经济中的地位，农业政策的变革，必然要考量对国民经济各方面的影响。如果仅把目标价格归结于保障农民利益，而忽视其他目标的话，这对目标价格的理解未免有点表面化了。另一方面，目标价格作为中国实施的新型农产品支持价格，它到底"新"在哪里？实施目标价格后会对农产品生产以及补贴制度带来哪些变化？这是学者必须搞清楚的问题，否则的话就会出现分歧：有学者把目标价格等同于价值，还有学者把它作为政策性上限价格，更有学者把它看作是理想价格、预期价格，等等。

根据以上分析，对于目标价格的理解应当从以下两方面入手：

第一，维护农民的利益是目标价格的首要目标，但绝非唯一目标，同时还要兼顾保持物价稳定、保障国家粮食安全、与市场接轨等目标。首要目标毋庸置疑，这是由农业在国民经济中的地位决定的。另外，农民的社会价值偏低也是一个重要原因，根据户籍统计数据，2017 年中国乡村人口约 57 661 万人，占总人口的 41.48%。尽管中国城镇化速度已经大大加快，但如此庞大的农村人口群体，受历史原因影响农民的社会价值评价明显低于工人和企业，[①] 必须通过探索一种粮价调控制度来调整农民的社会价值评价，这不仅关系到社会公平的问题，更

---

① 参见杨扬、莫家伟、舒元：《农民社会价值与粮价调控——给予修正 Sah – Stiglitz 价格剪刀差模型的实证分析》，《经济学家》2010 年第 10 期。

涉及国家稳定、长治久安的政治问题。对于其他目标，由于农产品在社会生产环节中处于基础性的地位，因此粮价的波动必然会伴随着 CPI 的变动，如 2007 和 2008 年农产品生产价格出现明显上涨，较上年涨幅分别为 18.50% 和 14.10%，对应城乡居民食品消费价格涨幅为 12.30% 和 14.30%；[①] 2011 年农产品价格上涨 11.80%，对应当年的 CPI 同比增长 5.40%。可以看出农产品价格稳定与物价稳定呈正相关关系。因此，保持物价稳定必然也是目标价格的一个重要目标。

　　第二，目标价格与其他农产品支持价格的区别。这里的其他支持价格是指最低收购价和临时收储价格，最低收购价格的对象是重要的口粮作物，小麦和水稻；临时收储价格的对象为非口粮的其他农产品，如玉米、油菜籽、食糖、大豆和棉花[②]。目标价格相对于这两种支持价格的本质区别是，保证了农产品的价格完全由市场调节，目标价格的补贴不会对市场价格的形成造成任何干预。这是因为，目标价格早在农作物种植之前就已经公布，而无论是最低收购价还是临时收储价都是政府根据当年农作物的产量及市场价格而做出的反应。特别是最低收购价，完全是由国家对农产品市场价格的干预调控，人为制造出来的"托市价格"，这种价格并非根据当年市场供求关系来制定的，而是政府从农民种粮的利益出发，强制性的实际交易价格。虽然在一定程度上可以提高农民种粮的积极性，但从长期来看弊端也是显露无疑，如扭曲粮食市场价格、财政负担加重，甚至有学者直言，农业生产在一定程度上患上了"农业补贴与支持依赖症"[③]，等等。而目标价格则不同，除了提前公布价格之外，还施行了"价补分离"的补贴制度，按照市场价格与目标价格的差价进行补贴，通过直接补贴的方式间接作用于市场，不会对市场价格造成干扰，完全让市场在价格形成中发挥决定性的作用，以达到资源优化配置的目的。

---

① 参见李国祥：《2003 年以来中国农产品价格上涨分析》，《中国农村经济》2011 年第 2 期。

② 从 2014 年开始，国家取消了东北和内蒙古大豆和新疆棉花的临时收储政策，试行目标价格补贴制度。

③ 参见叶兴庆：《农产品价格拐点显现 调控机制面临大变革》，《21 世纪经济报道》2014 年 7 月 2 日。

这里我们还要搞清楚另一个问题，目标价格、最低收购价格和市场价格三者之间是什么关系？根据价值规律，价格围绕价值上下波动是价值的表现形式，也就是说价值是通过价格相对表现出来的，而不是固定为某一价格，因此有学者将目标价格看作是粮食的价值的提法有待商榷。准确来说目标价格应该是市场价格波动区间的上限价格，那么最低收购价格必然是市场价格的下限价格。市场价格在合理的区间国家不会干预，但市场经济有着自身无法克服的缺陷，如自发性、盲目性和滞后性，一旦遭遇特殊年份造成粮食市场价格发生较大波动，而这些口粮作物又关乎国计民生，政府不可能放任其下限价格的无限走低，必然要制定最低收购价格对其调控，这时候的宏观调控是必须的，也是必要的。需要指出的是，市场价格有可能突破上限价格，但是不可能跌破最低收购价格，因此我们可以用图8-2来表现目标价格、最低收购价格和市场价格三者的关系。

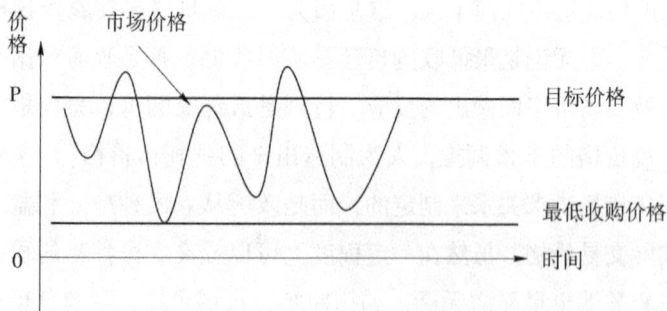

图8-2　目标价格、市场价格、最低收购价格三者关系图

图中曲线为市场价格，上行直线为目标价格，下行直线为最低收购价格。当市场价格低于目标价格时，国家按照目标价格与市场价格的差额给予农民补贴；当市场价格曲线高于目标价格时，则给予低收入消费者[1]补贴；而且最低收购价格仅在市场价格下行的特殊年份才启动以保护农民的利益。

---

[1]　低收入消费者，仅指城市低收入者，不包括农村，因为农村生产者在市场价格低于目标价格时已经被补贴了。

## 二、中国实施农产品目标价格补贴制度的背景及意义

2004—2019 年，中央连续发布了 16 个以"三农"为主题的 1 号文件，出台了一系列支农惠农政策，凸显了对农业前所未有的重视，粮食产量也连年增长。但是，由于粮食价格形成机制不合理，导致中国粮食的国际竞争力弱，粮食进口量逐年增加，迫切需要对以粮食为主的农产品价格形成机制进行改革。

（一）实施农产品目标价格补贴制度的背景

2017 年，稻谷、小麦、玉米进口量分别为 403.00 万吨、442.00 万吨和 282.54 万吨，分别比 2008 年增长 11.21 倍、109.50 倍和 55.51 倍。此外，农民增产不增收的矛盾也显得尤为突出，据统计资料显示：2017 年中国稻谷、小麦、玉米 3 种主要粮食品种的平均净利润为 -187.95 元/公顷，其中稻谷为 1 988.25 元/公顷，小麦为 91.50 元/公顷，玉米为 -2 636.85 元/公顷。[①] 2014 年农业部种植业管理司副司长潘文博指出：2004—2012 年，中国农民外出务工的月均工资收入从 780.00 元增至 2 290.00 元；而同期 3 种粮食的平均现金收益从 5 610.00 元/公顷提高到 9 825.00 元/公顷，种植 1.00 公顷粮食获得的现金收益仅相当于 120 天左右的打工收入。[②] 这都说明了农民靠种粮增收的难度很大，这是中国实施农产品目标价格补贴制度的背景。

从国家提出并启动目标价格试点以来，得到了学术界的纷纷响应，学者们试图从经济学和社会学的角度进一步分析实施目标价格的必要性。有学者认为，粮食价格机制导致粮食市场价格扭曲，实际上进入了两难的抉择：如果不提高最低收购价，随着生产成本的上涨，必然会影响农民的收入；但继续提高最低收购价，不仅会导致农产品"天花板"价格

---

[①] 数据来源于国家发展和改革委员会价格司编：《全国农产品成本收益资料汇编（2018）》，中国统计出版社 2018 版，第 6 页、21 页、24 页。

[②] 参见《中国种粮现状让人忧中老年人成种粮绝对主力军》，2014 年 5 月 28 日，见 http：//www.cssn.cn/zm/zm_ dc/201405/t20140528_ 1188801.shtml。

效应，国内外粮食价格倒挂严重，进口压力加大，而且也使得国家财政补贴的负担加重。还有学者从中国粮食等主要农产品产销形势论证了实施目标价格的必要性。中山大学的杨扬等把农民社会价值与粮价调控联系起来，认为农民的社会价值普遍低于工人、企业，要消除这种影响的一种方法就是着眼于粮价调控的政策本身，将非帕累托最优改进为帕累托最优，即施行目标价格的补贴制度。[1] 南京财经大学的李光泗等认为，粮食价格调控存在巨额的制度成本，只有降低粮食储备及调控体系的制度成本、制定合理的目标价格水平，才能实现社会福利的增加。[2]

（二）实施农产品目标价格补贴制度的意义

无论是从农业的现状还是从学者的分析中来看，粮食等农产品的定价机制不合理已成为中国农业进一步发展的最大障碍。不合理的粮价无法使农民持续增收，也就自然无法调动农民种粮的积极性，导致年轻劳动力外出打工的人数逐年增加。根据 2014 年中国乡村之声对河南、安徽、山东、黑龙江、湖南 5 个农业大省的 10 个产粮大县的调查问卷统计显示：从年龄构成看，50 岁左右的中老年人占 93.20%，成为种粮的绝对主力军，农村种粮人员呈现老龄化趋势，导致的直接后果就是先进的农业技术推广难度增大，无法适应农业现代化的需求；农业人口老龄化也把"谁来种地"的问题凸显出来。同时不合理的定价机制也使得农产品种植结构失衡，农民只愿意种植有补贴、产量高的谷物品种；对于不在补贴范围内的大豆及其他杂粮，产量则每况愈下，导致每年需从国外大量进口，不仅拉低了中国粮食的自给率，而且还给国家粮食安全带来了隐患。此外，按照世界贸易组织农业协议的规定，中国的最低收购价格和临时收储价格都属于"黄箱政策"，世界贸易组织并不赞成，中国属于世界贸易组织的成员国，自然要遵守农业协定。

---

[1] 参见杨扬、莫家伟、舒元：《农民社会价值与粮价调控——给予修正 Sah – Stiglitz 价格剪刀差模型的实证分析》，《经济学家》2010 年第 10 期。

[2] 参见李光泗、郑毓盛：《粮食价格调控、制度成本与社会福利变化——基于两种价格政策的分析》，《农业经济问题》2014 年第 8 期。

"国以民为本，民以食为天。"粮食问题的重要性不言而喻，特别是在中国这样一个近 14 亿人口的国家怎么强调都不为过。早就有学者提出通过价格手段使农民有较高的种粮积极性[①]，实质上粮食问题也是粮价问题。粮食等重要农产品的定价合理与否决定着农业的兴衰成败，目标价格补贴制度是中国农产品价格改革的基本方向，有着重要的意义：① 有利于构建粮食等重要农产品科学合理的价格形成机制，变"黄箱"为"绿箱"政策，充分发挥市场在价格形成中的决定作用；② 有利于保障农民的利益，增加农民收入，缩小城乡收入差距，享受农产品价格改革所带来的"红利"；③ 有利于减轻国家财政负担，目标价格施行差价补贴制度，相比之前的按照种植面积或者产量的补贴制度成本更低，而且更加高效、灵活；④ 有利于农产品市场与国际市场接轨，逐步消除国内外价格倒挂现象，增强价格方面的国际竞争力，减少国际农产品价格的传导性冲击；⑤ 有利于提高农产品科学合理的种植结构，提高粮食等重要农产品的自给率，保障国家粮食安全；⑥ 有利于保持物价总体稳定，实践证明农产品与通货膨胀之间存在互为因果的关系，保持农产品价格合理对减少通胀有着重要作用。

## 三、中国施行目标价格补贴制度的制约因素

2014 年目标价格补贴试点启动以来，受到全社会的广泛关注，作为国家对农业实施的新型粮食价格支持体系，可以预见到的是，目标价格补贴制度必定会推广到小麦、水稻等重要口粮作物上，这就需要对当前和将来可能会出现的制约因素进行分析。

（一）目标价格基准价位的测算问题

根据 2014 年 1 号文件的表述，按照目标价格与市场价格的差价对生产者和低收入消费者进行补贴，但是并没有给出这两个变量的具体测算方法。带有主流的观点是"目标价格 = 成本 + 收益"的计算方法，最早

---

① 参见黄佩民、俞家宝：《2000—2030 年中国粮食供需平衡及其对策研究》，《管理世界》1997 年第 2 期。

见于 2010 年吉林物价局课题组在探讨玉米目标价格时提出的，之后被广大学者所引用。在现实操作中，在 2016 年新疆颁布的《新疆维吾尔自治区棉花目标价格改革试点工作实施方案》中这样解释："棉花目标价格政策是指在棉花价格主要由市场形成的基础上，国家有关部门制定能够保障植棉者获得基本收益的目标价格，当采价期内平均市场价格低于目标价格时，国家对棉花生产者给予补贴，当市场价格高于目标价格时，不发放补贴。"这也在一定程度上认同了这种测算方法。

但是这种测算方法也引起了争议，如伍世安认为："价格总是表现为一种相对价值的形式，通过在市场上的相对比较才能展示出来，而不可能通过对其内部成本测算和利润率核算求解出来。"实际上，"成本＋收益"的计算与最低收购价格无异，并不能表现出目标价格的优越性。另外，对于这个"收益"的具体表述为"前 5 年按定价成本计算的全国平均成本利润率"，并解释说，"之所以用前 5 年，而不是 3 年或更短时间，是因为 5 年之中大体可以包括丰、平、歉不同年景变化"。[①] 这种说法值得商榷，首先，以小麦为例，从 2004 年开始连续 14 年丰收，并没有出现平、歉的年景变化，这就一定程度否定了这种计算方式的科学性。其次，这种计算方式的目标只有一个，即确保农民的基本收益，但是根据上面分析目标价格的目标不止一个，而是多个，因此这种计算公式也无法实现目标价格多重目标职能。综上分析，这种主流并且被应用到实际操作中的计算公式也存在很大的不合理性，还需加以改进。

目标价格基准价位的测算要从其目标职能入手，按照以上分析，目标价格补贴制度有维护农民利益、保持物价稳定、国家粮食安全和与国际价格接轨等四大职能。要根据各年的情况，赋予各个目标的影响因素不同的权重，根据权重比例来确定目标价格水平，这样可能更具有针对性。

（二）目标价格基础数据的测量问题

实施目标价格补贴制度，首先要测量出中国农业生产的基础性数据，

---

① 伍世安：《关于粮食目标价格的再认识》，《价格理论与实践》2012 年第 8 期。

用这些数据来支持目标价格的计算，然后才能根据目标价格与市场价格的差价来确定补贴的额度。这些基础性数据包括：农业生产的土地、农作物的种植面积等地理信息，还要了解农作物的产量、销量，以及营销渠道等信息，这对于中国以小农生产为主的农业现状来说，难度可想而知。根据 2013 年农业部对全国种粮大户和粮食生产合作社进行摸底调查的结果显示：中国有种粮大户 68.20 万户，占全国农户总数的 0.28%；粮食生产合作社有 5.59 万个。可以看出，中国绝大多数的农户还是以家庭生产为主的小农散户，这让基础数据的搜集变的更加困难。

为了更好地实施目标价格补贴，可以借鉴发达国家农业信息测量的技术经验，运用卫星遥感等现代先进的科学技术进行定位测量，建立全国完善的农业遥感监控网点和科学的评估系统，对农作物的品种、种植面积等信息进行测算。此外，积极推行种粮大户、家庭农场和农民合作社等适度规模经营，目的在于集中分散的农户，便于统一管理，增强农民在市场中的话语权，同时也便于国家统计农业基础信息。还要加强目标价格政策的宣传力度，说服引导农户积极上报种植情况，建立以县为单位的农业信息基础数据库；各省要结合实际情况进行分类汇总，建立省级农业信息管理系统，最后统一上报中央，以其制定决策提供基础性信息支持。

（三）目标价格补贴的可操作性问题

目标价格严格意义上来说并不属于农产品支持价格的范畴，更应该看作是一种特殊的农业补贴制度，而补贴能否到位直接关系着目标价格制度执行的实际效果。目标价格施行的是差价补贴，不同于以往的根据农产品种植面积或者产量的补贴方式，而且补贴不仅涉及生产者，而且还把城镇的低收入消费者也纳入补贴范围之内，这就更需要一种科学合理、操作方便的补贴方式。根据《新疆棉花目标价格改革试点工作实施方案》规定，"补贴总额 60% 是补贴到面积上，40% 按照籽棉交售量来补贴"，补贴对象为全区棉花实际种植者。《黑龙江省大豆目标价格改革试点工作实施方案》规定，"根据全省大豆合法实际种植面积，统一测算并确定每亩的补贴额"，补贴对象为全省大豆实际种植者。实际上，这二者补贴规定带有浓厚的最低收购价格的"味道"，并没有做到真正的"价补分离"，而且补贴对象仅仅针对大豆和棉花的生产者，并没有提到假如在目标价格高于市场价格的情况下，如何补贴低收入的消费人群。而且还有学者认为，在这种情况下，政府不启动补贴手段，这同样把对低收入消费者补贴的情况排除在外。

国家支持农业用地在承包期限内的流转、租赁等方式，为确定补贴对象带来了难度，国家规定补贴农产品生产者，而非原土地户主，因此补贴能否发放到真正种粮人手中存在疑问。除此之外，农民对补贴政策的理解认可程度决定着其激励效果的大小，这是由于以往中国农业补贴项目种类繁多，如：种粮直补、农资综合补贴、良种补贴、农机购置补贴等等一系列补贴项目，而农民通常对补贴政策的目标导向不清楚，补贴目的也不明确，往往造成"基层部门只知道发补贴，农民也只知道领补贴，至于补贴的用途则不甚了解"[①]，这都导致了补贴政策的效果大大减弱，等等，这些问题都需要政府在目标价格的实际补贴的操作中认真思考并解决。

目标价格补贴制度的实施必须有相关配套的政策同步推进，遵循"价格归市场决定，补贴由政府拟定"的原则，政府切实履行起自己的责任，制定与补贴方式相配套的政策措施，如建立目标价格的票证管理制度，要求在政府收购农产品时要求农民出示身份证明，并给予农民收购票证，根据"票证统一"的原则发放补贴。当然，改革不可能一蹴而就，需要总结试点经验，循序渐进地完成。

---

① 冯海发：《对建立我国粮食目标价格制度的思考》，《农业经济问题》2014年第8期。

# 参考文献

白美清：《中国粮食储备体系建立、发展的历史进程与新的使命》，《粮食储藏》2011年第6期。

蔡海龙、马英辉、关佳晨：《价补分离后东北地区玉米市场形势及对策》，《经济纵横》2017年第6期。

曹宝明、徐建玲主编：《中国粮食发展报告2015》，经济管理出版社2016年版。

曹宝明主编：《中国粮食发展报告2016》，经济管理出版社2017年版。

曹慧：《中国小麦价格的周期变化特征及其原因分析》，《世界农业》2007年第4期。

车巧怡：《中国粮食进出口情况与国内粮食价格的相关性分析》，《吉林金融研究》2012年第5期。

陈锡文、韩俊主编：《农业转型发展与乡村振兴研究》，清华大学出版社2019年版。

陈锡文、罗丹、张征著：《中国农村改革40年》，人民出版社2018年版。

陈锡文、赵阳、陈剑波等著：《中国农村制度变迁60年》，人民出版社2009年版。

程国强著：《重塑边界——中国粮食安全新战略》，经济科学出版社2013年版。

程国强、陈良彪：《中国粮食需求的长期趋势》，《中国农村观察》1998年第3期。

戴春芳、贺小斌、冷崇总：《改革开放以来我国粮食价格波动分析》，《价格月刊》2008年第6期。

邓宏亮、黄太洋：《我国粮食价格波动的实证分析》，《统计观察》2013年第24期。

邓亦武：《改革开放以来国有粮食企业改革的主要历程、成效和经验》，《中国粮食经济》2008年第7期。

丁声俊：《对建立农产品目标价格制度的探索》，《价格理论与实践》2014年第8期。

丁声俊、金松亭著：《中国有能力养活自己》，中国农业出版社2009年版。

樊胜根、Mercedita Sombilla：《中国未来粮食供求预测的差别》，《中国农村经济》1997年第3期。

方鸿：《我国稻谷生产波动研究——基于H—P滤波法的实证分析》，《河北经贸大学学报》2010 年第 5 期。

方燕、杨茂青：《我国不同区域玉米供给对价格的反应研究》，《价格理论与实践》2016 年第 5 期。

封志明、李香莲：《耕地与粮食安全战略：藏粮于土，提高中国土地资源的综合生产能力》，《地理学与国土研究》2000 第 3 期。

冯海发：《对建立我国粮食目标价格制度的思考》，《农业经济问题》2014 年第 8 期。

高启杰：《城乡居民粮食消费情况分析与预测》，《中国农村经济》2004 年第 10 期。

高昕、张冬平：《新常态下中国粮食安全的特征与对策探析》，《河南农业大学学报》2015 年第 6 期。

顾莉丽、郭庆海：《玉米收储政策改革及效应分析》，《农业经济问题》2017 年第 7 期。

郭庆海：《中国玉米主产区的演变与发展》，《玉米科学》2010 年第 1 期。

郭志超：《我国玉米生产函数及技术效率分析》，《经济问题》2009 年第 11 期。

国家统计局农村社会经济调查司编：《中国农产品价格调查年鉴（2016）》，中国统计出版社 2016 年版。

国家统计局农村统计司：《中国农村统计年鉴（1985）》，中国统计出版社 1985 年版。

国务院发展研究中心课题组：《我国粮食生产能力与供求平衡的整体性战略框架》，《改革》2009 年第 6 期。

韩长赋：《玉米论略》，《农业经济问题》2012 年第 6 期。

韩立达、牟雪淞、闫俊娟：《省域城镇化水平实证研究——以四川省为例》，《经济问题探索》2015 年第 9 期。

何安华、刘同山、张云华：《我国粮食产后损耗及其对粮食安全的影响》，《中国物价》2013 年第 6 期。

扈立家、李强、刘彩华：《论我国粮食价格保护制度建设》，《农业经济问题》，2000 年第 6 期。

洪涛、傅宏著：《中国粮食安全发展报告 2013—2014》，经济管理出版社 2014 年版。

胡建国：《我国农户储粮损失的现状、问题及对策研究》，武汉轻工大学，2017 年。

胡小平、郭晓慧：《2020 年中国粮食需求结构分析及预测——基于营养标准的视角》，《中国农村经济》2010 年第 6 期。

胡小平等著：《中国粮食安全保障体系研究》，经济科学出版社 2013 年版。

黄佩民、俞家宝：《2000—2030 年中国粮食供需平衡及其对策研究》，《管理世界》1997 年第 2 期。

吉星星、毛世平、刘瀛弢等：《我国水稻主产区生产效率及影响因素研究》，《中国食物与营养》2016 年第 6 期。

贾晋、周迪：《中国城乡居民粮食消费预测与结构优化——基于均衡营养目标的视角》，《农业经济与管理》2013 年第 1 期。

贾伟、秦富：《我国粮食需求预测》，《中国食物与营养》2013 年第 11 期。

亢霞：《中国农业生产结构调整的动力机制研究》，中国农业大学博士学位论文，

2005 年。

冷崇总:《关于农产品目标价格的思考》,《价格月刊》2015 年第 3 期。

李波、张俊彪、李海鹏:《我国中长期粮食需求分析及预测》,《中国稻米》2008 年第 3 期。

李光泗、郑毓盛:《粮食价格调控、制度成本与社会福利变化——基于两种价格政策的分析》,《农业经济问题》2014 年第 8 期。

李光泗著:《市场化国际化趋势下中国粮食市场调控绩效研究》,经济管理出版社 2016 年版。

李国祥:《2003 年以来中国农产品价格上涨分析》,《中国农村经济》2011 年第 2 期。

李娟娟、黎涵、沈淘淘:《玉米收储制度改革后出现的新问题与解决对策》,《经济纵横》2018 年第 4 期。

李圣军、孔祥智:《后临储时代玉米市场调控成效及完善措施》,《价格理论与实践》2018 年第 2 期。

李首涵、杨萍、周林、孙万刚:《中国粮食生产降本增效潜力——基于中美日的比较分析》,《世界农业》2016 年第 10 期。

李腾:《"粮食银行"发展的调查与分析——以湖北三杰粮油食品集团为例》,《粮食科技与经济》2017 年第 3 期。

李维刚、逢艳波、隋晓冰著:《基于国家粮食安全战略视角下的粮食物流体系的完善》,复旦大学出版社 2013 年版。

李小军:《中国农业生产结构变动的实证分析》,《农业经济问题》2004 年第 8 期。

李雪、宗义湘、刘瑞涵:《基于 DEA 模型的我国主产省份玉米生产效率研究》,《黑龙江畜牧兽医》2016 年第 12 期。

李志强、吴建寨、王东杰:《我国粮食消费变化特征及未来需求预测》,《中国食物与营养》2012 年第 3 期。

廖永松、黄季焜:《21 世纪全国及九大流域片粮食需求预测分析》,《南水北调与水利科技》2004 年第 2 期。

刘静义、温天舜、王明俊:《中国粮食需求预测研究》,《西北农业大学学报》1996 年第 6 期。

刘俊文、贾秀春:《耕地:确保粮食安全的基础》,《调研世界》2004 第 6 期。

刘永红、刘基敏、何文铸:《四川玉米供需形势与主产区发展对策》,《中国农业资源与区划》2006 年第 6 期。

卢峰:《三次粮食过剩(1984—1998)——我国粮食流通政策演变的备择解释》,北京大学中国经济研究中心讨论稿,1999 年 2 月。

卢锋、谢亚:《我国粮食供求与价格走势(1980—2007)——粮价波动、宏观稳定及粮食安全问题探讨》,《管理世界》2008 年第 3 期。

陆文聪、黄祖辉:《中国粮食供求变化趋势预测:基于区域化市场均衡模型》,《经济研究》2004 年第 8 期。

陆文聪、祁慧博、李元龙:《全球化背景下的中国粮食供求变化趋势》,《浙江大学学报》（人文社会科学版）2011年第1期。

罗丹、陈洁著：《新常态时期的粮食安全战略》，上海远东出版社2016年版。

罗杰：《中国粮食浪费惊人》，《生态经济》2017年第2期。

罗其友、米健、高明杰：《中国粮食中长期消费需求预测研究》，《中国农业资源与区划》2014年第10期。

罗万纯、刘锐：《中国粮食价格波动分析：基于ARCH类模型》，《中国农村经济》2010年第4期。

吕捷、余中华、赵阳：《中国粮食需求总量与需求结构演变》，《农业经济问题》2013年第5期。

吕新业、胡非凡：《2020年我国粮食供需预测分析》，《农业经济问题》2012年第10期。

骆建忠：《基于营养目标的粮食消费需求研究》，中国农业科学院博士学位论文，2008年。

马九杰、孔祥智著：《粮食流通体制改革：解决中国粮食难题的一剂良方》，广东经济出版社1999年版。

马晓河：《我国中长期粮食供求状况分析及对策思路》，《管理世界》1997年第3期。

马晓河、蓝海涛著：《中国粮食综合生产能力与粮食安全》，经济科学出版社2008年版。

马永欢、牛文元、汪云林等：《我国粮食生产的空间差异与安全战略》，《中国软科学》2008年第9期。

马永欢、牛文元：《基于粮食安全的中国粮食需求预测与耕地资源配置研究》，《战略与决策》2009年第3期。

毛惠忠著：《新阶段中国粮食问题研究》，中国农业出版社2005年版。

毛学峰、刘靖、朱信凯：《中国粮食结构与粮食安全：基于粮食流通贸易的视角》，《管理世界》2015年第3期。

毛学峰、杨军：《价格联系、市场边界与政府干预——以小麦、玉米和食糖价格联系为例》，《中国农村经济》2015年第8期。

梅方权：《21世纪前期中国粮食的发展目标和战略选择》，《粮食科技与经济》1999年第4期。

农业部发展规划司等：《保护和提高粮食综合生产能力专题研究报告》，选自《恢复发展粮食生产专题调研报告汇编》，2004年。

农业部发展规划司等：《粮食生产技术示范推广专题调研报告》，选自《恢复发展粮食生产专题调研报告汇编》，2004年。

农业部农业贸易促进中心课题组：《我国玉米产业面临的挑战与政策选择》，《农业经济问题》2014年第1期。

仇焕广等：《中国玉米产业的发展趋势、面临的挑战与政策建议》，《中国农业科技导报》2013年第1期。

上官周平、彭珂珊、张俊飙著：《中国粮食问题观察》，陕西人民出版社1998年版。

沈坤荣、钦晓双、孙成浩：《中国产能过剩的成因与测度》，《产业经济评论》2012 年第 4 期。

舒坤良、王洪丽、刘文明等：《吉林省玉米供给侧结构性改革路径与对策研究》，《玉米科学》2016 年第 6 期。

孙兰英：《中国耕地质量之忧：污染土壤占比达 1/5》，《瞭望》新闻周刊，2010 年 9 月 19 日。

孙梅君：《新的粮食安全观与新的宏观调控目标》，《调研世界》2004 年第 8 期。

谭林、武拉平：《中国大豆需求及供需平衡分析》，《农业经济问题》2009 年第 11 期。

唐华俊、李哲敏：《基于中国居民平衡膳食模式的人均粮食需求量研究》，《中国农业科学》2012 年第 11 期

汪希成、吴昊：《我国粮食供求结构新变化与改革方向》，《社会科学研究》2016 年第 4 期。

汪希成、徐芳：《我国粮食生产的区域变化特征与政策建议》，《财经科学》2012 年第 4 期。

王恩慧：《中国大豆消费现状与展望》，《农业展望》2010 年第 5 期。

王海燕、刘鲁、杨方延、麻珺：《基于 SD 的粮食预测和政策仿真模型研究》，《系统仿真学报》2009 年第 5 期。

王华春、唐任伍、赵春学：《实施最严格土地管理制度的一种解释——基于中国粮食供求新趋势的分析》，《社会科学辑刊》2004 年第 3 期。

王宁：《1978—2007 年中国小麦进出口对国内小麦供求市场的影响》，《世界农业》2008 年第 8 期。

王双进：《我国实施粮食目标价格制度探究》，《价格理论与实践》2014 年第 8 期。

王文涛：《粮食目标价格和反周期补贴政策研究——基于市场化国际化背景下的分析》，《价格理论与实践》，2011 年第 12 期。

王晓潺：《中国粮食储备制度研究》，首都经贸大学硕士学位论文，2010 年。

王学义、曾祥旭：《四川生育水平估计与未来人口总量预测研究》，《理论与改革》2009 年第 5 期。

王兆华、褚庆全、王宏广：《粮食安全视域下的我国粮食生产结构再认识》，《农业现代化研究》2011 年第 5 期。

卫荣、刘小娟、王秀东：《新时期中国种植业结构调整再思考》，《广东农业科学》2016 年第 5 期。

魏后凯、王业强：《中央支持粮食主产区发展的理论基础与政策导向》，《经济学动态》2012 年第 11 期。

吴振华：《不同地形区稻谷生产经济效益比较及影响因素分析——基于湖北、湖南、重庆 500 户稻农调查数据》，《农业技术经济》2011 年第 9 期。

伍世安：《关于粮食目标价格的再认识》，《价格理论与实践》2012 年第 8 期。

伍世安、刘萍、付兴：《论中国粮食目标价格的目标及测算：以玉米为例》，《江西财经大学学报》2012 年第 1 期。

习银生、杨丽：《我国玉米宏观调控政策的成效、问题与建议》，《中国食物与营养》2015年第2期。

夏仲明：《三十年粮改的回顾与思考》，《粮食问题研究》2008年第4期。

相红：《山东省粮油加工业发展研究》，山东大学硕士学位论文，2012年。

向晶、钟甫宁：《人口结构变动对未来粮食需求的影响》，《中国人口·资源与环境》2013年第6期。

肖国安：《未来十年中国粮食供求预测》，《中国农村经济》2002年第7期。

肖国安、王文涛著：《中国粮食安全报告》，红旗出版社2009年版。

徐建玲、丁毅、刘洪辞：《基于系统动力学的江苏粮食安全情景分析》，《中央财经大学学报》2014年第5期。

徐志刚：《比较优势与中国农业生产结构调整》，南京农业大学博士学位论文，2001年。

许经勇：《新体制下的我国粮食安全路径》，《南通师范学院学报》（哲学社会科学版）2004年第4期。

许世卫、李哲敏：《以营养健康为重点目标的农业生产结构调整战略》，《农业经济问题》2006年第12期。

薛选登、陈佼珺：《河南省粮食生产结构变化及影响因素分析》，《河南科技大学学报》（社会科学版）2016年第4期。

杨国庆，刘天军：《入WTO以来中国玉米生产效率评价——来自全国15个省的面板数据分析》，《广东农业科学》2013年第3期。

杨艳涛、吴敬学：《基于市场均衡模型的中国玉米供需变化与趋势预测》，《经济问题》2014年第12期。

杨扬、莫家伟、舒元：《农民社会价值与粮价调控——给予修正Sah-Stiglitz价格剪刀差模型的实证分析》，《经济学家》2010年第10期。

杨展主编：《粮食经济地理》，中国商业出版社1991年版。

杨正礼、卫鸿：《我国粮食安全的基础在于"藏粮于田"》，《科技导报》2004年第9期。

姚成胜、黄琳、吕晞：《河南省粮食消费结构变化及其对我国粮食安全的贡献率分析》，《农业现代化研究》2014年第3期。

姚惠源：《我国粮食加工行业供给侧结构性改革的战略思考》，《粮食与食品工业》2017年第24期。

叶春辉：《比较优势与中国种植业生产结构调整》，南京农业大学博士学位论文，2004年。

叶兴庆：《论新一轮粮改》，《管理世界》1998年第6期。

叶兴庆：《农产品价格拐点显现 调控机制面临大变革》，《21世纪经济报道》2014年7月2日。

叶兴庆：《国家粮食安全战略的新变化及其实现路径》，《中国经济时报》，2014年8月6日。

于爱芝、裴少峰、李崇光：《中国粮食生产的地区比较优势分析》，《农业技术经济》2001年第6期。

于德良：《新型粮食银行服务三农需补金融市场短板》，《科技致富向导》2014年第25期。

于左、高建凯：《中国玉米价格竞争力缺失的形成机制与政策》，《农业经济问题》2013年第8期。

翟振武：《"单独二孩"符合现阶段国情》，经济日报，2013年12月3日。

詹武：《在社会主义市场经济下体制下要着力解决农产品"买难""卖难"问题》，《农业经济问题》1994年第2期。

张德贤、秦杰：《我国粮食现代物流信息化、网络化建设的现状与发展对策——建设基于互联网的覆盖全国的粮食物流信息系统》，首届全国粮食物流产业发展论坛报告集2007年版。

张落成：《我国粮食生产布局变化特点及其成因分析》，《长江流域资源与环境》2000年第2期。

张培刚、廖丹清著：《二十世纪中国粮食经济》，华中科技大学出版社2002年版。

张千友：《粮食目标价格：内涵、障碍与突破》，《价格理论与实践》，2011年第3期。

张晓涛、王扬：《大国粮食问题：中国粮食政策演变与食品安全监管》，经济管理出版社2009年版。

张毅：《发挥比较优势与国家粮食安全的统一》，《调研世界》2003年第3期。

张玉梅、李志强、李哲敏、许世卫：《基于CEMM模型的中国粮食及其主要品种的需求预测》，《中国食物与营养》2012年第2期。

张智先：《我国玉米消费的空间分布分析与展望》，《农业展望》2009年第9期。

赵玉、邱彩红、张玉等：《中美稻谷业投入产出现状比较分析》，《中国稻米》2006年第2期。

郑风田：《我国粮食价格政策改革取向辨析——我国主粮价格前景展望》，《价格理论与实践》2015年第1期。

郑晶、李艳：《改革开放以来广东粮食生产结构变化分析》，《广东农业科学》2006年第7期。

郑有贵等：《南粮北调和北粮南运——当代中国南北方两个区域之间粮食流向流量演变的研究》，《当代中国史研究》1997年第5期。

钟甫宁、邢鹏：《我国种植业生产结构调整与比较优势变动的实证分析》，《农业现代化研究》2003年第7期。

钟甫宁、向晶：《城镇化对粮食需求的影响——基于热量消费视角的分析》，《农业技术经济》2012年第1期。

钟甫宁、向晶：《人口结构、职业结构与粮食消费》，《农业经济问题》2012年第9期。

中国粮食经济学会、中国粮食行业协会编著：《中国粮食改革开放三十年》，中国财政经济出版社2009年版。

邹凤羽编著:《粮食经济地理》,中国物资出版社 2011 年版。

周慧秋、李忠旭主编:《粮食经济学》,科学出版社 2010 年版。

周健民:《加强我国粮食安全保障能力建设的思考》,《中国科学院院刊》2004 年第 1 期。

周小萍、陈百明、张添丁:《中国"藏粮于地"粮食生产能力评估》,《经济地理》 2008 年第 3 期。

Heerink, N. , Kuiper, M. , & Shi, X. P. "China's New Rural Income Support Policy: Impacts on Grain Production and Rural Income Inequality", *China and World Economy*, No. 6 (2006), pp. 58—69.

ITO, J. , & NI, J. "Capital Deepening, Land Use Policy, and Self—Sufficiency in China's Grain Sector", *China Economic Review*, No. 24 (2013), pp. 95—1079.

Yu, X. H. , & Abler, D. "The Demand for Food Quality in Rural China", *American Journal of Agricultural Economics*, No. 1 (2009) pp. 57—69.

# 后　记

　　编著本书的初衷是想利用前期的研究基础，并借鉴相关研究成果，对改革开放40年来中国粮食发展的情况进行系统的回顾和总结。但是，真正动起笔的时候，才感觉到任务之艰巨、工程之浩大。不仅要从不同途径查找和整理大量的、不同类型的数据，还要查阅众多的政策文件和文献资料。尽管如此，还可能存在很多疏漏。本书的内容无法反映40年来中国粮食发展的全貌，而且粮食科技发展、粮食行业人才队伍建设、粮食基础设施建设、粮食法制等内容也没有涉及，就算是本书的一大缺憾吧！

　　粮食是一个永恒的话题，人类在任何时候都离不开粮食。不同时期粮食问题具有不同的表现形式，也有不同的解决之道，但最终目的就是保障人们的"吃饭"问题。几十年间，拥有世界上最庞大人口基数的中国，在资源极度匮乏的前提下，依靠自身的努力从根本上解决了"吃饭"问题，这是一件十分了不起的大事，当然发展的历程也十分艰难。站在新的历史起点上，为了最大限度地满足人们更高生活水平的追求，仍然需要持续不懈地努力，稳步提升粮食综合生产能力，扛稳粮食安全这个重任。

　　在本书的编著过程中，西南财经大学中国西部经济研究中心、"中国粮食安全政策研究"四川省社会科学重点研究基地给予了大力支持。潘虹宇、杨建华、王子冰、何承阳等硕博士同学为查找数据和文献资料付出了巨大努力，人民出版社的周果钧编审也为本书的出版付出了大量心血，在此一并深表感谢！

作者
2019 年 5 月

责任编辑:周果钧

封面设计:徐　晖

**图书在版编目(CIP)数据**

中国粮食发展 40 年/汪希成,谢冬梅 著. —北京:人民出版社,2019.11

ISBN 978 - 7 - 01 - 021407 - 8

Ⅰ.①中…　Ⅱ.①汪…②谢…　Ⅲ.①粮食问题-研究-中国　Ⅳ.①F326.11

中国版本图书馆 CIP 数据核字(2019)第 221072 号

**中国粮食发展 40 年**

ZHONGGUO LIANGSHI FAZHAN 40 NIAN

汪希成　谢冬梅　著

**人民出版社** 出版发行

(100706　北京市东城区隆福寺街 99 号)

北京建宏印刷有限公司印刷　新华书店经销

2019 年 11 月第 1 版　2019 年 11 月北京第 1 次印刷

开本:710 毫米×1000 毫米 1/16　印张:19.5

字数:300 千字

ISBN 978 - 7 - 01 - 021407 - 8　定价:78.00 元

邮购地址 100706　北京市东城区隆福寺街 99 号

人民东方图书销售中心　电话 (010)65250042　65289539